Meine Vorratskammer

Meine Vorratskammer

SELBSTGEMACHTES DAS GANZE JAHR GENIESSEN

Bob Flowerdew
Fotos **Peter Cassidy**

CHRISTIAN

WIDMUNG
Ihrer Mutter Vonnetta und ihrer Patin Tracey Mobbs vielen, vielen Dank dafür, dass sie meine zweijährigen Zwillinge Malachi und Italia wenigstens so lange von meinen Haaren ferngehalten haben, bis die Arbeit getan war.

Unser Verlagsprogramm finden Sie unter
www.christian-verlag.de

Übersetzung aus dem Englischen: Susanne Vogel
Textredaktion: Silvia Rehder
Korrektur: Petra Tröger
Satz: Studio Fink, Krailling
Umschlaggestaltung: Caroline Daphne Georgiadis, Daphne Design

Die Originalausgabe mit dem Titel *Grow your own, eat your own* wurde erstmals 2008 im Verlag Kyle Cathie Ltd., London veröffentlicht.

Die Deutsche Nationalbibliothek verzeichnet diese Publikation in der Deutschen Nationalbibliografie; detaillierte bibliografische Daten sind im Internet unter http://dnb.d-nb.de abrufbar.

Printed in China by Toppan Leefung Printers Ltd.

ISBN 978-3-88472-977-9

Bitte richten Sie diese an:
Christian Verlag
Postfach 400209
80702 München

Inhalt

Einführung

Das eine oder andere Obst oder Gemüse selbst zu ziehen ist nicht schwer, und es dann frisch zubereitet zu essen macht besondere Freude. Nicht unwahrscheinlich, dass sich eines Tages bei Ihnen Bedauern darüber einstellt, dass bei den meisten Nutzpflanzen die Saison so schnell vorüber ist und man dann ein ganzes Jahr warten muss, um erneut in den Genuss zu kommen. Dagegen kann man etwas tun. In diesem Buch erkläre ich Ihnen, wie Sie über einen längeren Zeitraum mehr aus Ihrem Garten herausholen und durch geschickte Planung und mit ein paar Tricks die Früchte auch dazu nutzen können, kontinuierlich Ihre Lager und Vorratskammern zu füllen.

Sich jahreszeitengemäß zu ernähren ist gesund, und wenn die Erzeugnisse aus eigenem Anbau stammen, ist es umso besser. Sofern man sich aber einen Bestand an Vorräten aufbauen will, braucht man nicht jeden Tag eine kleine, sondern auf einen Schlag eine etwas reichere Ernte, was andere gärtnerische Strategien erfordert. Selbst wenn man konsequent saisonorientiert kocht, braucht man dabei dennoch häufig ergänzende Ingredienzen wie etwa Kräuter oder Zwiebeln, die vielleicht gerade nicht frisch im Garten verfügbar sind. In jedem Fall ist es sinnvoll, von dem, was im Garten reift, möglichst viel einzulagern oder zu konservieren, um so die Zeit außerhalb der jeweiligen Saison zu überbrücken oder eben Zubereitungen aus frisch Geerntetem damit zu ergänzen. Je größer Ihre Palette an frischem, eingelagertem oder konserviertem Gemüse und Obst, desto flexibler sind Sie bei der Rezeptwahl und desto köstlicher können Sie dann speisen. Und nicht zu vergessen ist schließlich das Glück, das eine Flut an Obst oder Gemüse bedeuten kann, wenn es gelingt, alles rechtzeitig zu köstlichen Konfitüren, Chutneys, Säften, Likören, Trockenfrüchten und anderen Verlockungen zu verarbeiten und die Vorratskammer mit den selbstgezogenen Schätzen zu füllen.

Küchengerechte Vorratshaltung

Küchengerechte Vorratshaltung

WIE MAN MIT EINER SCHWEMME UMGEHT … UND ZU VIEL DES GUTEN VERMEIDET

Das Gärtnern ist von Natur aus eine riskante Sache, und der Wettergott hat dabei stärker seine Hände im Spiel als uns lieb sein kann. Ein Frosteinbruch oder Hagelschlag, Niederschlagsmangel, austrocknender Wind oder sengende Sonne zur absoluten Unzeit können unsere Ernte erheblich reduzieren oder sogar völlig vernichten. Schon kleine Wetteränderungen bleiben unter Umständen nicht ohne Folgen. So habe ich mit meinen Freilandtomaten in letzter Zeit mehr Schwierigkeiten als vor 20 Jahren. Das hat nichts mit den Sorten zu tun – es sind die gleichen wie immer –, die Ursache liegt im heute sonnenärmeren und feuchteren Sommerklima. Sicherlich gibt es immer wieder Jahre, in denen manche Pflanzen besser und andere schlechter gedeihen. Und es kann auch passieren, dass man in einer wahren Flut von Früchten fast ertrinkt

Indem man vorausschauend aussät und pflanzt, kann man in gewissem Maße einer Schwemme entgegenwirken, doch letzten Endes führt die Natur Regie. Sollte es also zu einer Riesenernte kommen, gilt es, dies frühzeitig zu erkennen und entsprechend zu planen, um einen solchen Segen optimal zu nutzen, anstatt tatenlos zuzusehen, wie alles vergammelt. Wenn Ihnen etwa Ihre Erbsen oder Bohnen, weil die Wachstumsbedingungen rundum stimmten, Höchsterträge bescheren, konservieren Sie, was das Zeug hält, und füllen Sie Ihre Vorratsspeicher auf. Denn wer weiß schon, wie die Ernte im nächsten Jahr ausfallen wird.

Bekanntermaßen immer für eine Überraschung gut sind Pflaumen. Jahrelang werfen sie kaum etwas ab, um dann, weil Spätfröste ausblieben, förmlich zu explodieren. Eine solche Entwicklung zeichnet sich schon im Vorfeld ab, und so kann man durch Ausdünnen der Früchte bereits im Frühstadium verhindern, dass die Zweige später unter der Last brechen und man selbst der Ernte gar nicht Herr wird.

Vielleicht haben Sie ja auch einen Apfelbaum, der in einer Saison immens produktiv ist, aber dann in der darauf folgenden kaum trägt. Dieser sogenannten Alternanz, einem bei Äpfeln verbreiteten Phänomen, kann man begegnen, indem man im ertragsstarken Jahr die Früchte, solange sie noch klein sind, rigoros auslichtet. Infolgedessen erschöpft sich der Baum nicht so extrem und wird sich dafür im nächsten Jahr mit einem zufriedenstellenden Fruchtansatz bedanken, den Sie wiederum kräftig reduzieren.

Wohlgemerkt schmälert das Auslichten in der Regel nicht das Ernteergebnis. Man erhält lediglich eine geringere Zahl jeweils größerer Früchte, anstatt eine Unmenge an mickerigen Exemplaren pflücken und mit größerem Aufwand verarbeiten zu müssen. Außerdem verringert das Auslichten das Aufkommen an Schädlingen und Krankheitserregern, da man natürlich als Erstes befallene Früchte herausnimmt. Vor allem aber bekommt man Jahr für Jahr eine überschaubare Menge qualitativ besserer Früchte, anstatt einmal leer auszugehen und sich beim nächsten Mal mit einer Flut herumschlagen zu müssen, die jedoch zur Hälfte unbrauchbar ist.

EINE GLEICHMÄSSIGE VERSORGUNG RUND UMS JAHR

Eine Rekordernte mag den Gärtner stolz stimmen, man muss sie aber auch bewältigen können, bevor alles verdirbt. Entschieden sinnvoller ist es, den wöchentlichen Bedarf zu decken und dazu in Maßen Überschüsse für die Zubereitung von Konserven zu ernten – dies möglichst über einen längeren Zeitraum, sodass man einerseits mehr pflückfrische Erzeugnisse in seinen Speiseplan einbauen und andererseits etwas freier entscheiden kann, wann man sich der Aufstockung seiner Vorräte widmen will.

Sie möchten ein schmackhaftes und gesundes Essen auf den Tisch bringen? Wenn im Garten die vielfältigsten Zutaten locken, nichts einfacher als das! Bei manchen Gemüsesorten lässt sich die Erntesaison sogar verlängern, indem man in kürzeren zeitlichen Abständen wiederholt aussät oder Jungpflanzen setzt. Selbst wenn man diese Kunst bis zur Vollendung beherrscht, ist es doch so, dass das meiste nur ab Frühsommer und bis in den beginnenden Herbst geerntet werden kann. Zwischen Wintermitte und Spätfrühjahr gibt der Garten an frischen Erzeugnissen nicht allzu viel her – hier kommen die Vorräte ins Spiel.

Immerhin lässt sich mit etwas Planung und Einsatz einiges, vor allem Salate und Kräuter, fast ganzjährig ernten. Indem Sie außerdem die frühesten (und am schnellsten reifenden) Sorten unter Glas vorziehen, zur Verlängerung der Saison mehrere Folgeaussaaten vornehmen und dazu spät reifende Varietäten, die auch zum Einlagern geeignet sind, in Ihr Programm aufnehmen, stellen Sie eine kontinuierliche Versorgung rund ums Jahr sicher.

SEITE 8–9: **In ausgedienten Reifen reifen extra Erdbeeren – eine solche Etagen-Lösung ist besonders ertragreich.**
LINKE SEITE: **Bei derart vielen Äpfeln weiß die Ärmste gar nicht, wo sie zuerst picken soll. (In den Kübeln genießen Zitronenbäumchen den Sommer im Freien.)**

Beschränken Sie sich aufs Wesentliche

Ab jetzt beginnen Sie anders zu gärtnern: Bauen Sie weniger Kleinmengen an, dafür größere Posten von einer Sorte, damit Sie die Ernte in einem Aufwasch zeitsparender verarbeiten und verwerten können. Kaum jemand hat die Kapazitäten, alles Wünschenswerte anzubauen und zu lagern. Deshalb ist es hilfreich, sich auf ein paar wirklich wichtige – oder auch leicht zu kultivierende – Gemüse- und Obstsorten zu konzentrieren. Werfen Sie ruhig einmal einen Blick über den Zaun in die Nutzgärten anderer: Wo nur einige wenige Sorten wachsen, sind alte Hasen am Werk, während man die Anlagen von Anfängern, die noch in der Experimentierphase sind, daran erkennt, dass dort eine bunte Vielfalt herrscht. Der erfahrene Gärtner beschränkt sich auf die wenigen Pflanzen, die auf jeden Fall gedeihen und damit die Mühe wert sind. Die aber baut er reichlich an und erntet sie auch auf einmal. Wie früher auf dem Land muss dann oft die ganze Familie mit anpacken.

Natürlich braucht man nicht gleich einen auf industrielle Großproduktion zu machen. So kann man durchaus jeden Tag parallel zur Essensvorbereitung einige Extraportionen konservieren oder teilkonservieren und sie in die Kühltruhe stecken oder trocknen. Wenn Sie beispielsweise Buschbohnen ein paarmal die Woche für den täglichen Bedarf ernten, dann ist der geringe Überschuss schnell eingelagert und man hat bald eine ansehnliche Menge beisammen. Bei anderen Erntefrüchten dagegen sind ein oder mehrere Verarbeitungsdurchgänge en gros vorzuziehen – vor allem beim Einlegen in Lake, bei der Zubereitung von Pickles und der Saftverwertung.

Im Herbst, wenn die Ernte in vollem Gange ist, hat man dann oft mehrere Baustellen gleichzeitig. Manche Posten werden zu Saft oder Marmelade verarbeitet, andere liegen gerade im Salzbad, werden getrocknet oder eingefroren. Über all dem sollten Sie etwas ganz Entscheidendes nicht vergessen: Das Konservierte muss auch konsumiert werden. Sehen Sie Ihre Vorräte immer wieder durch, entfernen Sie Altgewordenes, verschenken Sie Überschüssiges und verwenden Sie das Beste für sich. Und zwar auf der Stelle!

Anbau und Ernte im Jahreslauf

Jedes Jahr hat man das gleiche Problem: Es gilt, die Versorgung mit möglichst vielem über einen möglichst langen Zeitraum sicherzustellen, obwohl die Erntezeit für die meisten Obst- und Gemüsesorten auf einige Wochen beschränkt ist. Mit Mühe und gärtnerischem Geschick kann man diesen Zeitraum verlängern, indem man bestimmte Pflanzen vortreibt und bei anderen die Ernte so lange wie möglich hinauszieht. In Töpfen im Gewächshaus gezogen fruchten viele Nutzpflanzen auch außerhalb ihrer Saison, doch ist diese Art der Kultur mit erheblichem Zeit- und auch Kostenaufwand verbunden. Andere Pflanzen wiederum sind zu kapriziös für die Unterglaskultur und nicht bereit, außerhalb ihrer natürlichen Reifezeit zu fruchten. Dazu gehören Himbeeren, die man nur zweimal jährlich, nämlich im Hochsommer und Herbst, ernten kann. Da sie überhaupt nicht lagerfähig sind, müssen saftige, vollreife Himbeeren unmittelbar nach dem Pflücken eingefroren oder zu Konfitüre oder Saft verarbeitet werden.

Ungeachtet derartiger Schwierigkeiten hat der Mensch schon fast alles ganzjährig mit unglaublichem Aufwand kultiviert. Von den Gärtnern Königin Viktorias wurde erwartet, dass sie zu jeder beliebigen Jahreszeit kurzfristig 2 Kilogramm reifer Erdbeeren zu liefern imstande waren – zusammen mit Kisten frischer Trauben und Ananas (wobei die Kosten freilich keine Rolle spielten und sie beheizte Gewächshäuser hatten).

Erfreulicherweise gibt es einige wenige Gemüsesorten, die sich ganzjährig im Freiland ziehen lassen; dazu gehören verschiedene Blattgemüse mit krautigen oder spinatartigen Blättern oder auch Wurzelgemüse. Selbst sie aber sind ohne einen Wetterschutz meist nicht sonderlich wohlschmeckend.

Von fast allen gängigen Obst- und Gemüsearten kann man heutzutage früh, mittel oder spät reifende Sorten bekommen. Staffelt

LINKE SEITE: Wäre von den beiden oberen Äpfeln rechtzeitig einer entfernt worden, dann hätte sich der andere genauso prächtig entwickeln können wie das Exemplar weiter unten, das ausreichend Platz dafür hatte.
UNTEN: Rucola und Winterportulak dürfen sich am Rand eines Weges selbst aussäen und beliefern mich zum Dank bis in den Herbst hinein regelmäßig mit knackigem Grün.
RECHTS: Weinreben lassen sich gut in Kübeln ziehen, um sie unter Glas vorzutreiben, und haben dabei gegen Gesellschaft nichts einzuwenden. Ein passender Partner sind Erdbeeren, die so keine Schnecken zu fürchten haben und zudem Wochen vor den Freilandbeeren reifen.

man sie entsprechend, sind mehrere Erntedurchgänge über einen längeren Zeitraum möglich. Überdies kann man alles unter Glas vortreiben und anschließend nach draußen umsiedeln. Diese Frühstarter gehen dann schon mit einem Vorsprung vor der Freilandkonkurrenz ins Rennen. Sie müssen aber auf jeden Fall vor dem Aussetzen an die Bedingungen draußen gewöhnt werden. Stellen Sie sie ungefähr eine Woche lang – bei sehr kühlen Bedingungen auch länger – tagsüber nach draußen und bringen Sie sie nachts wieder unter Glas. Sehr empfindliche Sorten dürfen sogar erst ins Freiland, wenn die Frostgefahr vorüber ist.

Wir scheuen keine Kosten und Mühen, um möglichst früh zu ernten und in den Genuss der ersten Gemüse und Früchte zu kommen. Gleichzeitig aber sollten wir auch an das Ende der Saison denken. Für eine gute Lagerhaltung nämlich sind optimal angebaute, spät reifende Kulturen das A und O. Man kann sie zunächst in kleinen Gefäßen oder Multitöpfen aussäen und nach und nach ins Freiland umsiedeln, sobald im Beet Platz frei wird.

Manche Gärtner bremsen absichtlich die Entwicklung beispielsweise bei einem Teil der Salate und Kohlköpfe: Holt man sie aus der Erde und pflanzt sie sofort wieder am selben Standort ein, reifen sie eine oder zwei Wochen später als die anderen. Aber Vorsicht: Wenn man dabei etwas falsch macht oder sie zu spät oder bei zu großer Hitze und Trockenheit herausnimmt, ohne sie gleich zu wässern, können sie schossen.

Die Ernte verzögert oder verringert sich auch, wenn man reife Exemplare an der Pflanze hängen lässt. Das unterdrückt die Bildung weiterer Früchte. Eine Tomate reift zwar an der Pflanze am besten, senkt dann aber den Gesamtertrag. Nimmt man sie umgekehrt zu früh ab und lässt sie separat zu Ende reifen, setzt die Pflanze schneller eine größere Menge neuer Tomaten an. Besonders ausgeprägt ist dieser Effekt bei Gurken und Zucchini. Eine übersehene, bereits überdimensionierte Frucht unterdrückt alle nachfolgenden. Ähnlich verhält es sich mit Platterbsen und Buschbohnen: Lässt man zu, dass sie Samen ansetzen, kann man von ihnen nicht mehr viel Essbares erwarten. Wenn eine Pflanze plötzlich keinen Ertrag mehr abwirft, sollte man deshalb nach solchen überreifen Hemmschuhen suchen.

Zieht man im Herbst härtere Pflanzen, kann man viele von ihnen unter einer Wuchsglocke oder Plastikplane bis in den Winter hinein retten. In einem guten Glashaus lässt sich manches Gemüse fast zwölf Monate im Jahr frisch ernten – vor allem Salate, verschiedene Blattgemüse, Kräuter, Rettich und Frühlingszwiebeln. Für den Winter treibt man sie am besten im beheizten Anzuchtkasten in kleinen Töpfen vor und kultiviert sie anschließend in großen Gefäßen auf Stellagen weiter. Zusätzliche Wärme hilft, genauso wichtig ist viel

Licht, denn wenn sie nicht kräftig wachsen, drohen ihnen Fäulniskrankheiten. Mit ein paar Tricks lassen sich einige Gemüsesorten sogar im Hochwinter frisch ernten. Wärme hilft Spargel, Meerkohl, Chicorée und Löwenzahn auf die Beine. Man kultiviert sie im Sommer speziell für den darauffolgenden Winter und packt ihre Wurzeln in feuchten Sand – sie sind die Energiespeicher, aus denen in der kalten Jahreszeit die Triebe sprießen. Lagern Sie die Wurzeln aber eher in einem schwarzen Abfallsack als im Gewächshaus, wo sie nur wertvollen Platz wegnehmen.

Eine ganzjährige Versorgung mit frischem Obst ist schon schwieriger zu bewerkstelligen. Man kann die Saison zwar durch Ziehen an der Sonnen- wie an der Schattenseite einer Mauer um ein paar Wochen ausdehnen und durch Anbau von Früh- und Spätsorten weitere ein, zwei Monate herausholen. Doch wer Früchte völlig unabhängig von ihrer regulären Reifezeit kultivieren will, braucht schon eine Menge Geschick und Glück. Denn Obstpflanzen sind meist mehrjährig und daher vom Wechsel der Jahreszeiten abhängig. In einem frostfreien Gewächshaus aber kann man Zitrusfrüchte, Tamarillos, Guaven und sogar Ananas im Winter ziehen, wenn anderes frisches Obst nicht so leicht verfügbar ist.

Der ununterbrochene Anbau von Obstkulturen unter Glas führt mitunter allerdings zu einem massiven Schädlings- und Krankheitsbefall sowie zu Problemen wegen der fehlenden Winterruhe. Man umgeht das, indem man Obstbäume und -büsche in Kübeln aus dem Freiland unter Glas bringt, um sie zu einem zeitigen Austrieb und wesentlich früheren, sichereren Fruchtansatz anzuregen. Wer parallel dazu einen Posten weiterer Obstgewächse an einem kühlen Ort in ihrer Entwicklung bremst, kann durchaus Trauben, Zitronen und andere Köstlichkeiten an insgesamt neun Monaten im Jahr, wenn nicht noch länger ernten. So gut wie nichts ist mehr unmöglich, wenn man auch noch Wärme und zusätzliches Licht zuführt – sofern man das wirklich möchte. Tomaten, Erdbeeren und Gurken, aber auch viele weitere Gemüse- und Obstsorten ließen sich auf diese Weise zwar ganzjährig auf den Tisch bringen, der Aufwand an Energie und Arbeit aber wäre enorm. Da ist es vielleicht doch einfacher, etwas mehr vom regulär Geernteten zu lagern und zu konservieren.

LINKE SEITE: **In Multitöpfen kommen Steckzwiebeln gut in Fahrt, bevor sie dann im Freiland verlässlich eine frühe Ernte liefern.**
DIESE SEITE: **Erdbeer-Guaven (unten) sind so winterhart wie Zitronen (oben) – nämlich eigentlich gar nicht. Um ihre gesunden, schmackhaften Früchte ernten und genießen zu können, bringt man sie im Frühherbst in ein frostfreies Gewächshaus.**

ANBAU FÜR LAGERZWECKE

Viele Obst- und Gemüsearten sind nach der Ernte eine ganze Weile haltbar, weshalb das Einlagern eine gute Möglichkeit ist, sie noch länger in relativ frischem Zustand zu genießen. Kartoffeln stehen, sofern man verschiedene Sorten mischt, praktisch das ganze Jahr über zur Verfügung – wenn die Quelle frisch ausgegrabener Knollen versiegt, bedient man sich eben aus dem Fundus „auf Halde". Wer Sorten speziell anbaut, um sie später einzulagern, wird besonders haltbare Züchtungen auswählen. Mit den richtigen Apfelsorten im Regal kann man drei Viertel des Jahres, wenn nicht gar zwölf Monate lang auf frisches Obst zurückgreifen. Äpfel sind in puncto Haltbarkeit freilich unschlagbar: Die meisten anderen Obstsorten bleiben nicht annähernd so lange frisch, sieht man einmal von Nüssen ab. Früher kannte man Apfelsorten, die angeblich bis zu zwei Jahre lang hielten – sie müssen auf langen Schiffsreisen sehr nützlich gewesen sein, waren aber sicher nicht der große Genuss. Wer Wert auf besonderen Wohlgeschmack legt, kann schon ab dem Hochsommer in die frühesten Äpfel beißen, während sich spät reifende, gerade noch rechtzeitig vor den ersten Frösten und hungrigen Vögeln gerettete Sorten gut über den Winter und bis in das Frühjahr hinein lagern lassen.

Die Wahl der passenden Sorten

Gute Lagerung fängt bei der Sortenwahl an. Es gibt Sorten, die als besonders lagerfähig bekannt sind. Mit anderen sollte man es gar nicht erst versuchen. Noch wichtiger aber ist der Zustand des einzulagernden Ernteguts: Es muss auf jeden Fall makellos sein. Weist ein Exemplar Schäden auf, sollte man es lieber verarbeiten, bevor es ganz wertlos wird. Löcher, Fäulnisspuren, Verletzungen – sobald eine Frucht nicht fast perfekt ist, eignet sie sich schon nicht mehr für die Lagerung.

Wenn in einem Monat auch nur ein Zehntel fault, dann müssen Sie, falls Sie in sechs Monaten eine Kiste Kartoffeln aufbrauchen, schon zwei Kisten einlagern, damit Ihr Bedarf gedeckt ist. (Und das errechnet sich so: Wenn Sie 100 Stück in perfektem Zustand beiseitelegen und ein Zehntel pro Monat fault, dann haben Sie nach einem Monat noch 100 – 10 = 90. Nach zwei Monaten sind es 90 – 9 = 81, nach drei 81 – 8 = 73, nach vier 73 – 7 = 66 und nach fünf 66 – 7 = 59. Am Ende des sechsten Monats ist aus den ursprünglich 100 nur noch etwas mehr als die Hälfte übrig, nämlich 59 – 6 = 53.) In der Praxis erhöht sich die Ausfallrate in den letzten Monaten sogar noch. Um sechs Monate lang jeweils eine Kiste konsumieren zu können, brauchen Sie also schlimmstenfalls ein Dutzend Kisten als Anfangskapital. Und alle in tadellosem Zustand, wohlgemerkt. Aber auch wenn man sie nur kurz einlagert, müssen Obst und Gemüse schon von passabler Qualität sein, sonst werden sie im Handumdrehen ungenießbar. Wenn Sie nicht sicher sind, verarbeiten Sie das Erntegut lieber, bevor es dann doch auf dem Komposthaufen landet. Als letzten Ausweg kann man es auch an die Hühner verfüttern und damit indirekt zu Eiern oder Geflügelfleisch „veredeln".

Genauso wichtig wie die Auswahl lagerfähiger Sorten ist der Anbau: Kultivieren Sie die Früchte nicht nur so, dass sie möglichst wenig Schäden davontragen, sondern auch mit einem hohen Anteil an Trockenmasse, einer dicken Schale und einer guten Widerstandsfähigkeit gegen Fäulnis. Das erreicht man, indem man die Pflanzen gut (nicht übertrieben) wässert und ihnen reichlich Sonne angedeihen lässt. Mit den Nährstoffen sollte man nicht zu großzügig sein, wenngleich sie eine üppige Dosis Kalium – am besten aus Holzasche – gut brauchen können. Ganz wichtig ist das Einarbeiten von reichlich organischer Substanz oder Kompost in den Boden, besonders bei Kartoffeln. Für die Verarbeitung ist in erster Linie die Qualität des Fleisches wichtig, während kleinere Schönheitsfehler selten Probleme bereiten. Bei der Einlagerung indes kann selbst der geringste Makel verheerende Folgen haben. Lagerfrüchte müssen also besser vor Schädlingen und Krankheiten geschützt werden als solche, die für den baldigen Verzehr gedacht sind oder konserviert werden sollen.

Auch die Ernte selbst ist für die spätere Lagerfähigkeit wichtig, denn nur die schönsten und makellosesten Früchte eignen sich zum Aufheben – was so gar nicht zur Maxime passt, möglichst spät zu ernten. In der Tat sollten die meisten für die Lagerung vorgesehenen Obst- und Gemüsesorten so spät wie möglich nach drinnen kommen, manche aber müssen auch früh gepflückt werden, beispielsweise Birnen. Ernten Sie an einem trockenen Tag bei guten Lichtverhältnissen, damit Sie die Früchte genau ansehen und Schädlinge oder Erdreste gegebenenfalls entfernen können. Während für die Konservierung gedachtes Erntematerial so rasch wie möglich verarbeitet wird, bringt man Lagergut unter Dach vor der Witterung in Sicherheit und lässt es eine Weile liegen, damit die Schalen fester werden und die Früchte etwas trocknen können, bevor man sie endgültig wegpackt.

Führen Sie ein Lagerbuch

Die Lager befinden sich normalerweise nicht in der Küche. Deshalb sollte man Aufzeichnungen darüber führen, was wo wächst oder lagert. Hilfreich ist eine Liste mit dem, was gerade frisch im Garten gedeiht, was griffbereit deponiert ist – beispielsweise Wurzelgemüse und Äpfel – und was noch in der Tiefkühltruhe liegt. Notieren Sie

RECHTE SEITE: **Listen Sie auf, welche Sorten Sie auf den einzelnen Beeten gepflanzt haben, oder zeichnen Sie kleine Pläne. So wissen Sie, auch wenn Ihnen Etiketten abhanden kommen sollten, stets, was Sie wo finden.**

sich, was zur Neige geht oder gebraucht wird, und führen Sie ein Tagebuch, in dem steht, was wann wo ausgesät und gepflanzt oder an Gewächsen und Saatgut eingekauft wurde. Gleichzeitig aber sollten Sie auch festhalten, was Sie nicht brauchen – denn dann wissen Sie zumindest, dass es keinen Zweck hat, noch mehr davon anzubauen oder zu lagern!

Frisches Gemüse oder Obst werden Sie wohl kaum länger als ein Jahr lagern können, haltbar Gemachtes dagegen übersteht einen wesentlich längeren Zeitraum. Manche Weine werden im Alter besser. Die meisten Obst- und Gemüsesorten indes werden mit zunehmender Liegezeit nicht unbedingt nahrhafter.

Während man in Geschäften die älteste Ware als Erstes verkauft, damit möglichst wenig verdirbt, geht man im privaten Gemüse- und Obstlager eher umgekehrt vor und konsumiert das Frischeste zuerst, sofern man es nicht bewusst reifen lassen will. Die diesjährigen Konfitüren, Essiggurken, Säfte, Trockenfrüchte und eingefrorenen Leckereien schmecken vermutlich wesentlich besser als die vom letzten Jahr. Also verbraucht man sie zuerst und arbeitet sich danach zu den älteren Vorräten vor.

Mir ist es ohne großen Aufwand gelungen, ein riesiges Depot anzulegen. Da ich stets mehr eingemacht als verbraucht habe – auch wenn es jedesmal nur ein paar Gläser hier und ein paar da waren –, hat sich mit den Jahrzehnten ein enormes Konservenarchiv aufgetürmt. Für eine Hungersnot wäre ich bestens gerüstet, doch für den Tagesbedarf hilft mir das gar nichts. Immerhin weiß ich nunmehr aus eigener Erfahrung, dass Eingemachtes mit zunehmendem Alter keineswegs besser wird, sieht man von einigen Konfitüresorten sowie von Weinen und Lorbeerblättern ab.

Kurzum: Wenn Sie sich nicht gerade für schlechte Zeiten wappnen, sollten Sie das Frischeste als Erstes verbrauchen und auf ältere Depots erst zurückgreifen, wenn es nicht mehr anders geht. Hektisch alles Letztjährige wegzuputzen, um Platz zu machen für Neues, ist der falsche Weg. Es mag wie Verschwendung erscheinen, aber wenn Sie neuen Stauraum brauchen, verschenken Sie lieber die Viktualien aus den hintersten Ecken.

RECHTS: **Gärtnervlies und feine Netze bieten mit geringem Aufwand hervorragenden Schutz gegen fliegende und krabbelnde Plagegeister und auch gegen übermäßige Verschmutzung der Ernte.**

ANBAU FÜR KONSERVIERUNGSZWECKE

Wenn Sie Ihre Ernte zu Konserven verarbeiten wollen, anstatt sie entweder frisch zu konsumieren oder einzulagern, können Sie aus einem Sortenspektrum wählen, das für jede Konservierungsart geeignete Pflanzen zu bieten hat. Es gibt Erdbeeren, die nach dem Einfrieren und anschließenden Auftauen mit einer besseren Konsistenz aufwarten als andere, Pflaumen mit besonderem Talent zum Dasein als Backpflaumen, diverse Gemüsezüchtungen mit spezieller Eignung zum Tiefgefrieren oder Trocknen, ja sogar Kartoffeln, nämlich die Sorte 'Record', die bei der Verwandlung in Pommes besonders wenig Öl aufsaugen.

Je nachdem, ob Sie große Ladungen auf einmal oder lieber in mehreren Durchgängen jeweils kleinere Posten konservieren möchten, empfehlen sich ebenfalls unterschiedliche Sorten. Die meisten so genannten F1-Hybriden sind auf den großflächigen Anbau abgestimmt, bei dem die Früchte alle auf einmal erntereif sein sollen. Alte Sorten hingegen reifen oft ungleichmäßig über einen mehrwöchigen Zeitraum und sind daher eher angezeigt, wenn man immer wieder eine kleinere Menge für den sofortigen Verzehr oder eben nur für ein paar Konserven ernten möchte.

Mehr noch als das Sortenspektrum sollten Sie Ihre Anbaumethoden überdenken. Für die Konservierung ist ein Schädlings- oder Krankheitsbefall, wenn er sich in kleinem Rahmen bewegt, in der Regel kein Problem, solange sich die betroffenen Stellen einfach herausschneiden lassen. In jedem Fall sollten Sie, um Schäden vorzubeugen, Hilfsmittel wie Gärtnervlies, Netze und Plastikbarrieren intensiv nutzen. Die Größe der Früchte lässt sich bei manchen Arten durch eine Verringerung der Pflanzabstände steuern. So erbringen dicht wachsende Karotten kleinere Rüben, die sich beim Einfrieren als praktisch erweisen, während sich zur Einlagerung stattliche Exemplare besser eignen.

Auch die Versorgung der Pflanzen sollte dem Verwendungszweck ihrer Früchte angepasst werden. Für die Verarbeitung zu Konfitüren sollten Erdbeeren & Co. an einem eher trockenen, vollsonnigen Standort gezogen werden und nicht etwa im Halbschatten in feuchtem Grund, wo sie sich zu köstlichen Früchten für den Rohgenuss entwickeln. Zum Einfrieren taugliche Karotten müssen saftig und dünnschalig sein und sollten daher unter entsprechend feuchten Bedingungen rasch zur Reife gebracht werden.

Für Trocknungszwecke muss man die Pflanzen keineswegs trocken halten. Vielmehr bewirken übermäßig trockene Bedingungen eine zu feste Konsistenz. Ein hoher Trockenmassegehalt ist zwar von Vorteil, da zu viel Wasser das Fäulnisrisiko erhöht und die Trocknungsdauer verlängert, aber dafür besitzt während der Reifung ausreichend gewässertes Gemüse eine deutlich bessere Konsistenz und ein milderes Aroma.

LINKE SEITE: Edle Birnen – hier 'Doyenne du Comice' – verdienen es, einzeln eingewickelt zu werden, aber so, dass man sehen kann, wenn sie reifen und ihre Farbe verändern.

ERNTEN FÜR JEDEN ZWECK

Gartenfrüchte werden für den sofortigen Verbrauch oft in einem anderen Stadium geerntet als für die Einlagerung oder Konservierung. Für Konservierungszwecke gilt als Faustregel: Gemüse, das sauer eingelegt oder eingefroren werden soll, eher jung ernten; Gleiches gilt zumeist, jedoch nicht immer für Früchte, die Marmelade oder Saft ergeben sollen.

Früchte

Die meisten Früchte schmecken roh im vollreifen Zustand am besten. Eingelagert behalten nur ganz wenige Obstarten über einen längeren Zeitraum ihre Frische, selbst wenn sie, was dafür eine Grundvoraussetzung ist, eine tadellose Qualität mitbringen. Im Kühlschrank kommen sie weniger gut zurecht als an einem kühlen, luftigen Platz, an dem man sie in flachen Lattenkisten auf eine Unterlage aus geschreddertem Papier bettet, die sie atmen lässt und ihnen Druckstellen erspart.

Günstiger noch wäre es, sie in einem Beutel aus weichem Netzmaterial oder Stoff so aufzuhängen, dass sie nirgends anstoßen und von allen Seiten gut belüftet sind. Die größten Chancen auf Erfolg aber ergeben sich mit nicht ganz reifen Früchten, die man samt Stielansatz und auch einem kleinen Zweigabschnitt abtrennt und an Letzterem mit Wäscheklammern an Schnüren aufhängt. An einem kühlen, dunklen Platz mit ziemlich geringer Luftfeuchtigkeit halten sie sich so vergleichsweise lang.

Interessanterweise wurden Rote Johannisbeeren früher gern einfach frisch in Gläser gefüllt und für einen Vitaminkick, den man sich in der kalten Jahreszeit zwischendrin genehmigen konnte, an einem kühlen Ort beiseitegestellt. Und Trauben wurden in Töpfe mit trockenem Sägemehl gepackt, die dann mit Pech überzogen und in Brunnen oder Teichen versenkt wurden. Monate später wieder geborgen, waren die Trauben noch völlig in Ordnung, allerdings lediglich noch einen Tag lang genießbar.

Dass sich nur gepflückte Früchte für eine Lagerung eignen, Fallobst hingegen, selbst wenn es keine äußeren Anzeichen einer Beschädigung zeigt, vor dem unweigerlich baldigen Verderb schnell verbraucht oder zu Konserven verarbeitet werden sollte, liegt auf der Hand.

Außerdem ist zu bedenken, dass die Früchte, die als Erste reifen, häufig von dem einen oder anderen Schädling heimgesucht sind und daher ebenfalls schnell gepflückt und verwertet werden sollten, damit von ihnen keine Ansteckungsgefahr ausgeht.

Kräuter

Die meisten Kräuter warten unmittelbar vor der Blüte mit dem intensivsten Aroma auf, danach entwickeln sie eine gewisse Bitterkeit oder auch Penetranz. Und obwohl einige Einjährige durch einen Rückschnitt zum Austrieb neuer Blätter angeregt werden können, ist es oft ratsamer, eine neue Generation auszusäen. Hitze und Trockenheit liegen den meisten mehrjährigen Arten durchaus, aber Kandidaten wie Schnittlauch sowie Einjährige, die ihres frischen und nicht etwa ihres getrockneten Laubes wegen kultiviert werden, brauchen unbedingt feuchtere Bedingungen. Düngergaben hingegen führen meist nur zur Bildung von überlangen, schlaffen Trieben. Kaum eine Art, nicht einmal Minze, gibt im Schatten eine gute Figur ab, Teilschatten aber ist normalerweise kein Problem.

Obwohl es heißt, man solle Kräuter in der Regel frühmorgens ernten, sobald der Tau abgetrocknet ist, kann man dafür auch einen anderen Termin wählen – nur allzu heiß sollte es nicht sein. Da sich die ätherischen Öle, um die es bei Kräutern letztlich geht, schnell verflüchtigen, muss der Trocknungsvorgang unbedingt an einem kühlen und luftigen, allerdings nicht zugigen Platz erfolgen, und sie sollten gut verschlossen, kühl und dunkel aufbewahrt werden. Dicht schließende Behälter, aus denen die Aromen nicht entweichen können, sind auch dann angezeigt, wenn die Kräuter eingefroren werden. Zwar wird das Gros der Kräuter wegen der Blätter gezogen, doch sind zumeist auch die Blüten genießbar.

Salate und Blattgemüse

Im Großen und Ganzen gilt für sie dasselbe wie für Kräuter, wobei sie jedoch nach Einsetzen der Blüte nur in seltenen Fällen noch zu verwenden sind. Die Blüten selbst allerdings bieten, wie bei Kräutern, eine brauchbare Salatzutat. Salate sollten früh am Morgen, solange sie noch vom Tau benetzt sind, geerntet und bis zur Verwendung im Kühlschrank aufbewahrt werden; in der Nachmittagshitze geerntet lassen sie in puncto Knackigkeit indes meist zu wünschen übrig. Am Vortag wird gründlich gewässert. Salate werden kaum zu Konserven verarbeitet. Tiefgefrorener Spinat ist dagegen ein Klassiker, und auf die gleiche Weise lässt sich Winterportulak konservieren.

Robustes und empfindliches Gemüse

Je nach Gemüseart variiert die Erntestrategie beträchtlich. Erbsen etwa werden, um sie in Höchstform zu erwischen, täglich auf ihre Reifefortschritte hin inspiziert und durchgepflückt, während man anderes Gemüse dann ernten kann, wenn es einem zeitlich am besten passt. Fürs Lager bestimmte Wurzeln werden nicht gewaschen, da sich so ihre Haltbarkeit verringert, aber man kann Erdreste abreiben. Die Blätter werden, um das Bluten zu verringern, nicht abgeschnitten, sondern abgedreht, und anschließend taucht man die

Wundstellen zur Prophylaxe gegen Fäulnis in Holzasche oder Schwefelpulver. Besonders delikates Gemüse wie Spargel und Artischocken erntet man, solange es recht jung und zart ist und, genau wie Salat, früh am Tag. Bei der Kartoffelernte kann man die Tageszeit frei wählen, nur sollte man sich möglichst einen trockenen Tag aussuchen. Gemüse, das konserviert werden soll, erntet man am besten, wenn es noch nicht ganz ausgewachsen und ausgereift ist. Bei Gemüse, das fürs Lager bestimmt ist, spielt der Zustand der Schalen eine ebenso wichtige Rolle wie das Alter und die Reife des Ernteguts, und man sollte es lieber einen Tick zu früh hereinholen, bevor es irgendwelchen Schaden nimmt.

Empfindliche Früchte des Gartens wie Tomaten und Paprika – es handelt sich ja wirklich um Früchte – muss man pflücken, bevor sie der Frost ereilt, und sie wollen ganz behutsam behandelt werden. Grundsätzlich sollte man die Kisten, Körbe oder Eimer zum Sammeln des Ernteguts sei dieses sensibel oder auch robuster, mit geschreddertem Papier, Laub oder einem anderen weichen, atmungsaktiven Material auspolstern. Ich verwende dafür gern die großen Blätter von Meerrettich.

DIE GRUNDAUSSTATTUNG FÜR GARTEN UND KÜCHE

Auch wenn man sich manchmal mit improvisierten Mitteln behelfen kann, sollte, wer intensiv gärtnert, schon über eine gewisse Spezialausstattung verfügen. Wichtig sind ein scharfes Messer oder eine gute Gartenschere, um Stiele zu durchtrennen, anstatt bei der Ernte die Objekte der Begierde mit Gewalt abzureißen. Dabei packt man diese möglichst nicht mit den Fingerspitzen, sondern, um keine Druckstellen zu erzeugen, mit den gestreckten Fingern oder umfasst sie mit der ganzen Hand.

Werfen Sie das Erntegut nicht in den Sammelbehälter, selbst wenn er gepolstert ist, und schichten Sie es niemals zu hoch aufeinander. Neben einer Auswahl an Kisten, Körben und Eimern sollten auch Taschen mit Schulterriemen vorhanden sein, mit denen man bei Kletterpartien die Hände frei hat. Beeren kann man, um sie nicht unnötig oft anzufassen, direkt in Gefrierbeutel geben, und damit diese sich gut befüllen lassen, fixiert man sie für die Ernte so in einem anderen Behälter, dass sie nicht in sich zusammensacken. Bei Früchten, die leicht abfallen, beispielsweise bei Schwarzen Johannisbeeren und vor allem bei Maulbeeren, breiten Sie vor Beginn der Pflückaktion ein Tuch unter den Pflanzen aus. Alte Laken oder Netze empfehlen sich auch bei Nüssen, da diese über mehrere Tage hinweg abfallen und anschließend auf dem Grund gar nicht so leicht auszumachen sind.

RECHTS: **Bei einem aufgeräumten Schreibtisch bekommt man doch auch den Eindruck, der Benutzer sei unausgelastet …**

Für die Ernte in luftiger Höhe gibt es Obstpflücker, bestehend aus einem langen Stiel, an dessen Ende sich ein Greifring und ein Auffangbeutel befinden. Im Prinzip funktionieren sie, doch sind sie nicht gerade effizient, weshalb man besser in eine gute Leiter investiert und außerdem durch entsprechenden Schnitt im Vorfeld dafür sorgt, dass die Früchte in Reichweite reifen. Arbeiten auf einer Leiter – oder auch auf einem „Laufsteg" aus robusten Planken, die man über zwei stabile Leitern gelegt hat – sollte man niemals im Alleingang, sondern stets im Beisein einer zweiten Person ausführen, und zwar zum einen aus Sicherheitsgründen und zum anderen, weil man sich so schnell etwas reichen oder abnehmen lassen kann, ohne dass man selbst herunterklettern muss.

Wenn Sie in Bodennähe pflücken, empfinden Sie ein Kniekissen unter Umständen als Wohltat. Arbeiten Sie möglichst mit dem Rücken zum Wind und tragen Sie beim Beernten von Himbeeren oder anderen Sträuchern, in die man richtig hineintauchen muss, eine Mütze, damit sich Ihre Haare nicht im Gewirr der Zweige verheddern. Auch eine Schutzbrille kann hilfreich sein, genau wie ein Paar dünne Handschuhe beim Aufklauben von Früchten.

Im Vergleich zu einem Spaten birgt eine Gabel mit vier weit auseinanderliegenden Zinken beim Ausgraben von Gemüse für dieses eine geringere Verletzungsgefahr. Man stößt sie in einigem Abstand von den Wurzeln schräg in die Erde und hebelt das Gemüse durch Herunterdrücken des Gabelstiels heraus. Bei engen Pflanzreihen empfiehlt sich eine nur zweizinkige Gabel (man kann sie selbst herstellen, indem man die beiden äußeren Zinken entfernt).

Ernten Sie Wurzelgemüse möglichst nicht bei nassem Wetter, sondern wenn der Boden etwas abgetrocknet ist. Ich lasse die Ernte anschließend in einem weiten Sieb oder auf Jutesäcken, niemals jedoch direkt auf der Erde an der Sonne etwas abtrocknen. Wurzelgemüse hält sich meist besser, wenn man es ungewaschen einlagert. Was hingegen nach der Ernte direkt in die Küche wandert, tauche ich gleich an Ort und Stelle in einem ausgedienten Frittierkorb in einen Kübel mit Wasser, um die Erde abzuspülen, die mir im Haus die Rohre verstopfen würde.

Eine Schubkarre, ausgelegt mit einem Stück Teppich oder anderem weichem Material, ist sicherlich praktisch, um die Ernte in Kisten und anderen Behältnissen abzutransportieren, doch erleidet diese dabei stärkere Stöße, als wenn man sie tragen würde. Ein Schuppen ist sehr nützlich für die kurzfristige Lagerung von Obst und Gemüse sowie zum Vortrocknen von Erntegut und zugleich auch als Depot für all die Körbe, Leitern und anderen Utensilien.

RECHTS: **Eine Auswahl nützlicher Utensilien: Pflanzkelle, zweizinkige Gabel zum Aufnehmen von Wurzelgemüse, Pflanzholz, kleiner Stampfer zum Verfestigen von Topfsubstrat, Kurbel-/Solarradio, ein Pinsel für die Handbestäubung und ein Dosen-/Flaschenöffner.**

GANZ OBEN: **Reinlichkeit ist eine gute Sache, aber nicht auf Gedeih und Verderb – und Letzterer stellt sich schneller ein, wenn man Gemüse vor dem Einlagern wäscht.**
OBEN: **Ein paar ordentliche Küchenwerkzeuge genügen meist.**

Ein Thema für sich ist die Lagerung in der Küche. Optimal wäre natürlich eine traditionelle Vorratskammer, nach Norden ausgerichtet und entsprechend kühl, dabei weder zu trocken noch zu feucht. Ersatzweise muss man sich mit den Regalen und Schränken in der Küche arrangieren. Dabei darf man nicht außer Acht lassen, dass alles schneller ungenießbar wird, je wärmer und heller es gelagert wird. Wählen Sie also hochgelegene, aber kühle, dunkle, trockene Plätze für getrocknete Vorräte und reservieren Sie die unteren, kühlsten Etagen für Marmeladen und andere Glaskonserven. Vorräte, die lange halten sollen, bewahrt man in Schubladen und Schränken auf, da sie dort geringeren Temperaturschwankungen ausgesetzt sind. In den meisten Fällen haben eindringende Luft und Feuchtigkeit fatale Folgen. Daher sollten alle Gefäße Verschlüsse aufweisen, die den Inhalt optimal abdichten.

In der Küche unverzichtbar sind ein scharfes Messer, ein Schneidbrett und ein Gemüseschäler, der gut in der Hand liegt. Trichter, Siebe, Backbleche und Tabletts zum Trocknen, möglichst aus nicht rostendem Edelstahl und in verschiedenen Größen, sind zwar nicht unerlässlich, aber fraglos nützlich, genau wie eine Reihe von Saftbeuteln zur Herstellung von kristallklaren Gelees, eine Fruchtpresse (siehe Seite 66) und ein Entsafter (siehe Seite 50). Je intensiver Sie in die Materie einsteigen, desto länger wird womöglich Ihre Wunschliste. Denn der Handel bietet eine Vielzahl an komfortablen Apparaten und Geräten, ob etwa zum Schnibbeln von Bohnen, zum Palen von Erbsen, zum Hacken, Schneiden und Zerkleinern in jeder erdenklichen Form. Es gibt sogar mechanische oder elektrische Kartoffelschälmaschinen, ausgestattet mit einer Trommel, deren raue, sandpapierartige Auskleidung die Schalen abrubbelt – ein Traum für Pommes-Fans wie auch alle, die Wurzelgemüse lieben. Solche praktischen Helfer lohnen die Investition allerdings nur dann wirklich, wenn sie nicht nur die Arbeit zügig erledigen, sondern sich im Anschluss genauso mühelos und schnell reinigen lassen.

Angenommen, Sie könnten bei der Wahl des Herdes frei entscheiden, würde ich Ihnen zu einem jener altmodischen holzbefeuerten „Ungetüme" raten. Ein moderner Gasherd lässt sich zwar feiner regulieren als sein Elektropendant, aber um etwas einfach vor sich hin köcheln zu lassen, ohne dass es anbrennt, ist besagter Holzherd nahezu unschlagbar. Da er die meiste Zeit in Betrieb ist, bieten sich über dem Gerät perfekte Bedingungen zum Trocknen von Nahrungsmitteln, während parallel im Rohr und oben auf dem Herd mehrere andere Dinge gekocht oder gedörrt werden können. Die Anschaffung und der Betrieb mögen nicht ganz billig sein, aber dafür lässt sich mit einem solchen Herd gleichzeitig heißes Wasser erzeugen, zudem trocknet er Ihre Klamotten und Stiefel – und nicht zuletzt schafft er eine behagliche Atmosphäre. Ich genieße es, mich nach getaner Arbeit an meinen Ofen zu lehnen und zu entspannnen.

Einlagern und Konservieren

Einlagern und Konservieren

Für welche Form der Aufbewahrung Sie sich entscheiden, hängt davon ab, um welches Erntegut es jeweils geht, welches Ihre Vorlieben sind und wie viel Aufwand Sie in Kauf nehmen. Essen Sie am liebsten frisch geerntetes Gemüse und Obst, dann ist die einfache Lagerung eindeutig die beste Wahl. Allerdings funktioniert sie nur mit Erntegut, das von makelloser Qualität ist. Alles andere muss gleich verbraucht, konserviert oder entsorgt werden.

Welche Konservierungsmethode Sie wählen, hängt ganz von den Obst- oder Gemüsesorten ab, die Sie haltbar machen wollen. Natürlich spielt dabei Ihr persönlicher Geschmack eine Rolle – warum sollten Sie Batterien von Pickles produzieren, wenn Ihnen sauer Eingelegtes gar nicht behagt? –, und es stellt sich die Frage, für welche der Möglichkeiten Sie besser gerüstet sind.

LAGERUNG IM BODEN UND IN DEPOTS

An Ort und Stelle: im Boden oder in Pflanzgefäßen

Einige Gemüsearten kann man im Boden belassen, bis sie benötigt werden. Zu ihnen gehören Pastinaken und Rosenkohl, von denen es heißt, dass sie einen lieblicheren Geschmack entwickeln, wenn sie etwas Frost abbekommen. Vorsichtshalber sollte man, für den Fall, dass der Boden fest gefriert, einige Pastinaken ausgraben und unter einer dünnen Erdschicht deponieren. Rosenkohl, Grünkohl, Wirsing und Winterbrokkoli lässt man den ganzen Winter über draußen stehen. Lauch hat so gut wie keine Probleme; wo jedoch Eiseskälte droht, sollte man immer einige Stangen im Kübel unter Glas ziehen. Möhren, Rote Beten, Mangold, Steckrüben und Weißkohl kann man an ihrem Standort belassen, wenn man sie entweder mit Wuchsglocken oder Vlies oder auch mit Lagen aus Stroh oder geschredderten Zeitungen und Plastikplanen gegen strengen Frost und starken Regen oder Schnee abschirmt. Unter solchen Abdeckungen bleibt das Gemüse gut in Schuss, eventuell treibt es allerdings in milden Wintern unerwünscht früh aus. Zudem behagt die „kuschelige Wärme" auch Mäusen, Schnecken und anderen Schädlingen, weshalb man regelmäßig inspizieren sollte.

Eine weitere Möglichkeit bildet die Kultur in Kübeln, die man zu gegebener Zeit an einen geschützten Platz stellt. Diese Methode funktioniert gut bei einigen Kräutern und Salaten. In der Regel herrscht in Wohnräumen wie auch in Wintergärten zu große Wärme und Trockenheit, dazu mangelt es, selbst an Fensterplätzen, oft an Helligkeit. Die meisten Pflanzen reagieren auf solche Bedingungen mit der Bildung überlanger, dünner und weicher Triebe. Robustere Kräuter wie Rosmarin, Thymian, Salbei und Lavendel fühlen sich im Freien definitiv wohler als drinnen, brauchen jedoch bei sehr strenger Kälte unter Umständen vorübergehend Schutz; ideal wäre dafür ein Platz auf einer abgeschirmten Terrasse oder in einem unbeheizten Gewächshaus. Manche in Containern gezogene Salate und Kräuter – nur natürlich nicht die Sensibelchen unter ihnen – kann man, wenn man Wind und Wetter von ihnen abhält, monatelang beernten. So manches Wurzelgemüse, selbst empfindliche Arten wie Süßkartoffeln, wahrt seine Qualitäten am besten, wenn man es in den Töpfen, in denen es gezogen wurde, an einem geschützten Platz in Ruhe lässt. Bei in Kübeln wachsenden Trauben, Roten Johannisbeeren, Zitronen und dergleichen kann man, indem man sie rechtzeitig in ein unbeheiztes Gewächshaus bringt, die Erntesaison wirksam verlängern: An der Pflanze bleiben die Früchte länger frisch, als wenn man sie pflücken und noch so gewissenhaft lagern würde.

SEITE 26–27: Dieser Schuppen dient vor allem als Trockenraum.
UNTEN: Wenn der Winter naht, sollten die Lager gut gefüllt sein. Doch auch im Garten findet sich immer noch dies und das.
RECHTE SEITE: Lauch, der im Kübel wächst und vor Frosteinbruch unter Glas gebracht wird, sichert die Versorgung, wenn sich aus dem gefrorenen Boden kein Gemüse ausgraben lässt.

In Wurzel-, Obst-, Samen- und Kräuterlagern

Wie schon angesprochen, lohnt sich die Lagerung nur bei wirklich makellosem Erntegut. Sortieren Sie also, was schadhaft ist, konsequent aus und verbrauchen oder konservieren Sie es sofort, bevor es vergammelt. Nur die erste Wahl wandert ins Lager und wird regelmäßig inspiziert, bevor Fäulnis oder ein sonstiger Befall sich ausbreiten kann.

Waren einst spezielle Lager für Wurzelgemüse, Kartoffeln und Obst gang und gäbe, stehen uns heute meist nur zu trockene und warme Kellerräume zur Verfügung. Ein idealer Wurzelkeller sollte dunkel und kalt, aber frostfrei, etwas feucht und zudem luftig sein. Als probate Alternative, die eine gute Isolierung, Schutz vor Nagern und Lichteinfall sowie eine konstante Temperatur bietet, empfehle ich einen ausrangierten Kühl- oder Gefrierschrank. Um eine gewisse Luftzirkulation sicherzustellen, muss man in der Dichtung einige Löcher anbringen, die jedoch nicht so weit sein dürfen, dass Mäuse eindringen können. Auch ein an einem schattigen Platz stehender kleiner Schuppen oder kalter Kasten lassen sich mit reichlich Isoliermaterial in ein passables Lager umfunktionieren.

Alternativ versenken Sie in einer schattigen Position Kunststoffmülltonnen so in den Boden, dass von oben kein Wasser hereinlaufen kann. Für jede Tonne fertigen Sie aus Plastikbeuteln und Zeitungspapier oder anderem eine dicke Abdeckung an, die die ärgste Kälte von oben abhält. Ein kleiner Kamin mit einer Abschlusskappe, die gegen das Eindringen von Regen schützt, sorgt dafür, dass feuchtes Lagergut atmen kann, sodass es nicht so schnell schimmelt, und ein extra installierter doppelter Boden kann verhindern, dass die unterste Lage in Kondenswasser schwimmt. Doch selbst ohne einen Kamin halten sich Früchte des Gartens, die in einem Topzustand in solche Tonnen gepackt wurden, recht gut. Noch mehr gilt dies für getrocknete Vorräte wie Samen und Kräuter in fest schließenden, nicht rostenden Behältern.

Früher packte man Wurzeln gewöhnlich zwischen Lagen aus Stroh, Erde und wieder Stroh, schließlich wurde das Ganze noch mit Reet abgedeckt. Da diese sogenannten Mieten für die Versorgung von Mensch und Vieh angelegt waren, fielen sie entsprechend riesig aus. Nach dem gleichen Prinzip können Sie heute Karotten und anderes Wurzelgemüse in nur wenig feuchten Sand packen, der einfach aufgehäuft, aber besser noch in Kisten gefüllt ist, und anschließend dick mit Stroh bedecken, gefolgt von altem Teppichmaterial, Decken oder Zeitungen sowie schließlich einer bis drei Lagen Kunststofffolie. Derart geschütztem Gemüse kann höchstens noch arktische Kälte etwas anhaben. Praktischer ist, wenn es nur um kleinere, haushaltsübliche Mengen geht, wiederum mein persönlicher Favorit, ein ausgemusterter Kühl- oder Gefrierschrank, der in einem Schuppen oder einer Garage untergebracht ist.

Was kann eingelagert werden?
Gut geeignet sind Möhren, Rote Beten, Stangen- und Knollensellerie, Winterrettich, Haferwurzeln, Speise- und Steckrüben. Andere Wurzeln wie etwa Topinambur, Knollenziest und Schwarzwurzeln lassen sich nicht so ohne Weiteres unbeschadet aufnehmen. Man lässt sie besser bis zur Verwendung an Ort und Stelle und versieht sie mit ausreichendem Schutz. Bei Chicoréewurzeln kommt man hingegen um das Ausgraben nicht herum, man muss sie ab Spätherbst in Kisten in Sand legen und an einen dunklen, nicht zu kühlen Platz stellen, bis die torpedoförmigen Knospen sprießen.

Wurzeln von Eins-a-Qualität können zwischen Lagen aus leicht feuchtem Sand, Torf oder was auch immer gepackt werden, und zwar vorzugsweise in stapelbare Boxen. Wurzelgemüse der zweiten Garnitur bleibt am besten ungewaschen und wird in Kisten oder Boxen aus Kunststoff oder rostfreiem Metall geschichtet. Kleinere Mengen können in Netzbeutel aus Kunststoffmaterial gepackt werden, die jedoch weniger Schutz bieten. Stellen Sie zwischen Ihren Wurzelgemüse-Vorräten Bierfallen gegen Schnecken sowie Mausefallen auf und vergessen Sie dabei nicht, Letztere so zu platzieren, dass sie für Katzen unerreichbar sind.

Notfalls lassen sich Kohl, Lauch und andere Gemüse zusammen mit Wurzelgemüse lagern. Kartoffeln aber verlangen unbedingt ein „Separee“. Denn sie nehmen allzu stark Fremdgerüche auf, und außerdem brauchen sie eine mildere Umgebungstemperatur. Nähert sich diese auch nur dem Nullpunkt, entwickeln Kartoffeln einen unwillkommenen süßen Geschmack, während die meisten Wurzelgemüse bis kurz vor dem Gefrierpunkt wohlauf bleiben. In einem separaten Kartoffellager kann man den Knollen in extremen Kälteperioden zusätzliche Wärme zuführen (zum Beispiel mittels heißer Wärmflaschen) und dann im Frühjahr ihr Einschrumpeln und den Austrieb hinauszögern, indem man sie – diesmal mit gefrorenen Wärmflaschen – kühlt. Kartoffeln müssen dunkel aufbewahrt werden, damit sie nicht grün und mithin giftig werden. Den Weg aus dem Lager in die Küche treten sie erst dann an, wenn sie wirklich benötigt werden.

LINKE SEITE OBEN: Gewaschenes Gemüse mag attraktiver aussehen, doch schmutzig eingelagert hält es länger.
LINKE SEITE UNTEN: In der leicht feuchten Atmosphäre einer stillgelegten Gefriertruhe bleiben Kartoffeln schön knackig. Sie werden am besten in Kunststoffkisten gepackt.
LINKS: Ein pensionierter Kühlschrank gibt ein hervorragendes Obstlager ab: gut isoliert und unzugänglich für Mäuse.

Für die Lagerung von Früchten gelten ähnliche Prinzipien wie bei Wurzelgemüse, nur brauchen sie mehr Luftzirkulation. Viel Luft schützt vor Fäulnis, lässt die Früchte aber ziemlich schnell runzlig werden. Steht die Luft hingegen, können vollreife Früchte, durch das Äthylen, das sie ausscheiden, ihre Nachbarn zu einer allzu raschen Reifung anregen. Abermals empfehle ich Ihnen ausgemusterte Kühl- und Gefrierschränke oder ähnlich gut isolierte und mäusesichere Depots, wiederum untergebracht in einem schattigen Schuppen oder dergleichen. Alte Bücherregale und Truhen könnte man ebenfalls zu Früchtelagern umfunktionieren. Egal wo Sie Ihre Früchte lagern, vergessen Sie nie, Etiketten anzubringen.

Äpfel

In der Regel bilden Äpfel bei den Vorräten wohl den Löwenanteil. Sie werden nach frühen und späten Lagersorten getrennt aufbewahrt und im Wechsel durchgesehen. Echte Frühäpfel allerdings gehören gar nicht ins Lager, sondern werden möglichst zügig verwertet, denn ihre Haltbarkeitsdauer beträgt selten mehr als einen Monat, falls sie den überhaupt überleben. Lageräpfel halten sich nur, wenn sie nicht nur einen Topzustand, sondern außerdem den Fruchtstiel aufweisen. Die besten sollten Sie einzeln einwickeln – ich nehme dafür alte Zeitungen, noch besser wäre vielleicht Küchenpapier. Anschließend packe ich sie vorsichtig in eine separate Kiste, die ich entsprechend beschrifte. Die Sorten mit der längsten Haltbarkeit kann man ebenfalls einwickeln, wobei manche das Papier zuvor mit Sonnenblumenöl oder einem anderen neutral schmeckenden Öl präparieren. Als Alternative bietet sich eine Unterlage aus geschreddertem Papier an, mit dem man die Äpfel dann auch abdeckt, bevor man eine nächste Lage obendrauf gibt. Getrocknetes Laub könnte Schädlinge oder Krankheitserreger beherbergen und das Aroma der Früchte verfälschen. Letzteres gilt ebenso für Heu, das darüber hinaus gern schimmelt. Besser ist da schon Stroh, und einige schwören auf getrocknete Brennnesseln. In alten Büchern kann man lesen, Früchte aller Art ließen sich viele Monate länger als üblich lagern, indem man sie zunächst ganz leicht vortrockne und dann in trockenen Sand bette.

Äpfel für die Saftgewinnung lassen sich kurzfristig in Plastikbeuteln lagern, die zuvor mit Löchern versehen wurden.

Birnen

Birnen soll man nicht mit Äpfeln mischen, ihr Aroma würde sich verändern. Zudem brauchen sie eine wärmere und feuchtere Umgebung und verderben wesentlich schneller. Es ist unerlässlich, die Bestände zweimal täglich zu inspizieren, um die Exemplare, die bereits eine lebhaftere Farbe annehmen, herauszusuchen und gleich zu verspeisen. Eine kühle Ecke in der Küche ist deshalb ein beliebter Aufbewahrungsplatz. Da Birnen zudem leichter Druckstellen bekommen als Äpfel, sollte man die Preziosen unter ihnen in flachen Kisten auf weiche Papierschnipsel betten, die man auch zwischen die einzelnen Früchte stopft. Birnen, die sich besonders lange halten, packe ich einfach zwischen Schichten aus Sägespänen in Eimer und stelle sie dann in einen mäusesicheren Schrank.

Anderes Obst und Gemüse

Das Frischhalten ganzer Trauben, die man mitsamt einem Triebabschnitt vom Stock getrennt hat, um sie wie Schnittblumen in ein Gefäß mit Wasser zu stellen (siehe auch Seite 114), funktioniert nicht in einem beengten Obstlager. Denn die Trauben brauchen, damit sie keinen muffigen Geschmack annehmen, einen intensiveren Luftaustausch. So extrem, dass die Beeren binnen Kurzem zu Rosinen werden, darf dieser allerdings auch wieder nicht sein. Ziemlich perfekt wären als Lager ein frostfreier Nebenraum oder eine Garage. Falls dort Mäuse ihr Unwesen treiben, könnten einige fleißige Katzen oder ein ausgedienter Vogelkäfig die Trauben vor den Nagern schützen.

Glücklich kann sich schätzen, wer einen kleinen Schrank oder Kasten sein Eigen nennt, dessen Seitenwände und Türfüllungen aus verzinktem Lochblech oder aus perforiertem Kunststoff bestehen

und der in einem kühlen, dunklen Schuppen entweder an Drähten frei aufgehängt oder auf einem Untergestell aufgebockt ist, das sich von noch so gierigen Räubern nicht erklettern lässt. Die obere Abdeckung darf nicht durchbrochen sein und muss ringsum überstehen, sodass Staub möglichst wirksam abgehalten wird und irgendwelche Fliegen nicht ihre Eier oder gar ihre lebende Brut in den Kasten fallen lassen können.

In jedwedem Obst- oder Gemüselager sollte man nicht nur Sicherheitsvorkehrungen gegen Mäuse und Ratten treffen, sondern auch gegen Kakerlaken, die zunehmend zu einer Plage werden, und natürlich gegen Schnecken. Diese feiern in der vergleichsweise wohligen Wärme fröhliche Urstände und richten dabei unter Umständen verheerende Schäden an. Bierfallen haben sich als Gegenmittel bewährt.

Zwiebeln, Knoblauch und Schalotten fühlen sich unter dem Giebel eines Schuppens oder einer Garage mit gut isoliertem und abgedichtetem Dach ausgesprochen wohl, wobei man sie am besten in Netzbeuteln aufhängt, in die man sie so einfüllt, dass sie sich nicht erdrücken. Selbstverständlich dürfen etwaige Traubenvorräte nicht in der Nähe lagern, ein zwiebeliger Beigeschmack würde ihnen nicht gut bekommen.

Lagerfähige Kürbisse ziehen hingegen einen eher warmen, wohlgemerkt jedoch nicht überhitzten und trockenen Platz vor. Auch sie werden am besten in Netze oder aber auf geschreddertes Papier in flache Kisten gepackt. Bewahren Sie sie in einem wohltemperierten Nebenraum auf – oder verstecken Sie sie hinter Ihrem Sofa!

Der Anbau geeigneter Sorten, eine sachgemäße Hege und Pflege, ein sanfter Umgang mit der Ernte und geeignete Schutzmaßnahmen gegen Verderb und Nager – das sind zusammengefasst die wesentlichen Punkte für eine erfolgreiche Einlagerung von Gemüse und Früchten.

OBEN: **Das ist nicht mein Wohnzimmer – ich schwör's!**
LINKE SEITE: **Auf diesen kleinen Stiel kommt es an; ohne ihn hält keine Frucht lang.**

TROCKNEN

Das Trocknen ist eine der ältesten Konservierungsmethoden, beruht es doch auf einem natürlichen Vorgang. Es kommt vor, dass Früchte dörren, wenn sie noch am Baum oder Rebstock hängen, und während sie trocknen, bleibt ihr Fleisch, solange es nicht von Schimmel befallen wird, durchaus genießbar. Bei Samen ist der Trocknungsprozess von der Natur vorprogrammiert, um den Feuchtigkeitsgehalt zu verringern – eine Grundvoraussetzung für die Keimruhe.

Schon früh haben ganze Völker getrocknete Langzeitvorräte angelegt, die ihnen nicht nur als alltägliches Grundnahrungsmittel dienten, sondern auch als Notreserven, um Hungersnöte zu überbrücken. In versiegelten Töpfen an sicheren Plätzen eingegraben, hielten sich Weizen, Reis und Mais besser als so ziemlich jede andere „Konserve", die sich seinerzeit vielleicht schon bereiten ließ. Und seit jeher werden Nutztiere in unseren Breiten etwa das halbe Jahr über mit Heu und anderem getrocknetem Futter über die Runden gebracht.

LINKS: **Es ist erstaunlich, wie stark Früchte durch das Trocknen schrumpfen.**

RECHTE SEITE OBEN: **Schneiden Sie möglichst gleichmäßige Ringe, sonst sind manche innen noch feucht, während die anderen schon verpackt werden könnten.**

RECHTE SEITE UNTEN: **Auf einem dünnen Stab lassen sich die Stücke leichter gleichmäßig verteilen als auf einer Schnur, die meist etwas durchhängt.**

Wie es heißt, ist das Trocknen nährstoffschonender als andere Konservierungsmethoden. Bedauerlicherweise leidet aber der Geschmack der meisten Nahrungsmittel – abgesehen von einigen Hülsenfrüchten – durch diesen Prozess und das anschließende Einweichen, so sorgsam beides auch durchgeführt werden mag. Dann gibt es jedoch Fälle, in denen das Trocknen den Lebensmitteln zu ganz neuen Qualitäten verhilft. Ich denke dabei etwa an Rosinen, die mitunter köstlicher sind als die Ursprungstrauben, und ein besonders krasser Fall sind die getrockneten Ringe der Nashi, die entschieden besser schmecken als die Asiatischen Birnen im frischen Zustand.

Beim Trocknen wird den Lebensmitteln mit dem Wasser auch der Nährboden für Fäulniskeime entzogen. Vor allem Fleisch und Fisch werden traditionsgemäß häufig zusätzlich durch Einsalzen und/ oder Räuchern vor dem Verderb geschützt. Aber Trocknen allein kann schon genügen, sofern die betreffenden Nahrungsmittel danach vor dem erneuten Zutritt von Feuchtigkeit geschützt werden. Sie sollten demnach fest verschlossen und an einem dunklen Ort gelagert werden.

Durch die Verringerung des Wassergehalts steigt der proportionale Anteil an Zuckern, Mineralstoffen und Salzen in den Lebensmitteln. Speziell Früchte können eine so konzentrierte Süße oder auch Säure erreichen, dass sie sich anschließend – im Gegensatz etwa zu Gemüse, Kräutern und Samen – sogar mit einer ziemlich hohen Restfeuchte gut halten. Beispiele hierfür sind Backpflaumen, Rosinen und Feigen. Sie dürfen jedoch nicht im gleichen Schrank mit anderen extrem getrockneten Lebensmitteln aufbewahrt werden, es sei denn, die Behältnisse sind wirklich hundertprozentig dicht. Sonst geht die Restfeuchte auf die anderen Vorräte über und gefährdet deren Haltbarkeit.

Getrocknete Vorräte sind eine praktische Sache, da jederzeit verfügbar. Dennoch setzt ihre Verwendung meist eine gewisse Vorplanung voraus, etwa wenn sie eingeweicht werden müssen oder um aus Samen Sprossen zu ziehen. Einweichwasser kann man mit aromatischen Zutaten anreichern, die dann wie bei einer Marinade in das Nahrungsmittel eindringen. Für Hülsenfrüchte würden sich als Zusatz Kräuter anbieten, für getrocknete Apfelringe Honig, Brandy oder Wein. Allerdings darf die Einweichflüssigkeit nicht zu konzentriert, zu süß oder zu salzig geraten, sonst wird das Eingeweichte nicht richtig oder erst sehr langsam weich.

Zum Trocknen vorgesehene frische Früchte und Gemüse müssen von tadelloser Qualität sein, sonst braucht man sich die ganze Mühe gar nicht erst zu machen. Eine trockene, recht warme Atmosphäre bildet eine weitere unerlässliche Voraussetzung, allerdings kann es bei zu viel Wärme passieren, dass das Trocknungsgut gart oder sogar karamellisiert.

Spezielle Dörrgeräte gibt es in verschiedenen Ausführungen zu kaufen, und Sie können sich sogar selbst eines bauen. Alternativ verwenden Sie Ihren Herd als Trockenapparat. Oder Sie platzieren die Kräuter, Gemüse- oder Fruchtstücke einfach aufgehängt oder auf Drahtgittern an einem Ort, an dem sie einem trockenen Luftstrom ausgesetzt sind. Wichtig ist zunächst, dass die Oberflächen trocknen, bevor sie Schimmel ansetzen, daher empfiehlt es sich, besonders am Anfang zwischen den Stücken ausreichend Abstand zu lassen. Sofern Sie nicht mit einem technisch hoch ausgereiften und daher sündhaft teuren Gerät arbeiten, herrscht an manchen Stellen mehr Wärme oder Trockenheit als an anderen. Übertriebene

Hitze aber führt zu harten Krusten und einem matschigen Inneren. Um eine gleichförmige Konsistenz zu erzielen, sollten Sie, auch wenn dies etwas mehr Arbeit macht, die Stücke zwischendrin umplatzieren, sodass jedes einmal in den Genuss optimaler Bedingungen kommt. Wenn die Oberflächen abgetrocknet sind, können Sie den weiteren Trocknungsvorgang über einen längeren Zeitraum ausdehnen, indem Sie beispielsweise nach dem Kochen die restliche Strahlungswärme des Herdes nutzen.

Selbstverständlich müssen vor dem Trocknen dicke Schalen sowie Steine und Kerne entfernt werden. Je dünnere Scheiben oder kleinere Stücke Sie schneiden, desto schneller trocknen sie. Geraten sie jedoch zu fein, kann es passieren, dass sie garen, knusprig werden oder zerbröseln. Achten Sie außerdem auf eine möglichst gleichmäßige Größe, denn vereinzelte „dicke Brummer“ sind, wenn alles andere bereits ausreichend getrocknet ist, innen noch feucht mit der Folge, dass sie später im Lager diese Restfeuchte an die Umgebung abgeben und die gesamte Partie zu schimmeln beginnt. Bei Kräutern müssen oft die Stängel entfernt werden, weil sie dicker sind und langsamer trocknen als die Blätter.

Man kann Fruchtstücke vor dem Trocknen in Zucker oder Zuckerlösung tauchen, um sie zu schützen und eine Braunfärbung zu vermeiden, allerdings werden sie dann meist etwas klebrig. Dagegen hilft ein dünner Überzug mit Speisestärke, Maisstärke oder auch normalem Weizenmehl, der zudem noch bestimmte Schädlinge abhält. Bei Gemüse kann trockenes Salz oder eine Lake die Braunfärbung verhindern, allerdings muss das Salz vor der Verwendung zumindest teilweise wieder entfernt werden. Dass man insbesondere am Anfang, solange die Oberflächen noch feucht sind, das Trocknungsgut sorgfältigst gegen Staub und Fliegen abschirmen muss, versteht sich von selbst.

Falls Sie Ihre Schätze einfach an der Luft trocknen, ist irgendwann eventuell ein Punkt erreicht, an dem sich nichts mehr tut, obwohl noch etwas Feuchtigkeit vorhanden ist. Diese wird dann im sanft erwärmten Ofen bei leicht geöffneter Tür entfernt. Zu guter Letzt verstauen Sie Ihre Vorräte in absolut luftdichten und mäusesicheren Behältnissen, in denen sie vor Feuchtigkeit und Licht geschützt sind. Verzichten Sie dabei auf keinen Fall auf eine präzise Beschriftung – und sei es nur für den Fall, dass Sie nach einer kleinen Ewigkeit etwas Unidentifizierbares aus den Untiefen Ihres Lagers ausgraben und wissen wollen, worum es sich handelt und ob es noch genießbar ist.

Früchte

Da Äpfel ja, wenn man sie sachgemäß lagert, sowieso über mehr als die Hälfte des Jahres verfügbar sind, stehen getrocknete Apfelringe sicher nicht ganz oben auf der Prioritätenliste, aber zwischendrin ein paar von ihnen zu knabbern ist schon eine feine Sache. Bei Birnen wird die Sache, obwohl sie beim Trocknen etwas speckig geraten, schon interessanter, weil sie nur eine kurze Saison haben (wie ich mit ihnen umgehe, habe ich auf Seite 84 detailliert beschrieben), und unbedingt empfehlen kann ich, wie ebenfalls auf Seite 84 erläutert, getrocknete Nashi (Asiatische Birnen), deren Aroma das der frischen Früchte bei Weitem übertrifft. Quitten habe ich noch nie getrocknet, könnte mir aber vorstellen, dass man mit einer guten Kettensäge anständige Scheiben hinbekommt. Pflaumen verwandeln sich ungeachtet ihrer Ausgangsfarbe unweigerlich in violettschwarze Backpflaumen – da kann ich machen, was ich will. Aber wenigstens schmecken sie teils ausgezeichnet. Aprikosen und Pfirsiche gewinnen ebenfalls, wenn man nicht höllisch aufpasst, eine Konsistenz ähnlich wie Backpflaumen, sind dann Letzteren jedoch in puncto Geschmack deutlich überlegen. Aus selbst geernteten Trauben getrocknete Rosinen und Sultaninen schließlich sind ein absolutes Muss.

Kräuter

Grundsätzlich lassen sich Kräuter einfach trocknen. Allerdings geben Minze und Basilikum danach, verglichen mit dem jeweils frischen Kraut oder mit den auf andere Art konservierten Blättern, ein schwaches Bild ab. Umgekehrt scheinen sich Lorbeerblätter zu steigern, je länger sie getrocknet werden. Die meisten übrigen Kräuter kann man ohne Mühe und mit Erfolg trocknen. Da man jeweils immer nur wenig von ihnen braucht, ist es kein so schlechter Plan, in einem Jahr von einer bestimmten Sorte eine größere Menge zu ziehen und dann so viel zu trocknen, dass der Vorrat gleich für die nächsten paar Jahre reicht.

Kräuter soll man, wie es heißt, am besten frühmorgens sammeln, sobald der Tau abgetrocknet ist. Anschließend hängt man sie einfach an einer Schnur an einem kühlen, luftigen Schattenplatz auf. Sie zu bündeln birgt das Risiko, dass sich in der Mitte der Sträuße Schimmel bildet, und die Stängel oder Zweige einzeln anzubinden ist mühsam. Die Lösung: Kaufen Sie eine Packung Holzwäscheklammern, mit denen die Kräuter im Nu an der Schnur befestigt sind. Sobald sie vollständig getrocknet sind, werden sie, damit ihr Aroma nicht verfliegt, erst in Papiertüten und darin dann in gut schließende Behälter gepackt.

Kräutermischungen

Obwohl getrocknete Kräuter zumeist nach Sorten getrennt aufbewahrt werden, ist es doch durchaus möglich, sie zu mischen. Ich stelle oft reichhaltige Kompositionen aus Kräutern und Blattsalaten zusammen (siehe auch Flowerdews Supersalat auf Seite 129), und versuchsweise habe ich eine Portion davon getrocknet – schließlich hatte die Mischung frisch sehr gut geschmeckt. Das tat sie auch nach dem Trocknen: Zerkrümelt und gesiebt ergab sie eine vorzügliche Würze, die ich dann, mit Mayonnaise oder einem Dressing vermischt, an meine Salate gegeben habe. Vermutlich könnte man fast jeden Blattsalat als Vorrat für den Winter trocknen, nur habe ich noch nie gehört, dass jemand das täte.

Was ich aber für den Winter einlagere, sind gemischte Kräutersträußchen – besonders mag ich die Verbindung von Rosmarin und Salbei mit Ysop und Lavendel –, aus denen ich Tees und Aufgüsse bereite. Größere gemischte Sträuße packe ich in Baumwollstrümpfe und verwende sie so als Badezusatz. Hervorragend passt in diesem Fall Lavendel in Kombination mit Rosmarin, Salbei und Thymian, dazu vielleicht auch Kamille, Zitronenverbene und Minze, die das Badewasser ein wenig grün färben.

Nach dem behutsamen Trocknen werden die Kräuterblätter von den Stielen gestreift und gesiebt, in Papiertüten gefüllt, anschließend in dunkle Gläser gepackt und dann trocken, kühl und geschützt vor Lichteinfall gelagert. Angeblich halten sich getrocknete Kräuter selbst in einem gut schließenden Behälter nicht, wenn dieser feuchter Umgebungsluft ausgesetzt ist. Robustere Kräuter oder solche, die eher der Dekoration dienen, kann man in Bündeln frei baumelnd an einem trockenen Platz aufhängen.

Gemüse

Sie zu trocknen macht relativ wenig Arbeit, und sie für Suppen und Eintöpfe sowie zum Garnieren auf Vorrat zu haben ist eine feine Sache. Zwiebelringe werden auf eine Schnur oder besser noch einen Stab gefädelt (die kleinen Mittelstücke lassen sich für Pickles oder Saucen verwenden), Karotten schneidet man am besten längs in Scheiben und zieht sie mit einer Nadel auf einen reißfesten Faden. Andere Wurzeln und Knollen habe ich persönlich, weil sie sich so gut

LINKE SEITE: **Kräuter an eine Schnur zu klammern geht entschieden schneller, als sie anzubinden.**

OBEN: **Zwiebeln schälen, quer in Scheiben schneiden und diese auseinandernehmen. Perfekte große Ringe auf einen Stab fädeln – auf einer Schnur rutschen sie in der Mitte zusammen, sie ist hier nur ein Zugeständnis an den Fotografen.**

lagern lassen, bisher nicht getrocknet. Bei Tomaten und Paprikaschoten funktioniert das Trocknen gut. Ich empfehle die festfleischigen italienischen Eiertomaten, weil sie weniger Saft enthalten. Bei Paprikaschoten finde ich das Einfrieren bequemer. Chilischoten sind, da sie ohne großes Zutun trocknen, ein absolutes Muss. Die meisten anderen Gemüsesorten, etwa Zucchini oder Kohl, lassen sich, technisch gesehen, durchaus trocknen, mit allerdings fragwürdigem Gewinn. Eine Kategorie für sich, und eine sehr wichtige dazu, sind die getrockneten Samen, deretwegen viele Gemüsepflanzen gezogen werden.

Samen und Nüsse trocknen und lagern

Sie sind ein wahres Geschenk der Natur: prallvoll mit Fetten, Mineralstoffen sowie Eiweißen und äußerst lange lagerfähig. Ihre einzigen Nachteile liegen darin, dass sie Nager wie ein Magnet anlocken. Während andere getrockneten Vorräte vor der Verwendung eingeweicht werden müssen, stehen Nüsse gleich zur Verfügung. Samen dagegen erwachen in Wasser zu neuem Leben. Das ist sogar wörtlich zu verstehen, denn bei richtiger Lagerung sind sie selbst nach langer Zeit noch keimfähig, sodass man aus ihnen Sprossen ziehen kann. Dass Samen, die man in Pharaonengräbern fand, nach Jahrtausenden noch Leben innewohnte, mag eine Mär sein, aber nach Jahrzehnten ist eine Keimung erwiesenermaßen durchaus möglich. Samen sind also wie geschaffen, um sie zu trocknen und als Quelle wertvoller Vitalstoffe einzulagern. Getreide wie Weizen, Gerste, Roggen und Hafer in einem durchschnittlichen Garten anbauen zu wollen wäre ein etwas kühnes Unterfangen. Sehr geeignet sind hingegen neben Mais, Sonnenblumen und Kürbissen insbesondere Hülsenfrüchte, also Erbsen und Bohnen.

Es gibt speziell für die Trocknung gezüchtete Erbsen- und Bohnensorten, doch taugt so ziemlich jede beliebige andere Sorte, die als Lieferant von frischen Hülsen und Samen kultiviert wird, fast ebenso gut für diese Art der Konservierung. Nur fallen die Samen nicht ganz so dick aus, und in puncto Textur wie Geschmack reichen sie nicht ganz an die Spezialsorten heran. Bei den meisten Hülsenfrüchten ist das Trocknen ein Kinderspiel. Man pflückt sie, wenn die Hülsen, genau wie die Stiele, getrocknet, aber noch nicht aufgeplatzt sind, und kann sie einfach so auf einem trockenen, luftigen Ort – am besten aufgehängt, um sie dem Zugriff von Mäusen zu entziehen, und in Nylonstores eingeschlagen, damit sie nicht herunterfallen – lagern.

Kürbiskerne sind eine nahrhafte Leckerei und lassen sich mühelos trocknen. Bei weniger geschützten Samen wie etwa Mohn, Schwarzkümmel, Stangensellerie, Senf oder Kümmel empfiehlt es

sich, die Samenstände mit Papiertüten zu umhüllen, bevor die Ernte vom Winde verweht wird. Um dem zuvorzukommen kann man auch die kompletten Samenstände gleich nach der Blüte abschneiden und im Ganzen an einem trockenen Platz auf Papier trocknen lassen, wobei man sie regelmäßig wendet, bis sich die Samen schließlich herausschlagen lassen. Will man die Samenstände hängend trocknen, zieht man, um herausfallende Samen aufzufangen, von unten eine Papiertüte darüber, die man mit einer Wäscheklammer fixiert.

Nüsse schmecken am besten frisch. Wenn man sie jedoch, in den Schalen gründlich getrocknet, in Kisten in trockenes Salz packt und anschließend kühl und trocken lagert, bleiben sie viele Jahre haltbar; zumindest gilt dies für Haselnüsse, andere Sorten sind nicht ganz so lagerfähig. Frische Nüsse müssen gut belüftet werden und sind daher in Netzen oder Drahtkörben gut aufgehoben, die man auf einem trockenen Dachboden oder an einem anderen trockenen Ort so aufhängt, dass sie außerhalb der Reichweite von Nagern und Eichhörnchen sind. Durch Salzen oder Räuchern erhalten Nüsse einen interessanten Geschmack, allerdings müssen sie dann schnell verbraucht werden, bevor sie eventuell ranzig werden.

Ein spezielles Samen- und Nusslager ist nicht unverzichtbar, aber doch recht nützlich. Es muss eine kühle, sehr trockene Atmosphäre bieten und natürlich mäusesicher sein. Und da Samen und Nüsse unter Umständen länger als nur ein Jahr im Lager liegen, sind auch Vorsichtsmaßnahmen gegen kleine Käfer und sogar Ameisen angebracht. Eine robuste Holztruhe mit passgenauem Deckel wäre eine Möglichkeit. In einer Metallkiste ist der Inhalt sicherer untergebracht als in Holz, allerdings stärkeren Temperaturschwankungen ausgesetzt.

Es dürfte Sie nicht überraschen, dass ich einmal mehr für einen ausgedienten Kühlschrank als Lager plädiere, den Sie zusätzlich, um jede Feuchtigkeit gleich zu eliminieren, mit einigen Beuteln Silicagel ausstaffieren könnten. In einem kühlen, trockenen Schuppen aufgestellt, bildet er ein platzsparendes Depot mit nahezu konstanten Lagerungsbedingungen.

LINKE SEITE: Sammeln Sie bei der Nussernte, was Sie kriegen können, auswählen können Sie dann beim nächsten Durchgang.
AUF DIESER SEITE (VON LINKS NACH RECHTS): Die guten Nüsse werden zum sofortigen Verbrauch oder zum Einlagern herausgesucht, der Rest kommt auf den Kompost oder wird beim Räuchern verwendet. Die dekorativen Mohnkapseln lassen sich gut in Trockengestecken oder als Weihnachtsschmuck verwenden. Bohnen kann man samt Hülsen und Stängeln lagern – Hauptsache mäusesicher.

TROCKENFRÜCHTE EINWEICHEN

Während einige getrocknete Lebensmittel – Nüsse, Rosinen und Dörrobst – direkt verwendet werden können, müssen die meisten, allen voran die Hülsenfrüchte, zunächst eine Zeit lang eingeweicht werden. Je kleiner die Früchte oder Stücke, desto schneller werden sie natürlich wieder geschmeidig. In heißem Wasser werden die Zutaten unter Umständen hart, und in warmem Wasser könnten sie zu schimmeln beginnen. Daher übergießt man sie mit kaltem Wasser und stellt sie zugedeckt in den Kühlschrank oder an einen anderen nicht zu warmen Platz. Sie müssen mindestens über Nacht, bisweilen auch einen ganzen Tag lang quellen, und danach lässt man sie in ihrem Einweichwasser einmal aufkochen.

Man kann das Wasser zum Beispiel mit Weinbrand, Honig, Kräutern, Knoblauch oder Salz und Pfeffer aromatisieren, allerdings in Maßen, da eine zu konzentrierte Flüssigkeit nicht absorbiert wird. Hülsenfrüchte dürfen nicht gesalzen werden, damit sie beim Garen auch wirklich zart werden. Man muss sie außerdem mindestens 20 Minuten in sprudelndem Wasser kochen, um das in ihnen enthaltene giftige Phasin unschädlich zu machen.

SPROSSEN ZIEHEN

Die gründlich verlesenen und gewaschenen Samen werden zunächst in handwarmem Wasser eingeweicht, das man am besten vorher durch kräftiges Schütteln in einer nur zur Hälfte gefüllten Flasche mit Sauerstoff anreichert. Anschließend werden sie abgespült und erhalten, während man sie dann an einem warmen und dunklen Platz keimen lässt, alle sechs Stunden frisches Wasser, um ein Schimmeln zu vermeiden. Als Keimgerät „Marke Eigenbau" eignet sich ein weites braunes Glas mit Plastikdeckel, den man mit zahlreichen kleinen Löchern versieht, damit die Samen atmen können und damit sich das Wasser mühelos abgießen lässt. Geben Sie nur wenige Löffel der Samen in das Glas – sie nehmen im Wasser erheblich an Volumen zu. Sobald sich die Keime gebildet haben, kann man die Sprossen, um ihr weiteres Wachstum zu bremsen, in den Kühlschrank stellen. Nur wenige Sorten sollte man direktem Licht aussetzen, sie werden sonst grün und bitter.

Die meisten Sprossen schmecken am besten, solange sie nur die Keimblätter und noch keine echten Blätter gebildet haben. Nur einige Arten wie Rucola sind selbst dann noch genießbar. Frische Sprossen sind nicht nur entschieden nährstoffreicher als die Samen oder das ausgereifte Gemüse, sie liefern auch wertvolle Ballaststoffe und sind zudem schön knackig.

Von den Samen fast aller Getreide und blattbildenden Gemüsesorten, die wir sonst meist nur in gegarter Form zu uns nehmen können, lassen sich Sprossen ziehen. Keimlinge von Pflanzen, die uns für die Küche Früchte und Wurzeln liefern, sind hingegen oft ungenieß-

bar oder – etwa im Fall von Tomaten und Kartoffeln – giftig und damit absolut tabu. Sprossen von Hülsenfrüchten müssen ausreichend gekocht werden, und nicht alle sind für den Verzehr geeignet.

FRUCHTLEDER HERSTELLEN

Mit dieser stark in Vergessenheit geratenen Art der Konservierung lassen sich fast alle Fruchtüberschüsse in ein köstliches, lange haltbares Produkt verwandeln. Einfach eine reichlich verfügbare Obstart wie Äpfel oder Birnen waschen, mit allem Drum und Dran – Schalen, Kerne, Stiele – hacken und zusammen mit einer aromaintensiven Fruchtsorte (ein Viertel der Gesamtmenge) wie Schwarzen Johannisbeeren, Pflaumen oder Himbeeren, zu einem Mus einköcheln lassen. Weichere Früchte wie Erdbeeren kombiniert man am besten mit unreifen oder Kochäpfeln, damit die Masse mehr Biss erhält, saure Obstsorten wie Rote Johannisbeeren mit süßen Tafeläpfeln; bei eher trockenen Früchten gieße ich etwas Apfelsaft hinzu. Das Mus durch ein Sieb streichen, um Schalen, Kerne und so weiter zu entfernen, und, erneut bei schwacher Hitze, köchelnd eindicken lassen. Die Paste etwa fingerdick auf gut eingefetteten Backblechen verstreichen und an einem luftigen, warmen Platz oder im Backofen bei niedriger Temperatur und geöffneter Tür trocknen lassen, bis sie so fest ist, dass sie sich in einem Stück vom Blech abziehen lässt. Hängend noch weitergetrocknet gewinnt das Blatt eine Konsistenz, die der Bezeichnung „Leder" alle Ehre macht.

Da sich durch das Trocknen die Aromen im Fruchtleder angenehm konzentrieren, ist eine Zugabe von Zucker überflüssig. Nur damit es weniger klebt, kann man es mit etwas feinem Zucker oder Maisstärke einreiben. Fruchtleder lässt sich durch Einweichen wieder in eine Paste verwandeln, jedoch schmeckt es am besten in schmale Bänder oder kleine Stücke geschnitten und gekaut, wie eine Art natürliches Weingummi. Fruchtleder ergibt beispielsweise einen ungewöhnlichen Boden für Käsekuchen oder die Zwischenlagen von Fruchtlasagne, es kann in Biskuitrollen oder Schichtdesserts eingebaut oder zu dekorativen Garnituren verarbeitet werden. Natürlich sollte man es nicht gleich komplett aufbrauchen, schließlich ist es ja eigentlich eine „Konserve". In einem fest verschlossenen Glas hält es sich jahrelang und entwickelt dabei eine leicht weinige Note. Eine etwas weniger haltbare Gemüsevariante könnte man zum Beispiel auf der Grundlage von Möhren herstellen.

LINKE SEITE: **Getrocknete Bohnen müssen erst eine Weile pur eingeweicht werden, bevor man aromatische Zutaten hinzugibt, sonst bleiben sie später beim Kochen hart.**
AUF DIESER SEITE: **Fast jede Obstsorte eignet sich für die Herstellung von Fruchtleder. Das stark eingedickte und durchpassierte Mus wird auf einem gefetteten Backblech langsam getrocknet. Die feine Zuckerschicht dient nur dazu, es weniger klebrig zu machen.**

HEISS- UND KALTRÄUCHERN

Das Räuchern ist ein traditionelles Verfahren, um Fisch, Fleisch und Geflügel haltbar zu machen, doch werden häufig auch andere Nahrungsmittel rein aus Geschmacksgründen mit dieser Methode behandelt. Geräucherte Paprikaschoten etwa geben eine köstliche Garnitur ab und sind auch in den meisten meiner herzhaften Gerichte enthalten – probieren Sie es selbst einmal aus, Sie werden begeistert sein! Sehr beliebt ist geräucherter Käse, aber auch geräucherter Knoblauch und geräucherte Eier sind eine echte Delikatesse. Schließlich können Nüsse aller Art, die es gelegentlich geröstet und gesalzen zu kaufen gibt, genau wie Sonnenblumen- und Kürbiskerne gut geräuchert werden, was ihnen übrigens nicht nur geschmacklich, sondern unter Umständen auch in puncto Haltbarkeit guttut. Und warum sollte man nicht mal Zwiebeln, Möhren und Kartoffeln räuchern?

Durch Räuchern lassen sich auch bereits anderweitig, etwa durch Trocknen oder Einsalzen, konservierte Nahrungsmittel noch besser vor dem Verderb schützen. Denn der Rauch ist stark antiseptisch. Er wirkt jedoch nur oberflächlich, es sei denn, man würde ihn sehr konzentriert einsetzen, was aber einen bitteren Geschmack zur Folge hätte. Daher sollte das Räuchern zur Haltbarmachung stets mit anderen Verfahren kombiniert werden.

Kalträuchern

Der Geschmack, den die geräucherten Speisen annehmen, hängt zum einen vom verwendeten Holz ab – Apfel und Hickory gelten als die besten Sorten – und zum anderen von der Temperatur: Sie sollte sich in eher kühlen Bereichen (bis zu 30 °C) bewegen, sodass die Lebensmittel trocknen, ohne zu garen. Während sie dann anschließend reifen, dringen die herzhaften Raucharomen in tiefere Schichten vor.

Das Räuchern ist nicht so kompliziert, wie man meint. Ich bringe einfach Sägespäne von Obstgehölzen in meinem Holzofen zum Glimmen und hänge dann das Räuchergut oben in den Kamin. Andere verwenden lange Rohrleitungen, um den Rauch, den sie in einem separaten kleinen Brenner erzeugen, abzukühlen, oder sie lenken den Rauch durch eine unterirdische, mit Brettern verschalte Kammer und dann durch ein ausgedientes Fass, in dem das Räuchergut untergebracht ist. Die eigentliche Kunst besteht nicht so sehr darin, den Rauch kühl zu bekommen – das klappt mit so ziemlich jeder Konstruktion –, sondern vielmehr darin, ein kleines schwelendes Feuer, ohne dass es allzu viel Hitze entwickelt, lang genug zu unterhalten, um eine ordentliche Räucherwirkung zu erzielen. Die Mindestdauer beträgt einige Stunden, in vielen Fällen auch einen halben Tag oder eine ganze Nacht, vielleicht sogar mehr. Anschließend müssen Sie Geduld üben, denn frisch Geräuchertes hat einen

zunächst unerfreulichen, fast teerartigen Geschmack. Daher werden die Räucherwaren erst in Backpapier und dann in Zeitungspapier eingewickelt, damit die Raucharomen gleichmäßig eindringen und sich angenehm entfalten können. Geräucherte Lebensmittel werden, während sie reifen, an einem kühlen, dunklen Platz und etwas isoliert gelagert, damit ihr Geruch nicht auf andere Dinge in der Umgebung übergeht.

Heißräuchern

Obwohl es sich hierbei nicht um ein Konservierungsverfahren handelt, sondern gewissermaßen um eine Garmethode, will ich das Räuchern in heißem Rauch nicht übergehen. Denn die Lebensmittel gewinnen damit eine neue Geschmacksdimension, ähnlich wie beim Grillen über Holzkohle. Holzspäne aller Art, Sägemehl, Kräuterbündel oder einfach kleine Pflanzenabschnitte, die beim Gehölzschnitt anfallen – alles ist, gut befeuchtet, damit es nicht brennt, sondern schwelt, zum Heißräuchern geeignet, wobei Obst- und Nussgehölze einen besonders guten Geschmack ergeben. Man sollte zunächst die Lebensmittel bei etwa 60 °C feuchträuchern und sie erst gegen Ende einem dichten Rauch aussetzen, sonst werden sie, genau wie beim extremen Kalträuchern, unangenehm bitter. Man kann auch schummeln, indem man in einem Smoker mit Handblasebalg, wie ihn Imker verwenden, aus Zweigabschnitten, Laub und Sägemehl ein schwelendes Feuer entfacht und dann damit Lebensmittel, die in einem normalen Ofen oder unter dem Grill gegart wurden, „einräuchert".

Zucchini-Räucherspeck

Eine Erfindung aus meinen vegetarischen Zeiten: Man schneidet kleine Kürbisse oder große Zucchini längs in knapp 1 Zentimeter dicke Scheiben – auf der einen Seite sollte die Schale entfernt, auf der anderen dagegen noch vorhanden sein, vergleichbar der Schwarte bei echtem Speck. Die Scheiben für etwa 1 Stunde in Salzlake einlegen und zum Trocknen auf Schnüre auffädeln. Wenn sie getrocknet, aber noch geschmeidig sind, herunterstreifen, mit Öl, Kräutern und Gewürzen bestreichen, nebeneinander auf ein Gitter legen und räuchern. Anschließend in Backpapier und dann in Alufolie einschlagen und im Kühlschrank reifen lassen. Nicht wirklich ein Speckersatz, aber trotzdem sehr gut.

LINKS: Im Rauch glimmender Sägespäne von Obstgehölzen verwandeln sich in meinem Holzofen Zucchinischeiben in vegetarischen „Räucherspeck".

EINFRIEREN

Das älteste von der Natur tiefgekühlte Essen findet sich in der Arktis: Zehntausende Jahre alte Mammuts, die, im ewigen Eis begraben, offenbar noch heute genießbar sind. Nahrungsmittel durch Kälte frisch zu halten ist keine so moderne Errungenschaft, wie vielleicht allgemein angenommen wird. Bis die Erkenntnis, dass Kälte vor dem Verderb schützt, in die Praxis umgesetzt werden konnte, verging allerdings mangels entsprechender technischer Möglichkeiten eine geraume Weile. Roger Bacon, der große englische Forscher der Renaissance, erlag einer Erkältung, die er sich bei Versuchen eingehandelt hatte, ein Huhn zu Konservierungszwecken einzufrieren.

Die Eishäuser vergangener Jahrhunderte wurden zwar auch genutzt, um Fleisch und dergleichen frisch zu halten, waren jedoch in erster Linie dafür gedacht, Eis zu lagern. In Kombination mit Salz erzeugte es die niedrigen Temperaturen, die erforderlich waren, um Sorbets und Eiscremes zuzubereiten – die Kunde von dieser kühlen Köstlichkeit war von den italienischen Höfen in den Norden gedrungen. Die ersten mechanischen Gefriervorrichtungen entstanden in der Viktorianischen Ära. Man setzte sie ein, um auf langen Schiffstransporten verderbliche Güter frisch zu halten, und schnell fanden sie auch ihren Weg in die Häuser der Reichen. Heute gehören Tiefkühlgeräte ganz selbstverständlich zur Haushaltseinrichtung. Auch wenn sie Strom verbrauchen, so tragen sie doch zum Umweltschutz bei, indem sie oft helfen, lange Transportwege zu vermeiden.

Ein Gefriergerät erleichtert nicht nur die Vorratshaltung, es ermöglicht auch, kurzfristig einen Ernteüberschuss frisch zu halten, bis er verarbeitet oder auf andere Weise konserviert wird. Mir hilft es auch bei der Vorbehandlung von Einmachgut: Für viele meiner Sirupe und Marmeladen friere ich die Früchte kurz ein, sodass sie aufplatzen und bei der anschließenden Verarbeitung besser ihren Saft freigeben.

Anstatt in einer Großaktion Riesenfuhren auf einmal zu verarbeiten, könnten Sie, wann immer Sie aus frisch geerntetem Obst oder Gemüse etwas kochen oder backen, quasi nebenbei, gleich etwas mehr machen und den Überschuss portionsweise einfrieren. Plastikbecher erweisen sich dabei als äußerst praktisch. Eckige Plastikdosen sind, randvoll gefüllt, die raumsparendste Art der Aufbewahrung, da sie sich gut stapeln lassen, doch bedeuten sie, wenn sie sich zunehmend leeren, Platzverschwendung. Gefrierbeutel stehen, weil sie keine feste Form besitzen, einer übersichtlichen Ordnung im Wege, dafür haben sie den großen Vorteil, dass man ihren Inhalt oft auch ohne Etikett gleich erkennt. Ideal erscheint mir eine Kombination aus Dosen und dazu Beuteln, die in passende Dosen wandern können, sobald diese halb geleert sind.

Übrigens kann man Beutel stapelfreundlicher machen, indem man sie vor dem Befüllen in ein Viereck setzt – etwa in einen oben abgeschnittenen Getränkekarton oder eine Schachtel. Dann erst das bereits angefrorene Püree oder Früchte oder was auch immer einfüllen und komplett gefrieren. Wenn die Beutelfüllung ganz fest ist, kann die Pappumhüllung abgenommen werden.

Ich hebe Getränkeflaschen aus Plastik auf, um sie, gewaschen natürlich, zum Einfrieren von Säften zu verwenden, und geleerte Tetrapaks sammele ich für Pürees.

Es ist ratsam, nicht nur alles, was man in die Gefriertruhe packt, mit Inhaltsangabe und Datum zu versehen, sondern zugleich eine Liste anzulegen, in der steht, was sich wo befindet, also etwa „vier Beutel Himbeeren, blaue Dose, unten links, alle Kräuter in grüner Dose oben rechts“. Diese Liste, die man am besten außen am Gerät anbringt, sollte natürlich immer auf dem neuesten Stand sein. So kann es kaum passieren, dass etwas in der hintersten Ecke schlummert und erst entdeckt wird, wenn man es höchstens noch mit einem mulmigen Gefühl aufbrauchen mag.

Früchte

Bei den meisten Obstsorten geht das Einfrieren ganz unkompliziert: Es genügt, die Früchte zu säubern, trocken zu tupfen, auf gut eingeölten Backblechen vorzugefrieren und, sobald sie ganz hart sind, in beschriftete Beutel oder Dosen zu füllen, aus denen man später gut die jeweils benötigte Menge entnehmen kann. Bei Beuteln sollte man vor dem Verstauen möglichst die Luft herausdrücken oder -saugen. Um zu verhindern, dass Früchte sich verfärben oder der Gefrierbrand ihre Oberfläche austrocknet, kann man sie in Zucker- oder Salzwasser tauchen. Man kann die Früchte vor dem Einfrieren auch zuckern und über Nacht ziehen lassen, sodass sie einen Teil ihres Safts abgeben, oder sie in Zuckersirup oder Saft einlegen. Eine zeitsparende Angelegenheit sind gebrauchsfertige Obstmischungen, die man vor dem Einfrieren zusammenstellt, und platzsparend lassen sich Früchte in Form von Säften, Eiscremes und Sorbets oder als Kompott einfrieren.

Bei Steinobst müssen vor dem Einfrieren die Steine entfernt werden, sie würden sonst während der Lagerung einen unangenehmen Bittermandelgeschmack abgeben, der alles durchdringt. Schalen lassen sich meist nach dem Einfrieren leichter entfernen: Dafür die noch tiefgekühlten Früchte ganz kurz unter heißes Wasser halten, sodass lediglich die äußerste Schicht auftaut, und anschließend einfach die Schalen abstreifen.

RECHTS: **Eine dicke Schicht Zucker, über die Himbeeren gestreut, bevor sie in die Gefriertruhe kommen, zieht auch ohne Einwirkung von Wärme ihren Saft heraus.**

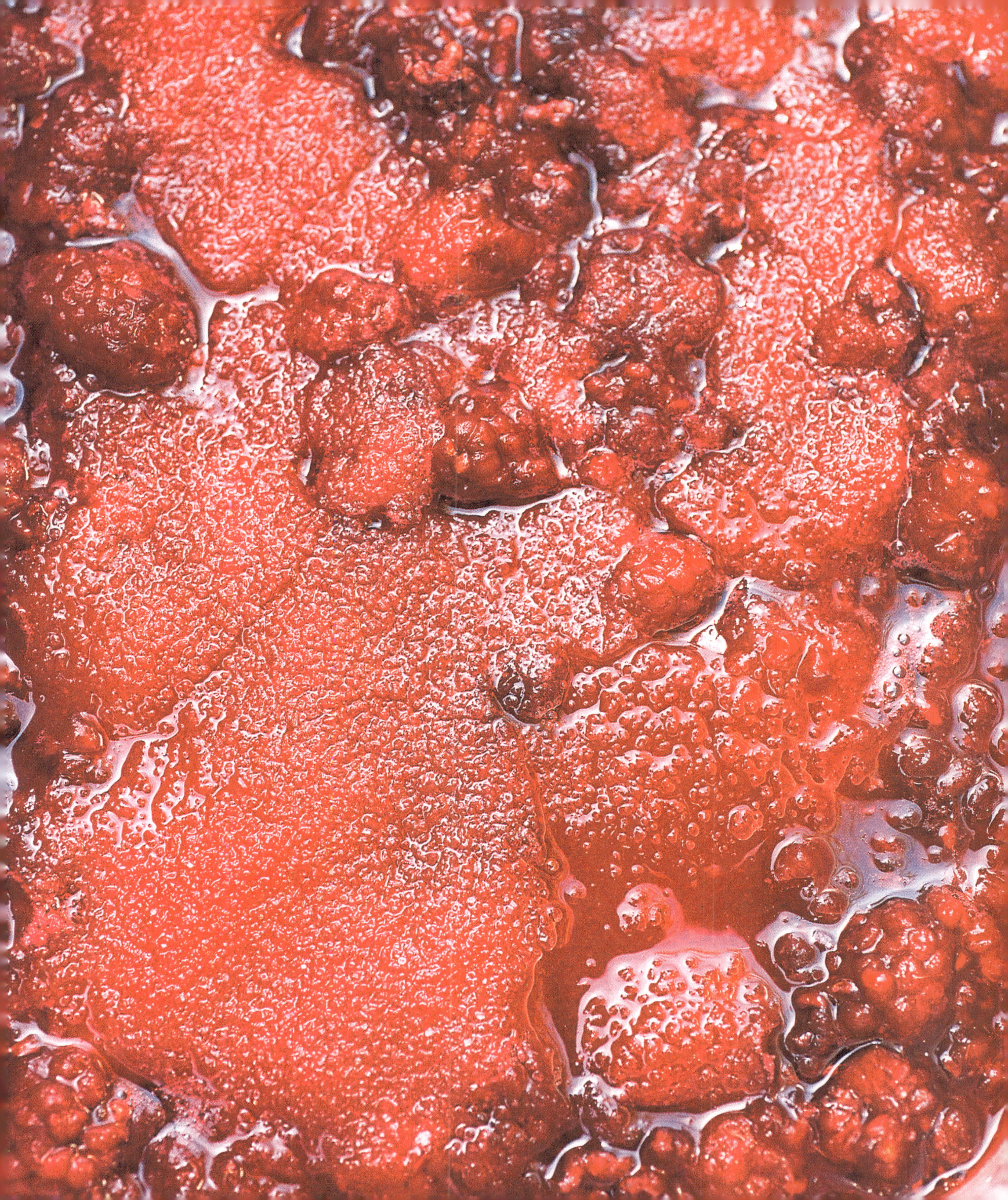

Gemüse

Das Einfrieren von Gemüse erfordert etwas mehr Aufwand. Es muss nicht nur geputzt und in kleine Stücke geschnitten werden, man muss es auch blanchieren, um die Tätigkeit der Enzyme zu stoppen und die Textur zumindest teilweise zu erhalten. Dafür gibt man das vorbereitete Gemüse je nach Sorte für 3–5 Minuten in sprudelndes oder nahezu kochendes Wasser und taucht es anschließend sogleich in eiskaltes Wasser. Sobald es völlig abgekühlt ist, seiht man es ab und rollt es zum Trocknen behutsam auf einem sauberen Küchentuch hin und her. Danach wird es auf gut geölten Blechen tiefgefroren und schließlich in Beuteln endgültig „auf Eis gelegt". Für diese einfache Methode eignen sich besonders grüne Bohnen, Erbsen und Dicke Bohnen sowie Mais, der seiner Vielseitigkeit wegen einen lohnenden Vorrat darstellt. Karotten und anderes Wurzelgemüse schneidet man vor dem Einfrieren in Scheiben oder Würfel.

Tomaten und Paprika werden roh eingefroren, wobei man Tomaten entweder so lässt, wie sie sind, oder enthäutet und hackt; Paprikaschoten werden geputzt und in Stücke geschnitten. Das Einfrieren von Pilzen erscheint mir, da sie sich so hervorragend trocknen und wieder einweichen lassen, wenig sinnvoll. Spargel und Artischockenherzen kann man nach Belieben nur blanchieren oder auch vor dem Einfrieren bereits komplett garen. Da beide Gemüsesorten so zart und delikat sind, empfiehlt es sich, sie in eingeölten Schalen einzufrieren und dabei mit Frischhaltefolie oder geölter Alufolie abzudecken, damit sich ihr Aroma nicht verliert.

Zwiebeln und Knoblauch sind bekanntlich äußerst geruchsintensiv, sodass man Zubereitungen, in denen sie enthalten sind, nur in gut schließenden Behältern in die Gefriertruhe geben sollte. Besser ist es, sie erst nach dem Auftauen hinzuzufügen. Roh einfrieren sollte man Zwiebeln und Knoblauch auch nicht, das Ergebnis ist eher unerfreulich.

Für manche Gemüsesorten bietet sich eine gute Alternative zum Blanchieren an, nämlich das Vorfrittieren. Es funktioniert vorzüglich bei Zwiebelringen, die zuvor durch Backteig gezogen wurden, und bei Kartoffeln – eine gute Nachricht für erklärte Fritten-Freaks wie mich. Durch Backteig ziehen und vorfrittieren oder einfach nur anbraten lassen sich auch gut Auberginen- und Zucchinischeiben. Dass man dafür immer nur bestes Öl in Bioqualität verwendet, versteht sich wohl von selbst.

Eine weitere Möglichkeit: Bereiten Sie doch Basisversionen Ihrer Lieblingsspeisen in größerer Menge auf Vorrat zu. Mit „Basisversion" meine ich, dass Sie das Gericht aus den Grundzutaten fertigstellen und alles, was nicht mitgegart werden muss, Gewürze, Kräuter und andere Aromazutaten erst später beim Aufwärmen hinzufügen.

Überkommt Sie irgendwann dann der große Appetit auf einen Ihrer Favoriten, genügt ein Griff in Ihre Bestände.

Kräuter

Kräuter sind so dünn, dass man sie ohne Probleme frisch einfrieren kann. Weil sich ihr Aroma schnell verflüchtigt, sollte man aber immer geschlossene Behälter verwenden. Die meisten Kräuter lassen sich besonders gut einlagern und später verwenden, indem man sie hackt, in Wasser, Brühe oder Öl mischt und das Ganze in Eiswürfelschalen gefriert. Zuletzt werden die praktischen Portiönchen, damit sie ihre Aromen bei sich behalten (vor allem Basilikum färbt mit seinem intensiven Duft gern auf die Umgebung ab), mit „Doppelversiegelung", also erst in einem gut verschlossenen Beutel und anschließend noch in einer Dose endgültig verpackt.

Süßigkeiten

Eine Spezialdisziplin des Einfrierens sind die süßen Leckereien, allen voran Eislutscher, die sich aus natürlichem Fruchtsaft ganz leicht herstellen lassen. Der Handel bietet dafür spezielle Formen aus Plastik an, doch tun es auch andere kleine Kunststoffbehältnisse, sofern Sie einen brauchbaren Griff vorsehen. Vielleicht noch kinderfreundlicher sind Mini-Modelle aus der Eiswürfelschale (Rezept siehe Seite 119). Dann gibt es jene Fülle an Fruchtsorbets und Eiscremes, mit denen man auf köstliche Weise einen Teil des täglichen Obstbedarfs decken kann. Der möglichst auf kaltem Wege gewonnene Saft wird mit Zucker – sowie gemäß Rezepten früherer Tage auch noch mit Eiweiß – verschlagen. Während des anschließenden Gefrierens wird die Mischung in regelmäßigen Abständen mehrmals mit einem Schneebesen energisch durchgerührt, damit sich keine harten Kristalle bilden. Was am Ende herauskommt, schmeckt als Appetizer, Dessert und Nascherei gleichermaßen – und ist darüber hinaus, wenn man über all den Zucker einmal großzügig hinwegsieht, auch noch ziemlich gesund.

EINMACHEN, EINKOCHEN, EINWECKEN

Drei Begriffe für ein Verfahren, mit dem man zu Hause Konserven herstellen kann, die sich ebenso gut lagern lassen wie industrielle Erzeugnisse. So behandelt bleiben Lebensmittel länger genießbar als Eingefrorenes, doch erfordert das Einmachen erheblich mehr Aufwand. Auch bei der Zubereitung von Konfitüren, Gelees oder etwa Pickles geht es darum, Lebensmittel in Gläsern haltbar zu machen, wobei aber Zucker beziehungsweise Essig als Konservierungsmittel dienen. Die ausgereiftere Methode des Einmachens zielt hingegen darauf ab, Speisen im Glas durch Hitzeeinwirkung zu sterilisieren und dann unverzüglich zu versiegeln.

Die einfachste Vorgehensweise, um alle Bakterien und Hefen in den Lebensmitteln abzutöten und ihren Angriff zu einem späteren Zeitpunkt zu verhindern, besteht darin, das vorbereitete Einmachgut im Glas zu erhitzen, wobei der Deckel nur lose aufliegt, damit der Dampf entweichen kann. Während das Einmachgut danach abkühlt, saugt sich der Deckel durch das im Glas entstehende Vakuum am Dichtungsring an und wird zu guter Letzt durch eine Klammer zusätzlich fixiert.

Einmachgläser in altbewährter Qualität gibt es auch heute noch in verschiedenen Größen einschließlich der Gummiringe & Co. zu kaufen.

Von der Glasstärke her sind auch die meisten Marmeladengläser und Flaschen mit Schraubverschluss robust genug, um die Hitze des Wasserbads zu überstehen. Heikel sind nur die Deckel. Sind sie während des Erhitzens fest aufgeschraubt, könnten die Gläser explodieren, und werden sie nicht stramm zugedreht, bevor sich ein Vakuum aufbaut, gelangen in dessen Sog leicht Verunreinigungen hinein. Theoretisch sind sie also nicht ideal, aber in der Praxis kann man sie dennoch verwenden, indem man sie während des Erhitzens eher lose auflegt und dann fest zuschraubt, solange die Gefäße noch im kochend heißen Wasser stehen.

Die Gläser, sobald sie lange genug erhitzt wurden, mit einem speziellen Greifer oder einem dicken Handschuh bewaffnet aus dem Topf holen. Auf mehrere Lagen Zeitungspapier, das die Glasböden vor einem Kälteschock schützt, stellen und langsam auskühlen lassen. Es gibt noch eine weitere Möglichkeit, um das Einmachgut zu versiegeln: Ein Stück Pergamentpapier passend zum Durchmesser des Glases zuschneiden, mit Bienenwachs oder Paraffin überziehen und auf die sterilisierte Zubereitung legen. Etwaige Undichtigkeiten, während der Glasinhalt auskühlt und an Volumen verliert, erneut versiegeln. Nach dem völligen Erkalten nochmals eine dünne Wachsschicht aufbringen, die für einen völligen Abschluss sorgt.

Das Einmachen kann auf verschiedene Arten erfolgen. So lassen sich die mit warmen Früchten und heißem Sirup gefüllten Gefäße im Backofen sterilisieren. Oder man dämpft die Gläser über kochendem Wasser oder stellt sie, was für mich überhaupt nicht infrage kommt, in die Mikrowelle oder erhitzt sie eben kräftig im Wasserbad. Ist bei den genannten Verfahren schon viel Vorsicht geboten, damit man sich keine Verbrennungen einhandelt, verlangt das Sterilisieren im Schnellkochtopf nochmals mehr Aufmerksamkeit und überaus exaktes Timing. Aber dafür bietet es in puncto Lebensmittelsicherheit wie auch Schnelligkeit durchaus Vorteile. Knausern Sie nicht! Kaufen Sie sich ein modernes Modell in Edelstahl-Ausführung und halten Sie sich genau an die Gebrauchsanweisung.

Wenn Sie nur Obst und kein Gemüse einmachen, leistet das einfache Sterilisieren im heißen Wasserbad perfekte Dienste. Dafür alle Gläser oder Flaschen durch heißes Spülen vorwärmen und sofort mit den Früchten befüllen. Diese mit erhitztem Wasser, Zuckersirup, Fruchtsirup oder dergleichen bedecken, dabei etwas Abstand zum Glasrand lassen, damit sich das Füllgut beim Erhitzen ausdehnen und beim Erkalten ein Vakuum entstehen kann. Die Gläser mit lose aufgelegtem Deckel in einen ausreichend tiefen Topf setzen (der im Idealfall einen perforierten Einsatz aufweist, wie er bei Schnellkochtöpfen vorhanden ist) und fast kochendes Wasser dazugießen. Nach etwa ½ Stunde die Gläser fest verschließen, herausnehmen und abkühlen lassen.

Diese Methode lässt sich noch optimieren, um die Qualität der fertigen Konserven weiter zu steigern. Die besten Ergebnisse erzielt man, wenn man mit kalten Zutaten und kaltem Wasser beginnt und langsam die Temperatur erhöht. So verändert sich die Beschaffenheit der Ausgangsprodukte am wenigsten. Aber diese Methode muss mit einem Thermometer so akribisch überwacht werden, dass sie nur Perfektionisten zu empfehlen ist.

Praktischer ist es schon, mit nicht heißem, sondern nur warmem Wasser zu beginnen, dieses im Verlauf von ½ Stunde bis kurz vor dem Siedepunkt zu erhitzen und je nach Produkt unterschiedlich lang (kleinteilige Zutaten brauchen nur 5–10 Minuten, ganze Früchte je nach Größe und Härte ½ Stunde und mehr) auf dieser Temperatur zu halten, bevor man die Gläser verschließt und abkühlen lässt. Muse und andere vorgegarte Zubereitungen muss man nur bis kurz vor dem Siedepunkt erhitzen, danach verschließen und sogleich abkühlen lassen. Ein denkbar einfaches und relativ schnelles Verfahren, das recht gute Ergebnisse bringt.

Gemüse nur durch Einkochen zu konservieren ist sehr riskant. Da es ihm an Säure mangelt, kann es schnell verderben. Am besten sollte man Gemüse in Salz und/oder Essig einlegen und dann zur Sicherheit noch im Glas sterilisieren. Im Grunde sollte eigentlich fast alles, was eingelegt wurde, anschließend sterilisiert werden.

ERST OBEN, DANN UNTEN VON LINKS NACH RECHTS: **Pfirsichhälften werden in einem Einmachglas mit warmem Saft übergossen. Das eigentliche Einkochen erfolgt mit lose aufliegendem Deckel – für ein Stangenglas bietet ein Spargeltopf die idealen Maße. Bevor das Einmachgut abkühlt, den Deckel schließen. Selbst eingemachte Pfirsiche sind einfach köstlich.**

ENTSAFTEN

Saft lässt sich in kleineren Mengen mühelos mit diversen Küchengeräten und in großem Stil mit Equipment zur Weinbereitung gewinnen, das man mieten kann. Es gibt Entsafter, die die Zutaten auspressen, andere schleudern den Saft aus dem Fruchtbrei heraus. Man hat also die Qual der Wahl. Allgemein heißt es, dass Modelle, die das Obst oder Gemüse langsam auspressen, weniger Wärme entwickeln und damit vitaminschonender arbeiten als Fliehkraft-Entsafter, die bei hoher Geschwindigkeit die Zutaten raspeln und mit Zentrifugalkraft den Saft von den festen Zutaten trennen. Testen Sie verschiedene Typen. Neben dem Reinigungsaufwand und etwaigen Reparaturmöglichkeiten geht es bei der Kaufentscheidung vor allem darum, ob das Gerät Ihre speziellen Anforderungen erfüllt. Mögen Sie lieber klaren oder naturtrüben Saft? Wollen Sie harte, eher trockene Zutaten wie Karotten entsaften? Dafür sind manche Ausführungen zu leistungsschwach, während andere keine weichen Früchte verarbeiten können oder mit Schalen und Kernen nicht zurechtkommen. Die genialste Konstruktion, die ich bisher entdeckt habe, ist die Cecil Vacuum Fruit Press. In der Maschine wird durch Pumpen ein Vakuum erzeugt, wodurch der in der Fruchtmasse enthaltene Saft in einen Behälter gesogen wird. Die Qualität des Endprodukts ist, da keine Wärme entsteht und alles unter Sauerstoffausschluss erfolgt, ausgezeichnet. Allerdings ist das System in erster Linie für frische, weichfleischige Früchte wie Pfirsiche und Himbeeren geeignet, kaum hingegen für feste oder saftarme Zutaten. Selbstverständlich kann man fast alle Obst- oder Gemüsesorten erst musig einkochen und dann in der Cecil versaften, doch wäre dies in Anbetracht der geringen Verarbeitungskapazität des Geräts nicht besonders klug. Bei größeren Posten von Frucht- oder Gemüsemus würde es sich eher lohnen, sie über Nacht in einem konventionellen Saftbeutel abtropfen zu lassen.

Ein warnender Hinweis: Keiner der für Privathaushalte konzipierten Entsafter kann Riesenmengen verarbeiten. Wer Vorratshaltung in großem Stil betreiben und gleich fassweise Saft erzeugen will, braucht schon professionelles Gerät. Sehen Sie sich bei Lieferanten für Kleinkellereibedarf nach einem Modell um, das sich gut reinigen lässt – Sie werden sehen, es lohnt sich.

Bei größeren Saftmengen, die nicht einfach im Kühlschrank zwischengelagert werden können, ist die Gefahr besonders groß, dass sie schnell in Gärung übergehen. Besondere Hygiene bei der Verarbeitung ist hier oberstes Gebot, hilfreich ist auch sorgsames Filtern. Aber diese Maßnahmen allein reichen nicht aus. Um zu verhindern, dass der Saft verdirbt, wäre Einkochen (siehe Seite 48) eine Option. Jedoch geht es meines Erachtens zu sehr auf Kosten des

Geschmacks, und das gilt ebenso schon im Vorfeld für die meisten mit Wärme arbeitenden Verfahren der Saftgewinnung (um allerdings einer Flut von Birnen Herr zu werden, gibt es kaum eine andere sinnvolle Möglichkeit, siehe Seite 84). Manche Säfte, etwa die von Äpfeln, schmecken ganz naturbelassen sehr lecker, während andere erst durch den Zusatz von Zucker genießbar werden und solche mit allzu laschem Aroma zur Belebung vielleicht etwas Saures brauchen. Doch weder Zucker noch Säure allein vermögen in den meisten Fällen ein Einsetzen der Gärung zu verhindern. Die Säfte müssen also eingekocht oder eingefroren werden.

Für die bessere Wahl halte ich das Einfrieren, und dafür verwende ich leere Plastikflaschen. Ich fülle sie nie bis zum Rand und drücke, bevor ich fest die Kappe aufschraube, die Luft heraus, sodass sich der Inhalt ausdehnen kann. Während des Gefrierens stelle ich die Flaschen aufrecht, anschließend lagere ich sie liegend. Wenn ich sie dann stehend auftaue, sammeln sich eventuell enthaltene Trübstoffe am Boden, und der Saft kann durch vorsichtiges Abgießen in eine andere Flasche geklärt werden. Um einen etwas konzentrierteren Saft zu erhalten, taut man ihn nur halb auf, bis noch ein Eisbrocken in der Flasche enthalten ist, der hauptsächlich aus gefrorenem Wasser besteht, und gießt den bereits flüssigen Teil ab. In jedem Fall wird der aufgetaute Saft anschließend im Kühlschrank aufbewahrt und innerhalb einiger Tage aufgebraucht, da er früher oder später in Gärung übergeht.

Für ein klassisches Konzentrat lässt man klaren Saft (nach Belieben zuvor gefroren und durch anschließendes halbes Auftauen bereits vorkonzentriert, wie zuvor beschrieben) in einem weiten Topf ohne Deckel einköcheln. Apfelsaft verwandelt sich dabei, genau wie Traubensaft, in einen klaren, süßsauren Sirup, der im Kühlschrank geliert, Birnensaft hingegen gewinnt eine dunkle Farbe und viskose Konsistenz ähnlich wie Ahornsirup. Obwohl solche Konzentrate ja eine Wärmebehandlung erfahren, besteht doch, sofern sie nicht sachgerecht eingekocht oder aufbewahrt werden, das Risiko, dass sie durch Gärung umkippen. Man kann sie nicht nur als Basis für Getränke verwenden, sondern in ihnen auch Früchte einlegen, die eingefroren oder eingekocht werden sollen, und sie eignen sich zum Süßen anderer Erzeugnisse. Manchmal stellt sich, wenn man eingefrorene Konzentrate oder Säfte wieder auftaut, heraus, dass sie inzwischen geliert sind – bei ihrer Zubereitung wurde zu wenig Wasser oder zu viel Zucker verwendet. Indem man das Gelee in der Flasche langsam im Wasserbad erwärmt, lässt es sich wieder verflüssigen.

LINKE SEITE Der Entsafter hat mich eine hübsche Stange Geld gekostet, macht sich aber regelmäßig bezahlt. Die Masse, die bei der Gewinnung von Karottensaft zurückbleibt, kann man in die Basis von Currys oder Eintöpfen oder sogar in Kuchenteig mischen.
RECHTS Der eisige Klumpen in der halb aufgetauten Flasche Saft besteht vorwiegend aus Wasser, während sich im bereits verflüssigten Teil die Süße und Aromastoffe konzentrieren.

KONFITÜREN UND GELEES

Die folgenden Methoden basieren alle auf der Konservierung durch Zucker, der, hier in recht hoher Konzentration vorhanden, die Feuchtigkeit aus den Zellen herauszieht und so Schimmelpilzen das Leben schwer macht. Werden dabei zudem nur makellose und sorgfältig gesäuberte Früchte verwendet und unter Beachtung aller einschlägigen Hygienemaßnahmen verarbeitet, erhält man Produkte, die sich ganz lange aufbewahren lassen. Dass sie im Lauf der Zeit eine weinige Note annehmen und ihr Geschmack irgendwann nachlässt, will ich nicht leugnen, aber den Magen verkorksen wird man sich selbst mit steinalter Konfitüre kaum.

Konfitüreherstellung

Die Kunst besteht darin, zerkochte Früchte unter Zusatz von Zucker zum Gelieren zu bringen. Fast alle Konfitüren verlangen ihrer Haltbarkeit wegen den gleichen Anteil ihres Gewichts an Zucker, der teils von den Früchten selbst geliefert wird. Nur Konfitüre von Schwarzen Johannisbeeren und noch einige wenige andere erfordern die Zugabe von Flüssigkeit. Viel häufiger wird die Mischung nicht fest genug. In diesem Fall hilft die Zugabe von weiterem Pektin – am einfachsten in Form von Apfelmus, das jede Konfitüre zum Gelieren bringt, allerdings auch ihren Geschmack mit prägt. Eine Mischung aus reifen und nicht voll ausgereiften Früchten schmeckt und geliert oft besser als eine Zubereitung nur aus reifen oder gar überreifen Früchten. Sollte eine Konfitüre einen zu faden Geschmack aufweisen, hilft man ihr nicht mit weiterem Zucker, sondern mit einer Extradosis Säure auf die Sprünge, die wiederum in Form von Apfelmus, -saft oder -konzentrat zugeführt werden oder auch vom Saft von Zitronen, Roten oder Weißen Johannisbeeren oder unreifen Trauben (Verjus) stammen kann. (Ich habe immer kleine Portionen davon tiefgefroren für die Zubereitung von Konfitüren und Säften parat.) Logischerweise erfordert eine solche Zugabe eine entsprechende Aufstockung der Zuckermenge, um das Verhältnis 50 : 50 wiederherzustellen – oder etwas weniger, wenn man Apfelkonzentrat verwendet.

Etwas Restfeuchtigkeit, die nach dem Waschen an den Früchten haftet, ist erlaubt, genau wie die Zugabe von ein wenig Wasser, um zu verhindern, dass die Früchte während des Kochens ansetzen. Ansonsten hat Wasser in Konfitüre nichts zu suchen. Es verflacht den Geschmack und erfordert längere Kochzeiten, um die Konfitüre zum Gelieren zu bringen. Längere Kochzeiten sind auch erforderlich, wenn man Konfitüren, wie früher üblich, in einem Riesenkessel zubereitet. Nehmen Sie stattdessen lieber einen maßvoll dimensionierten Topf, in dem Sie die Konfitüre portionsweise in mehreren Durchgängen nacheinander kochen. Die einzelnen kleineren Chargen brauchen weniger Zeit, da die Verdunstungsfläche im Verhältnis zur Inhaltsmenge größer ist, und außerdem lässt sich ein kleinerer und leichterer Topf etwa beim Einfüllen der Konfitüre in die Gläser besser handhaben.

Vergessen Sie bloß nicht zu rühren, und zwar mit einem Holzlöffel oder -spatel, den Sie regelmäßig auch über den Topfboden führen, damit nichts ansetzt. Das Zerkleinern der Früchte sollte größtenteils bereits zuvor erfolgt sein, aber manchmal greife ich doch zu einem Kartoffelstampfer, um widerborstige Beeren zu zerdrücken.

Dadurch, wie Sie die gesäuberten Früchte im Vorfeld zerkleinern, nehmen Sie ganz wesentlich Einfluss darauf, wie die Konfitüre gerät. Kleinere Stücke zerfallen natürlich schneller. Pflaumensteine et cetera sollten möglichst schon bei der Vorbereitung entfernt werden, sofern sie nicht als Geschmacksgeber fungieren sollen. Wenn man die Früchte fein hackt, gewinnt die Konfitüre eine püreeartige Konsistenz, werden sie nur grob gehackt, erhält man ein stückiges Endprodukt. In jedem Fall sollten die Stücke annähernd dieselbe Größe aufweisen, damit sie gleich schnell zerkochen.

In den vorgesehenen Topf gibt man in der Regel als Erstes eben so viel Saft, dass der Boden knapp bedeckt ist. Das verhindert, dass die vorbereiteten Früchte, die als Nächstes hinzukommen, anbrennen, bevor sie selbst Saft abgeben. Sie werden im verschlossenen Topf erhitzt, wobei man diesen immer wieder rüttelt und auch umrührt, damit nichts ansetzt. Inzwischen erwärmt man schon einmal den Zucker: Seine Menge entspricht dem Gewicht der Früchte plus dem des Safts. Die Fruchtmasse köcheln, aber nicht kochen lassen und dabei, damit die Aromen nicht verfliegen, den Deckel nur abnehmen, wenn gerührt wird (was weiter regelmäßig geschieht). Die Früchte mit einem Kartoffelstampfer zerdrücken, allerdings behutsam, sodass zwar keine zu festen Stücke bleiben und diese ihren Saft abgeben, andererseits aber kein schlabberiger Brei entsteht.

Während die Fruchtmasse köchelt, sammelt sich an der Oberfläche Schaum. Indem man diesen säuberlich abnimmt (ein Metalllöffel leistet hier gute Dienste), entfernt man zugleich etwaige Verunreinigungen. Ein Löffel Butter, als Allererstes im noch trockenen Topf verstrichen, verhindert unter Umständen, dass sich allzu viel Schaum bildet, und drückt den, der doch entsteht, an den Topfrand, wo er einfach abgeschabt werden kann. Seien Sie beim Abschäumen aber nicht übereifrig: Manches, was auf der Oberfläche

LINKE SEITE: **Durch Rühren mit einem – natürlich absolut sauberen – Holzlöffel lässt sich ein Ansetzen der Konfitüre verhindern. Optimal ist ein Edelstahltopf, während man Aluminium, Kupfer oder beschichtetes Material meiden sollte.**
RECHTS: **Ein Trichter erleichtert das Einfüllen, und Zeitungspapier reduziert nicht nur den anschließenden Reinigungsaufwand, sondern verhindert auch, dass die Gläser am Boden zu schnell auskühlen.**

schwimmt, sind einfach nur Luftblasen. Weiterköcheln lassen, bis keine auffallend dicken, festen Brocken mehr vorhanden sind. Jetzt kann der vorgewärmte Zucker langsam und vorsichtig eingerührt werden, bis er sich vollständig gelöst hat. Danach den Topfinhalt erneut aufköcheln lassen und eine Gelierprobe vornehmen. Dafür ein wenig Konfitüre auf einen kalten Teller klecksen und diesen, falls die Konfitüre nicht gleich fest wird, ins Gefrierfach geben, wo sie dann aber innerhalb von 5 Minuten gelieren sollte. Sofern das Ergebnis zu Ihrer Zufriedenheit ausfällt, die Konfitüre zügig in die Gläser füllen, da sie ja inzwischen noch weitere 5 Minuten gekocht hat.

Die Gläser werden am besten im Ofen kräftig vorgewärmt. Danach setzt man sie auf ein mit Zeitungspapier ausgelegtes Tablett und kann sie dann unverzüglich befüllen – ein spezieller Marmeladentrichter mit weitem Hals erweist sich dabei als sehr praktisches Utensil. Anschließend sollte man, um größtmögliche Keimfreiheit zu gewährleisten, sofort die gesäuberten heißen Deckel aufschrauben. Bei stark erhitzten Gläsern kann es passieren, dass die eingefüllte Konfitüre heftig aufsprudelt. Wenn man in diesem Fall, kaum dass sie sich wieder beruhigt, mit gebührender Vorsicht gleich die Gläser verschließt, kann man davon ausgehen, dass der Inhalt gut sterilisiert ist. Anschließend werden die Gläser an einen kühlen Platz gestellt – hier bewährt sich das Tablett. Am nächsten Morgen kontrollieren Sie, ob die Konsistenz stimmt – kippen Sie ein Glas, darf die Konfitüre nur träge fließen –, und prüfen Sie, ob die Deckel fest sitzen. Zuletzt versehen Sie die Gläser mit Etiketten. Das Ganze noch einmal im Schnelldurchlauf: Anfangs langsam auf kleiner Stufe köcheln lassen, dann den Zucker zufügen und kräftig erhitzen; in heiße Gläser füllen und möglichst schnell verschließen.

Geleeherstellung

Gelees werden ähnlich wie Konfitüren hergestellt, jedoch nur aus dem – meist gefilterten – Saft der Früchte. Das hat den Vorteil, dass Gelees keine unangenehmen, harten Samen enthalten.

Falls Sie meinen, Sie könnten beim Vorbereiten der Früchte etwas nachlässiger vorgehen, weil verbliebene Stiele oder auch Blätter ohnehin noch entfernt werden, irren Sie: Tadelloses Ausgangsmaterial und sorgfältige Verarbeitung sind auch hier das A und O.

Die frischen Früchte werden mit etwas Wasser oder besser noch Saft musig zerkocht. Danach werden alle störenden Schalen und Samen herausgefiltert, und der Saft, den man so erhält, wird mit ungefähr derselben Gewichtsmenge Zucker (genau wie beim Konfitürekochen) zum Gelieren gebracht. Falls der Saft zu dünnflüssig und daher nicht gelierfähig ist, stehen drei Möglichkeiten zur Wahl: Er wird eingekocht, durch Einfrieren und anschließendes Antauen (siehe Seite 51) konzentriert oder mit einem gelierfreudigeren Saft, etwa von Roten Johannisbeeren, oder mit Apfelkonzentrat vermischt.

Um ein kristallklares Gelee zu erhalten, tut es natürlich kein gewöhnliches Sieb, man braucht schon einen speziellen Saftbeutel aus feinem Gewebe. In ihm lässt man die Fruchtmasse am besten über Nacht abtropfen. Diesen Vorgang zu beschleunigen, indem man die Masse mit den Händen ausdrückt, macht das Gelee nur trüb. Qualitätsabstriche muss auch machen, wer aus Spargründen die abgetropfte Fruchtmasse nochmals mit Wasser anreichert, erhitzt, erneut abtropfen lässt und diese zweite Saftpartie dann unter die erste mischt oder wer der Fruchtmasse in einem Entsafter zum Schluss noch einmal den letzten Tropfen Saft abringt. Ist der Saft trotz aller Vorsicht etwas trüb ausgefallen, kann man ihn über Nacht an einem kühlen Platz ruhen lassen, sodass sich ein Großteil der Trübstoffe am Boden absetzt oder auch an die Oberfläche steigt. Eine leichte Trübung könnte sich auch später bei Zugabe des Zuckers legen.

Nun den Saft zum Kochen bringen und sorgfältig abschäumen. Schließlich die gleiche Gewichtsmenge Zucker einrühren und, nachdem er sich gelöst hat, eine Gelierprobe machen, wie bei der Konfitüreherstellung beschrieben. Sollte das Gelee einmal trotz Test nicht richtig fest geworden sein, verarbeiten Sie es zu einem Sorbet und beginnen mit einer neue Partie, wobei Sie den Saft von vornherein mit Apfelkonzentrat anreichern.

Ein maschinell gepresster Saft geliert eventuell schlechter als einer, der durch Abtropfen einer eingekochten Fruchtmasse gewonnen wurde, da die darin enthaltenen Samen ebenfalls eine Gelierwirkung entfalten. Dies gilt insbesondere für Zitrusfrüchte. Der abgetropfte Saft von aufgetauten Früchten ist durchaus brauchbar, aber auch er geliert nicht ganz so gut. Normalerweise vermeide ich es wegen der Vitaminbilanz wie auch aus Geschmacksgründen, Früchte unter Zufuhr von Wärme zu entsaften. Bei der Geleezubereitung aber sind solche Grundsatzgedanken natürlich müßig, da der Saft ohnehin erhitzt wird. Dennoch sollte dieses Erhitzen so schonend und kurz wie eben möglich erfolgen.

Die Zuckerextraktion ist meine bevorzugte Methode der Saftgewinnung. Sie lässt sich für Gelees und besonders gut auch für Sirupe anwenden. Frische oder tiefgefrorene Früchte müssen gehackt oder in Scheiben geschnitten werden, Beeren bleiben dagegen ganz. Man mischt die Früchte im Verhältnis 1:1 mit Zucker – sagen wir 2 Pfund Zucker auf 2 Pfund Frucht –, lässt sie über Nacht im Kühlschrank ziehen und gießt am folgenden Tag den zuckerigen

OBEN: **Lässt man die Fruchtmasse in aller Ruhe – am besten über Nacht – abtropfen, erhält man einen wundervoll klaren Saft.**
UNTEN: **Durch Ausdrücken der Fruchtmasse kann man die Ausbeute erhöhen, doch die Qualität lässt zu wünschen übrig: Der Saft ist trüb. Die festen Rückstände aus dem Beutel könnten Sie noch zu einem Fruchtleder verarbeiten.**

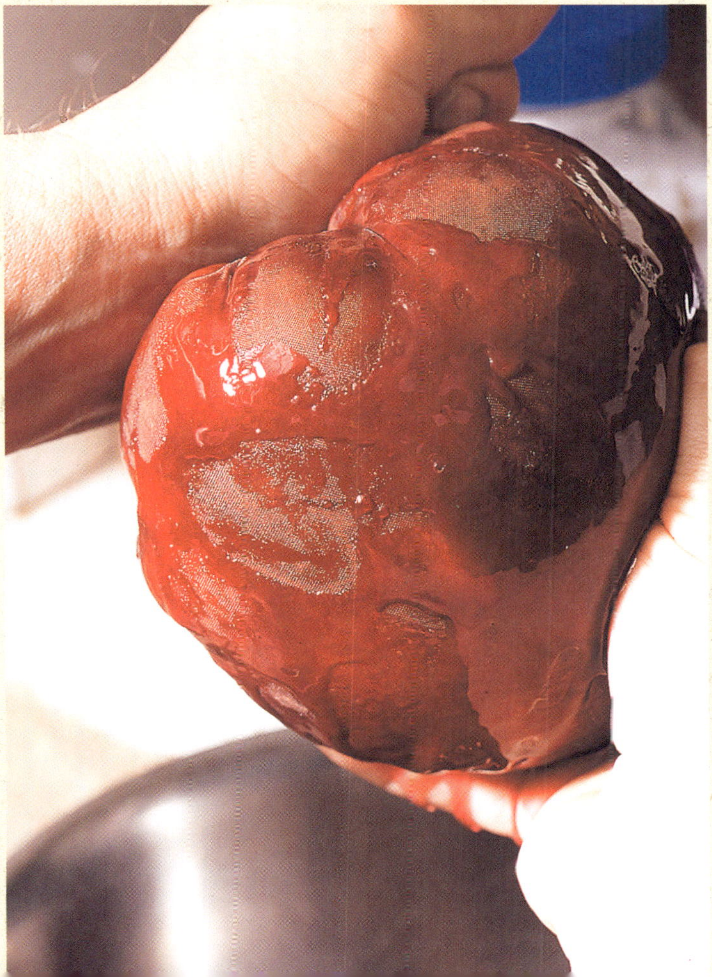
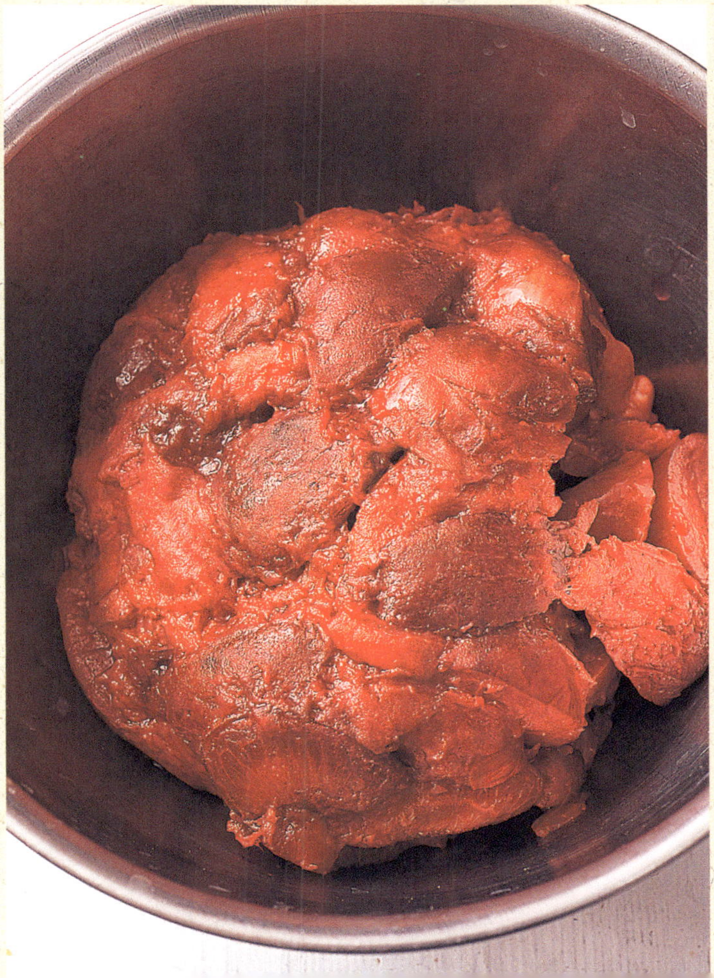

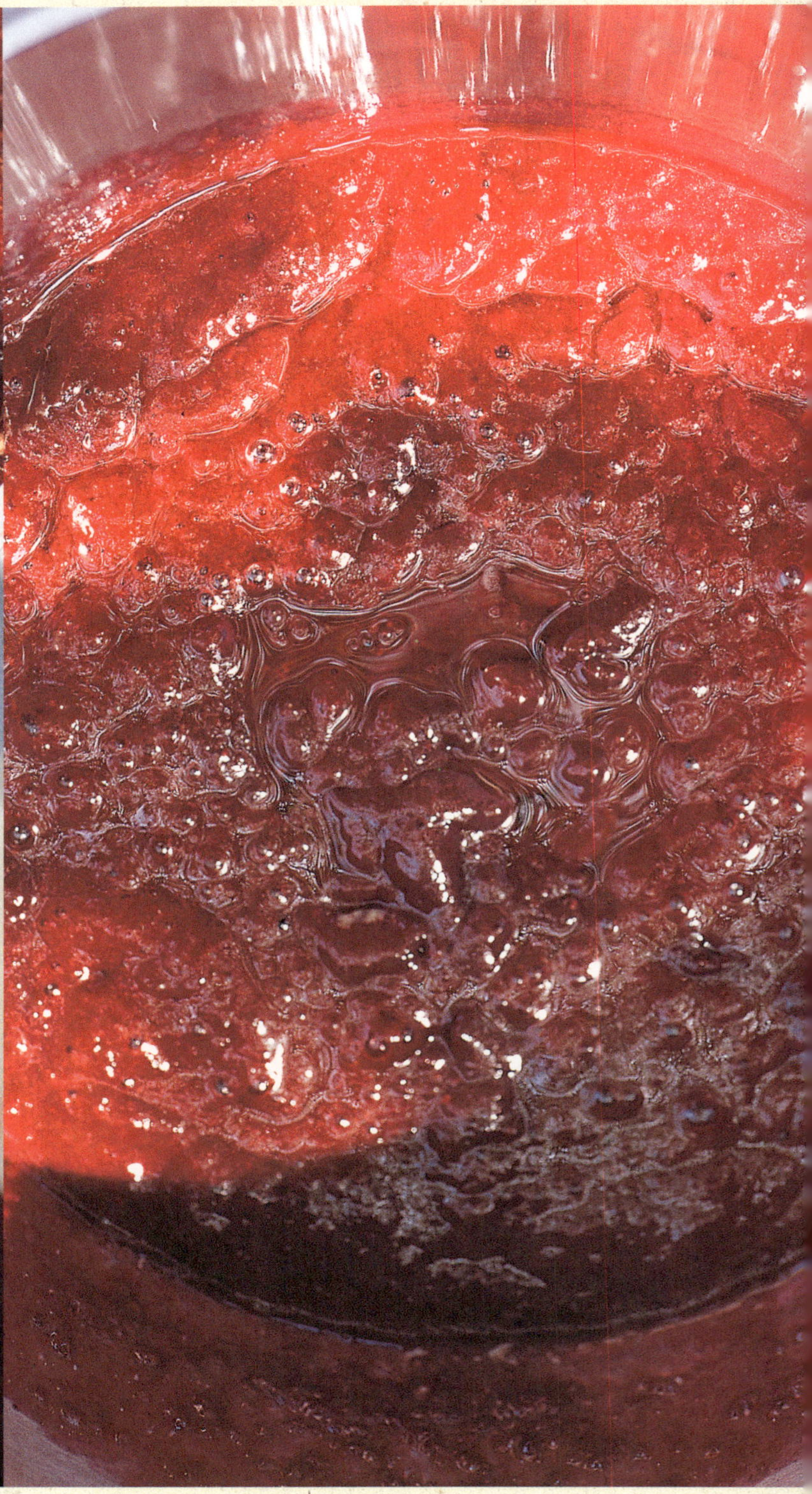

Saft ab. Dieser und der Fruchtrückstand werden nun gewogen. Angenommen, Sie konnten der Fruchtmasse das Gros des Zuckers (auch ihres eigenen natürlichen Fruchtzuckers) und auch einen Großteil des Safts abgewinnen, dann kann das Gewicht des Fruchtrückstands – sagen wir ⅓ Pfund – vom ursprünglichen Gewicht, also 4 Pfund, abgezogen werden, und man erhält das Gewicht des extrahierten Safts mitsamt des Zuckers: Bei dem aktuellen Beispiel sollte es demnach 3⅔ Pfund betragen. Es wurden folglich mittels 2 Pfund Zucker 1⅔ Pfund Saft gewonnen. In diesem Beispiel weist also der gewonnene Saft bereits in etwa die richtige Zuckerkonzentration auf, um erfolgreich zu gelieren (nach Bedarf kann mehr Zucker zugefügt oder, falls der Anteil entschieden zu hoch ist, weiterer Saft, etwa von Roten Johannisbeeren oder Äpfeln, dazugegeben werden).

Dieser süße, sirupartige Saft taugt nicht nur zur Geleeherstellung, man kann aus ihm Getränke mischen oder Sorbets bereiten, er kann auch für eine spätere Verwendung eingefroren werden. Der breiige Fruchtrückstand kann Konfitüren, Chutneys oder Weinen beigemischt werden, aber am besten bereitet man aus ihm ein Fruchtleder (siehe Seite 41).

SIRUPE UND DICKSÄFTE

In beiden Fällen handelt es sich um zuckerreiche Säfte, aus denen man mit Wasser erfrischende Getränke mischt. Sirupe sind Fruchtsäfte, denen bei der Gewinnung beziehungsweise danach Zucker oder Zuckersirup zugesetzt wurde. Dicksäfte sind durch Eindampfen konzentrierte Obstsäfte, die durch den Wasserentzug einen sehr hohen natürlichen Zuckergehalt aufweisen. Sie können sogar als Zuckerersatz verwendet werden.

Ein Sirup gelingt besonders einfach und auch gut mit der Zuckerextraktion, die ich im vorherigen Absatz beschrieben habe. Die andere Art, Sirupe zu bereiten, besteht darin, einen frisch gepressten Rohsaft zu süßen. Da es allerdings schwierig ist, die erforderliche Zuckermenge ohne Hitzeeinwirkung im Saft zu lösen, nimmt man besser Zuckersirup. Dafür einen Topf beinahe vollständig mit Zucker füllen, langsam unter Rühren so viel kochendes Wasser zufügen, wie in den Topf passt, und rühren, bis sich der Zucker komplett aufgelöst hat (dass dennoch ein kleiner Teil nach dem Abkühlen wieder auskristallisiert, ist nicht auszuschließen). Einen solchen Zuckersirup kann man kalt nicht nur mit Saft vermischen, um Fruchtsirup zu bekommen, sondern auch mit einem alkoholischen Auszug, um einen Likör herzustellen. Für eine längere Lagerung kann der Zuckersirup eingekocht oder eingefroren werden. Mein Lieblingsfruchtsirup basiert auf Erdbeeren, auf Platz zwei und drei folgen dann Schwarze Johannisbeeren und Himbeeren.

EINGELEGTE FRÜCHTE UND ROH GERÜHRTE KONFITÜREN

Im Idealfall hat man es bei eingelegten Früchten mit ganzen Früchten oder Stücken zu tun, die in ihrem eigenen konzentrierten Saft oder in Sirup baden. Alternativ könnte man Früchte verwenden, denen für die Saftgewinnung durch Zuckerextraktion beziehungsweise für die Likörbereitung durch alkoholische Extraktion viel Flüssigkeit entzogen wurde. Der Genusswert dieser Variante reicht allerdings nicht an den von eingelegten frischen Früchten heran. Auf der anderen Seite ist das Risiko eines Schimmelbefalls dann vergleichsweise gering, sodass man im Allgemeinen ganz ums Einkochen herumkommt. Eine reizvolle Möglichkeit der Obstverwertung bilden darüber hinaus roh gerührte Konfitüren, die mit betont fruchtigen Aromen aufwarten. Gelierfreudige Früchte wie Schwarze Johannisbeeren werden püriert und mit der gleichen Gewichtsmenge Zucker verrührt. Sie werden im Kühlschrank aufbewahrt und halten sich dort mindestens 8 Wochen.

FRUCHTKÄSE UND FRUCHTBUTTER

Man könnte beides als Form von Konfitüre mit hohem Frucht- und geringem Zuckergehalt oder auch als eine Vorstufe von Fruchtleder beschreiben. Fruchtkäse ist etwas fester und wird, wie der Name schon nahelegt, in Stücken gegessen, während Fruchtbutter in Gläser gefüllt und wie Aufstrich verwendet wird. Beide Formen der Zubereitung basieren häufig auf aromaintensiven und säurereichen Wildfrüchten oder Beeren, enthalten nicht selten zusätzlich Gewürze und werden gern als Beigabe zu gehaltvollen Wildgerichten gereicht. Bis zum Verzehr müssen sie einige Monate reifen.

Ein Klassiker und bis heute in Spanien, Portugal und Südamerika weit verbreitet ist der Quittenkäse (Quittenbrot), dort unter dem Namen *Dulce de membrillo* bekannt. Mispeln und Haferpflaumen werden ebenfalls häufig zu Fruchtkäse oder -butter verarbeitet, Äpfel hingegen selten. Für Fruchtkäse kocht man ein Mus und lässt dieses, ganz ähnlich wie bei der Zubereitung von Fruchtleder, langsam köchelnd eindicken, bis aus einem Klecks, den man auf einen Teller gibt, keine Flüssigkeit mehr austritt. Im Unterschied zum Leder wird Fruchtkäse gesüßt, und zwar etwa mit der Hälfte oder bis zu drei Vierteln der für Konfitüre üblichen Zuckermenge. Außerdem wird die Masse zuletzt dicker als für Leder ausgestrichen, nicht so ausgiebig getrocknet und schließlich in Vierecke oder Rauten geschnitten.

LINKE SEITE: **Das feinste Aroma findet man bei Saft, der durch Zuckerextraktion gewonnen wurde.**

KANDIEREN UND GLASIEREN

Für das Kandieren muss man schon einige Geduld aufbringen, aber über das Ergebnis freuen sich Gaumen und Auge gleichermaßen. In erster Linie sind es Früchte – insbesondere Kirschen und Aprikosen, Pflaumen, Pfirsiche und reife Birnen –, die auf diese Weise in köstliche Süßigkeiten verwandelt werden, doch eignet sich noch einiges mehr für diese Art der Konservierung – bis hin zu Blütenblättern. Ich kandiere auch meinen eigenen Ingwer.

Steinobst wird je nach Sorte halbiert und entsteint, enthäutet oder rundum gleichmäßig mit einer Nadel eingestochen; Birnen muss man lediglich schälen, halbieren und vom Kerngehäuse befreien. Die Früchte in ganz wenig Wasser und/oder Apfelkonzentrat oder aber in Saft der jeweiligen Sorte nur so lange kochen, bis sie nach 5–10 Minuten etwas weich werden – sie sollen auf keinen Fall zerfallen. Danach in der Flüssigkeit abkühlen lassen und über Nacht kalt stellen. Am nächsten Tag den Saft abgießen und pro 600 Milliliter Flüssigkeit 350 Gramm Zucker zufügen. Aufkochen lassen, über die Früchte gießen und diese 1 weiteren Tag ziehen lassen.

Am folgenden Tag den Sirup abgießen und pro 600 Milliliter 100 Gramm Zucker dazugeben. Zum Kochen bringen, über die Früchte gießen und bis zum nächsten Tag ziehen lassen. Diese Abfolge etwa 1 Woche lang täglich wiederholen und dabei jedes Mal pro 600 Milliliter Flüssigkeit weitere 10 Gramm Zucker zufügen, bis der Sirup schließlich im kalten Zustand sehr dickflüssig ist. Ab diesem Punkt die Früchte täglich 4–5 Minuten im Sirup köcheln und anschließend über Nacht ziehen lassen. Nach ungefähr zwei Wochen zeigen die Früchte einen glasigen Schimmer. Jetzt werden sie abgeseiht und an einem warmen Platz getrocknet, bevor man sie zuletzt mit Zucker überzieht und dann in Gläser oder Dosen packt.

Blütenblätter und dergleichen feine Dinge taucht man einzeln abwechselnd in stark konzentrierten Zuckersirup (noch besser halb Zucker-, halb Glukosesirup) und extrafeinen Zucker, sodass sich nach und nach eine Kruste bildet, die man jeweils vor dem nächsten Durchgang zunächst trocknen lässt.

Aus dem Sirup, der nach der Herstellung von kandierten Früchten zurückbleibt, kann man eine köstliche Sauce, ein Sorbet oder – noch besser – durch Zugabe von weißem Rum oder einem anderen Hochprozenter einen Likör bereiten. Rührt man Puderzucker in den Sirup, erhält man ein Fruchtfondant, das man zum Glasieren von Kuchen oder für selbst gemachte Pralinen verwenden kann.

Eine Schokoladenglasur erhöht nicht nur den Genusswert von Kandiertem, sie konserviert auch zusätzlich und schützt gegen Feuchtigkeit. Für einen solchen Überzug schmilzt man im Wasserbad langsam etwas Schokolade oder Kuvertüre. Nun die gründlich getrockneten und danach gut gekühlten kandierten Fruchtstücke einzeln auf Holzzahnstocher spießen, in die Schokolade tauchen, langsam drehen, bis sie rundum bedeckt sind, behutsam herausnehmen und über der Schüssel abtropfen lassen. Besonders makellos erstarrt der Überzug, indem man die Zahnstocher nach dem Prinzip des Käseigels zum Beispiel auf Hälften einer dicken Kartoffel oder eines stattlichen Apfels spießt, und Perfektionisten schließen ganz zuletzt das Loch, das nach dem Herausziehen des Spießchens bleibt, mit einem kleinen Tropfen Schokolade. Ebenso kann man die frisch überzogenen Stücke auf geölte Drahtgitter legen, bis die Glasur fest ist, oder man gibt sie auf Teller, die dick mit feinem Zucker ausgestreut sind. Die glasierten Früchte lassen sich anschließend auch einfrieren.

Genau wie Trockenobst und „beschwipste Früchte" oder auch Nüsse kann man kandierte Früchte wundervoll in geschmolzene Schokolade mischen und das Ganze dann in einer mit eingeölter Alufolie ausgekleideten Schale fest werden lassen. Noch ansprechender wirkt das Endergebnis, wenn Sie zunächst das Gefäß dünn mit flüssiger Schokolade ausschwenken und die Auskleidung im Gefrierfach aushärten lassen. In diese kalte Hülle füllen Sie nun eine noch warme Frucht-Nuss-Schoko-Mischung, streichen sie glatt und lassen sie fest werden. Anschließend überziehen Sie die Füllung mit einer weiteren dünnen Schicht reiner Schokolade. Nach dem gleichen Prinzip lässt sich in Plastik-Eierbehältern oder in Mini-Muffinförmchen, die ebenfalls eine Reihe kleiner Mulden aufweisen, eine Art Konfekt herstellen. Dafür zunächst in die Mulden geschmolzene Schokolade geben und, sobald sie teils erstarrt ist, den Überschuss wieder herausgießen, sodass die Vertiefungen eine nur dünne Auskleidung aufweisen. Im Gefrierfach kurz fest werden lassen. Anschließend erhält jede Vertiefung ihre eigene Füllung, etwa hausgemachtes Marzipan (siehe Seite 124 oben), kandierte, in Alkohol eingelegte oder getrocknete Früchte, Nüsse oder Fruchtfondant (siehe linke Spalte). Darüber gleichmäßig geschmolzene Schokolade verstreichen. Wenn sie – am besten im Gefrierfach – ausgekühlt und komplett erstarrt ist, das Ganze aus der Form lösen und in einzelne Stücke teilen. Die Ränder säuberlich beschneiden und das Konfekt in gut schließenden Behältern verstauen.

PICKLES, CHUTNEYS, RELISHES UND KETCHUPS

Bei all diesen Vorräten handelt es sich um Nahrungsmittel, die in Essig mit mehr oder weniger Zucker konserviert sind – sei es wie Pickles als kleine rohe oder gekochte, ganze oder geschnittene Gemüse in einer süßsauren Sauce oder wie Chutneys und Relishes, deren Konsistenz an Konfitüre erinnert, oder als Ketchup, das einer dicken passierten Sauce gleicht. Beim Chutney überwiegt die fruchtige, süß-würzige Note, beim Relish hingegen die pikante. Ein Mais-Relish etwa besteht schlicht aus Maiskörnern in einer dicken, süßsauren Zwiebel-Apfel-Sauce mit leichter Chilischärfe.

SEITE 58 OBEN VON LINKS NACH RECHTS: Schokolade, angereichert mit Nüssen und Trockenfrüchten, im Wasserbad schmelzen. Dann in die bereits mit einer Schokoladenschicht ausgekleideten Mulden einer Form füllen. Die Schokoladenmischung sollte die Mulden noch nicht komplett ausfüllen.
UNTEN VON LINKS NACH RECHTS: Nach dem Füllen wieder ins Gefrierfach stellen. Die Schokoladenmischung, wenn sie erstarrt ist, mit reiner geschmolzener Schokolade bestreichen und diese Versiegelung ebenfalls gefrieren lassen. Das fertige Konfekt aus der Form lösen.
SEITE 59: Zuletzt erhalten die Ränder noch einen leichten Feinschliff.

RECHTS: Ohne Dill sind Essiggurken nur eine halbe Sache.
UNTEN: Von den Delikatessen aus eigener Herstellung können Supermarktkunden meist nur träumen.

OBEN VON LINKS NACH RECHTS: **Rote Beten erst nach dem Kochen vom Stängel- und Blütenansatz befreien und die Schale abziehen.**
UNTEN VON LINKS NACH RECHTS: **Die Knollen direkt über einem Glas, in dem sich bereits etwas Essig befindet, in Scheiben schneiden. Zuletzt mit weiterem Essig komplett bedecken.**

Wichtig ist, dass die Zubereitung nicht zu feucht ist. Verwenden Sie also einen kräftigen Essig und ausreichend Zucker. Außerdem sollten alle Gewürze frisch und von guter Qualität sein. Die Unterdrückung von Fäulnisbakterien durch Säure bildet das Grundprinzip bei Pickles oder Sauerkonserven. Weil aber Essig und Salz Metall angreifen, ist es ratsam, Glasgefäße mit Kunststoffdeckeln zu verwenden. Werden die Konserven zusätzlich eingekocht, ersetzt man, da der Kunststoff die Hitze schlecht verträgt, die Deckel währenddessen durch Pergamentpapier. Metalldeckel kann man auf deren Innenseite mit einer dünnen Schicht geschmolzenem Bienenwachs überziehen.

Pickles

Die besten Pickles sind oft die ganz einfachen, wie etwa Zwiebeln oder Kapuzinerkressesamen, die einfach nur gesäubert, in Lake eingelegt (siehe Seite 64) und/oder mit würzigem Essig bedeckt werden. Manche verzichten sogar auf das Einlegen in Lake. Um Rote Beten zu Pickles zu verarbeiten, werden sie gekocht, geschält, in Scheiben oder Würfel geschnitten und in nach Belieben gewürzten Essig gelegt. Weiteres Konservieren erübrigt sich, sofern die Zutaten großzügig mit Essig bedeckt sind. Es genügt, die Pickles an einem kühlen, dunklen Platz aufzubewahren.

Während die Lake normalerweise kalt verwendet wird, kann man den Essig kochend heiß über das Gemüse gießen. Dieses über Nacht ziehen lassen, danach abseihen und den Vorgang wiederholen. Auf diese Weise erzielt man unter Umständen eine ansprechendere Farbe und Textur als nur mit kaltem Essig.

Das Spektrum geeigneter Essige ist breit gefächert. Wir Briten nehmen für viele traditionelle Pickles aus Zwiebeln, Roten Beten und Konsorten gern Malzessig. Branntweinessig ist hell und auch geschmacklich eher dezent, weshalb er sich anbietet, wenn die Farbe und das Aroma des Gemüses möglichst unverfälscht bestehen bleiben sollen. Lassen Sie grundsätzlich die Finger von Essigessenz, einem synthetischen Billigprodukt, das weder Ihrem Gemüse noch Ihnen guttut.

Apfel-, Rot- und Weißweinessig sind weitere Alternativen mit jeweils unterschiedlichen Geschmacksnoten, die dementsprechend zu unterschiedlichen Pickles besonders gut passen. Süße Pickles sind, wie schon gesagt, Stücke von Früchten oder Gemüse, eingelegt in einer süßsauren Sauce aus Zucker und Essig (drei Teile Zucker auf

zwei Teile Essig) und vielleicht, als extra Gaumenkitzel, einem Hauch Chili. Auch Zimt, Nelken, Pfeffer- und Senfkörner und Lorbeerblätter kommen als Gewürze infrage. Viele der Zutaten für süße Pickles können zunächst in Lake eingelegt werden, bevor man sie in die Essig-Zucker-Mischung gibt. Oft bekommt es der süßsauren Sauce recht gut, wenn man sie mit Maisstärke andickt.

Nach dem immer gleichen Grundprinzip lassen sich aus dem, was gerade im Überfluss vorhanden ist oder wonach Ihnen besonders der Sinn steht, eine Vielzahl von Pickles zubereiten. Meine Mutter machte häufig Walnuss-Feuerbohnen-Pickles – oder war es vielleicht doch ein Chutney?

Chutneys

Diese etwas ungewöhnlichen anglo-indischen Kreationen lassen insofern häufig an Pickles denken, als bei vielen Versionen zunächst ebenfalls eine Zucker-Essig-Mischung mit Apfelmus, Zwiebeln und einer kräftigen Dosis Salz eingekocht wird. Zu dieser Basis kann dann fast jede andere Frucht- oder Gemüsesorte, auch in Kombinationen, hinzukommen. Pflaumen-, Tomaten- und Pfirsich-Chutneys etwa sind vorzüglich. Anders als bei Pickles bleiben die Früchte nicht ganz oder als größere Stücke erkennbar, sondern werden stets mehr oder weniger fein gehackt. Ingwer und andere Gewürze, allen voran Piment, Chilischoten, Cayennepfeffer, Curry und Kreuzkümmel, verleihen der Zubereitung einen pikanten Touch. Rosinen und Sultaninen – natürlich selbst getrocknet – sowie Datteln kommen in fast jedem traditionellen Rezept vor, manchmal wird die Komposition auch mit Knoblauch aromatisiert. Für dunkle Chutneys wird brauner Zucker verwendet. Gewöhnlich kommt Malzessig zum Einsatz, doch harmonieren meist auch Branntwein- oder Apfelessig mit den übrigen Zutaten. Wie Konfitüre werden Chutneys noch heiß in sterilisierte, gut schließende Flaschen oder Gläser gefüllt. Sie sind sehr beliebt als Beigabe zu kaltem Fleisch und Geflügel oder als Ergänzung zu Käse.

Ketchups und süßsaure Saucen

Tomatenketchup ist letztlich nichts anderes als dünnflüssiges Tomatenmark, angereichert mit Essig, einer Menge Zucker und einigen Gewürzen. So gesehen, könnte man es auch als eine Art geschmeidiges Chutney beschreiben. Ernährungstechnisch hat er für unseren Organismus angeblich sogar mehr zu bieten als frische Tomaten, zudem stellt er eine Möglichkeit dar, noch ein paar mehr Tomaten einzulagern.

Selbstverständlich können Sie einen etwaigen Ernteüberschuss vorerst auch einfach zu Tomatenpüree verarbeiten und dieses einmachen oder einfrieren. Dann haben Sie später immer noch die Wahl, ob Sie daraus Ketchup zubereiten oder lieber Basilikum,

Thymian, Lorbeer oder Oregano und einige weitere Gewürze für eine Pastasauce hinzufügen.

Tomaten bilden jedoch nicht die einzige Ketchupbasis. Vom Prinzip her ganz ähnlich sind die früher sehr beliebte Pflaumensauce oder auch Pilz-Ketchup (siehe Seite 127). Weitere beliebte Saucen, die ebenfalls auf einer süßsauren Mischung basieren, sind Meerrettich- (siehe Seite 171) und Minzsauce (siehe Seite 128).

EINLEGEN IN SALZ

Waren früher gesalzene Nahrungsmittel, insbesondere Fleisch, gang und gäbe, wird das Einsalzen heute rein aus Haltbarkeitsgründen kaum noch praktiziert. Allenfalls werden bestimmte Gemüsesorten, um ihren hohen Wassergehalt zu verringern und sie damit lagerfähiger zu machen, vor der weiteren Verarbeitung über Nacht in Salz eingelegt und anschließend gut abgespült. Das einzige meines Wissens bis heute gängige Salzgemüse sind die eingesalzenen Schnittbohnen – auch als Schnibbelbohnen bekannt.

Eingesalzene Schnittbohnen

Junge, zarte Grüne oder Schnittbohnen von den Enden befreien und schräg in schmale Streifen schneiden. Mit einem Drittel ihrer Gewichtsmenge an Salz vermischen, in Gläser mit Kunststoffdeckel füllen und kräftig zusammendrücken. An einem kühlen Platz ruhen lassen. Dabei geben die Bohnen unter der Wirkung des Salzes ihr Wasser ab und schrumpfen, sodass nach 1 Woche in den Gläsern einiger neuer Platz für mehr von der Bohnen-Salz-Mischung ist. Die Bohnen müssen dabei stets von der Lake oder einer Lage Salz bedeckt sein und die Gläser bis zum Gebrauch fest verschlossen an einem kühlen Platz lagern. Vor der Verwendung die Bohnen mehrmals waschen, um das Salz abzuspülen, anschließend 1–2 Stunden in warmem Wasser einweichen und dann in erneuertem Wasser genau wie frische Bohnen garen.

EINLEGEN IN LAKE

Wie auf Seite 62 erwähnt, wird Gemüse im Zuge der Pickles-Herstellung oft in Salzlake eingelegt. Dieses Verfahren ist sanfter als das Einsalzen. Man gibt das gewaschene und geputzte Gemüse in eine kräftige Lake, angesetzt mit 500 Gramm Salz auf 5 Liter Wasser, um ihm einerseits etwas von dem enthaltenen Saft zu entziehen und andererseits vorhandene Bakterien und Schimmelpilze abzutöten. Zugleich lockt die Salzlösung größere Schädlinge aus der Deckung, die sich beispielsweise in Blumenkohlröschen verbergen. Das Gefäß sollte im Idealfall aus lebensmittelechtem Kunststoff bestehen, dazu braucht man einen passenden Teller oder ein Brett, um das Gemüse runterzudrücken. Nach einigen Tagen wird das Gemüse abgeseiht, abgespült und weiterverarbeitet. An seinem Aussehen hat sich bis dahin kaum etwas geändert. Dehnt man den Vorgang dagegen über Monate aus, findet eine Milchsäuregärung statt, im Verlauf derer das Gemüse einen anderen Farbton und ein etwas glasiges Erscheinungsbild gewinnt.

Sauerkraut

Ich mag Sauerkraut nicht besonders gern. Diese Feststellung fällt mir umso leichter, als ich mich just während der Arbeit an dieser Buchpassage einiger Sauerkrautvorräte in meinem Lager entsann, sie gleich mal inspizierte und eine Riesensauerei vorfand: Jahrelange hatten sie still und leise vor sich hin geschlummert und waren schließlich explodiert. Aber die Geschmäcker sind zum Glück nicht alle gleich und Sauerkraut soll ja sehr gesund sein. Um es herzustellen, vermengt man in Streifen geschnittenen Weißkohl mit einer vergleichsweise geringen Dosis Salz – das Verhältnis beträgt 32:1 –, packt es in große Gläser oder Steinguttöpfe und lässt es gären, wobei die Umgebungstemperatur in diesem Fall 20–25 °C betragen, also wärmer sein muss als beim zuvor beschriebenen Einlegen in Salz. Mit einem beschwerten Holzbrett oder passendem Teller drückt man das Kraut unter die sich bildende Flüssigkeit, die mit weiterer Lake (gemischt aus 15 Gramm Salz auf 600 Milliliter Wasser) ergänzt wird, während das Kraut gärt. Der Schaum, der sich im Verlauf dieses Prozesses oben sammelt, muss abgeschöpft werden. Wenn nach einigen Wochen die Fermentation zum Erliegen kommt, kann das Sauerkraut gegessen oder als Vorrat eingemacht werden.

RECHTE SEITE LINKS: **Bei solchen Bohnenschneidern ist Vorsicht geboten – eine Fingerkuppe ist schnell ab!**
RECHTE SEITE OBEN RECHTS: **Ich vermenge die Schnibbelbohnen mit reichlich Salz.**
RECHTE SEITE UNTEN RECHTS: **Wenn die Bohnen nach etwa 1 Woche im Glas durch den Wasserentzug an Volumen verloren haben, packt man eine weitere Portion obendrauf.**

BEAN SLICER
No 688

CIDRE UND WEIN

Ich beginne mit Cidre, denn von allen alkoholischen Getränken lässt er sich am einfachsten herstellen. Sie haben richtig gelesen: Ein wirklich wohlschmeckender Wein guter Qualität ist aus Äpfeln leichter gemacht als aus Trauben. Gleichwohl lässt sich auch Wein aus Trauben – sogar sehr guter – problemlos zu Hause keltern, ganz zu schweigen von all den anderen Früchten, die ohne große Mühe in recht zufriedenstellende Getränke verwandelt werden können. Aber das Beste dieser Elixiere ist nun einmal der Cidre, umso mehr, als Äpfel sehr leicht zu bekommen sind.

Bei der Weinherstellung, egal ob aus Trauben oder Äpfeln, gelten dieselben Hygienevorgaben wie für andere konservierte Produkte – und sogar noch strengere, schließlich wird ein und dieselbe Ausrüstung immer wieder verwendet. Möchte man mit der Mostpresse auch Saft für die Lagerung gewinnen, ist Hygiene besonders wichtig, denn da können Verunreinigungen schlimmere Folgen haben als bei Saft, der für die Vergärung erzeugt wird.

Cidre

Man muss kein Alkoholiker sein, um ein tägliches Glas Cidre zu schätzen. Das Getränk gehört zu den schmackhaftesten „Konserven" aus überschüssigen Äpfeln und ähnelt einem leichten, trockenen Weißen aus Trauben. Dafür brauchen Sie auch nicht unbedingt Mostäpfel, die sehr süß und säurehaltig und daher ideal für den traditionellen Apfelwein sind, denn fast jede Mischung aus Koch- und Tafeläpfeln erfüllt ihren Zweck. Worauf es dann ankommt? Zunächst auf die Vorbereitung und dann auf die Gärung.

Die Äpfel müssen gewaschen und geputzt werden. Ich entferne jede Druckstelle, aber auch Fäulnisspuren oder Verletzungen. Ins Töpfchen kommen nur Früchte, die als Tafelobst durchgehen würden. Dann müssen die Äpfel gehackt oder auf eine andere Weise zerkleinert werden, bis man einen groben Brei hat. Es wurden schon etliche Geräte ausprobiert, um Äpfel kleinzukriegen, angefangen von Rübenschneidern über umgebaute Mangeln bis hin zu Gartenhäckslern, aber kaum etwas kommt an die sehr leicht zu säubernde Traubenmühle aus Edelstahl heran, die ich vor rund zwanzig Jahren von einem Anbieter für Kellereibedarf erstanden habe. Ich habe sie auf einem alten Tischgestell befestigt und nehme sie zum Mahlen von Trauben und anderen Früchten her, wenn ich sie nicht gerade für Äpfel einsetze.

Sind die Äpfel einmal zu Brei verarbeitet, müssen sie so schnell wie möglich ausgepresst werden. Überraschenderweise verstopfen

die Ritzen zwischen den Latten der Mostpresse schnell mit Haut- und Kernstücken, sodass nur noch der Saft durchrinnen kann und ziemlich sauber herauskommt. Große Mengen presse ich zwischen Brettern mit einer Spezialvorrichtung und breite dafür den Brei in Tüchern aus. Für den Hausgebrauch empfehle ich jedoch, mit kleineren Mengen und einer gewöhnlichen Mostpresse zu arbeiten und dafür lieber öfter zu pressen, da man damit wesentlich leichter ein hohes Qualitätsniveau hält. Ich habe übrigens schon einen ausgezeichneten Cidre getrunken, dessen Brei mit einer Wäscheschleuder ausgepresst worden war!

Sobald der Saft ausgepresst ist, seiht man ihn ab. Wer nicht allen Saft vergären lassen möchte, füllt einen Teil zum Einfrieren in Plastikflaschen. Diese werden nicht ganz randvoll gefüllt, sondern vor dem Zuschrauben etwas gedrückt, sodass das letzte Quäntchen Luft entweicht und sich der Saft trotzdem noch ausdehnen kann.

Der übrige Saft wird nun zum Gären abgefüllt. Ballonflaschen haben die richtige Größe dafür, doch auch voluminösere Behälter sind in Ordnung. Ganz wichtig: Sie müssen auf jeden Fall keimfrei sauber und verschließbar sein, damit keine Luft und vor allem keine Essigfliegen mitsamt versprengten Hefesporen hineingelangen. Es gibt entsprechende Spunde und Fernhalteeinrichtungen, doch ich finde, ein Baumwollbausch tut es auch. Wichtig: Es reicht nicht, einfach nur sauberen Apfelsaft gären zu lassen, sondern man muss Weißweinhefe dazugeben, damit die auf der Apfelschale enthaltenen Naturhefen verdrängt werden. Die Gärtemperatur sollte relativ hoch sein, aber auch nicht zu hoch, da sonst unangenehme Geschmacksnoten entstehen. Ideal ist ein beheiztes Wohnzimmer.

Ein schlechter Geschmackseinschlag entsteht vor allem dadurch, dass man versucht, den Cidre zu alkoholstark werden zu lassen. Es schadet zwar nicht, etwas Zucker hinzuzugeben, um den potenziellen Alkoholgehalt etwas zu heben, aber wenn der Cidre zu kräftig ausfällt, schmeckt er nicht mehr gut. Guter Wein hat etwa 11–12 Prozent Alkohol und Bier durchschnittlich 5, allerdings hält sich Bier besser wegen des Hopfengehalts. Cidre erreicht einen natürlichen Alkoholgehalt von 7–8 Prozent und schmeckt damit schon ganz leidlich, hält sich aber noch nicht gut. Mit etwa 500 Gramm Zucker auf 5 Liter schraubt man den Alkoholgehalt auf den von Wein aus

Die Äpfel werden gewaschen, von faulen Stellen befreit und zerkleinert. Dann füllt man sie in eine kleine Weinpresse und presst sie nach und nach geduldig aus. Versehentlich entwischte Stückchen werden in einem Sieb aufgefangen.

OBEN: Trauben ernten ist einfach ein Vergnügen.
RECHTE SEITE: Aus Trauben lässt sich natürlich Wein machen, aber noch besser sind oft selbst getrocknete Rosinen oder schlicht Traubensaft.

Trauben hoch. Mit einem Hydrometer kann man den Zuckergehalt des unvergorenen Safts genau messen. Daraus lässt sich der endgültige Alkoholgehalt nach Beendigung des Gärprozesses ableiten – und daraus wiederum, wie viel Zucker man hinzufügen muss, um die gewünschte Stärke zu erhalten. Geben Sie den Zucker aber nicht schon zu Anfang des Gärvorgangs, sondern erst gegen Ende hinein. Das sollte zudem ganz langsam und behutsam geschehen. Am besten mischt man ihn mit etwas Apfelsaft, da die gärende Flüssigkeit zu schäumen anfängt, wenn der neue Zucker direkt hineingemischt wird. Vorsicht: Schütten Sie ihn zu schnell hinein, müssen Sie mit einer Überschwemmung rechnen. Und passen Sie bei größeren Mengen auf. Schon viele Winzer mussten ihr Leben lassen, weil sie das berauschende Gas aus den Gärtanks eingeatmet haben und in den Most gefallen sind.

Sobald der angereicherte Cidre ausgegoren ist, müssen Sie den Bodensatz abziehen, sonst trübt er die Flüssigkeit. Man kann den Apfelwein in mit Korken verschließbare Weinflaschen oder sogar in Plastikflaschen füllen. Schraubverschlüsse sind nicht zu empfehlen, denn wenn der Most in der Flasche weitergärt, kann es gefährlich werden. Ich ziehe einen leicht perlenden Cidre vor und ziehe ihn daher auf druckbeständige Flaschen, wie sie für Sekt, Bier oder auch Limonade verwendet werden. Beim Befüllen gebe ich einen Teelöffel Honig, Apfelsaftkonzentrat oder Sirup dazu. Das bringt eine Zweitgärung in der Flasche in Gang, lässt den Cidre leicht perlen, verursacht aber auch eine geringe Menge Bodensatz. Dieses Sediment kann man beim Öffnen durch behutsames Dekantieren in der Flasche zurückhalten – oder durch die Champagnermethode entfernen, ein mühsames, aber cleveres Verfahren: Nach der Zweitgärung werden die Flaschen gedreht, das heißt allmählich auf den Kopf gestellt, bis sich der Bodensatz im Flaschenhals gesammelt hat. Nun friert man den Hals ein, sodass sich im Inneren ein Eispfropfen bildet, in dem das Sediment enthalten ist. Die Flasche wird geöffnet, der Pfropfen entfernt, ein Korken in den Hals getrieben, befestigt – und fertig!

Im Gegensatz zu den meisten Weinen braucht Cidre nicht lange zum Reifen. Die im Herbst abgefüllten Posten kann man schon zum Weihnachtsfest genießen. Idealerweise aber geduldet man sich noch bis zum nächsten Jahr. Ich habe einige Flaschen mehrere Jahrzehnte lang aufgehoben und kann sagen, dass sie im Gegensatz zu einigen Weinen, die mich wirklich überrascht haben, mit zunehmendem Alter nicht besser werden.

Um Birnencidre zu bereiten, sollte man spezielle Cidrebirnen verwenden. Tafelbirnen eignen sich dafür nicht besonders gut. Ausgereift sind sie zu weich zum Pressen, keltert man sie dagegen in unreifem Zustand, fällt der Saft nicht süß genug aus.

Wein

Trauben lassen sich kinderleicht in Wein verwandeln. Schwieriger wird es schon, guten Wein aus ihnen zu bereiten. Und nahezu unmöglich ist es für Hobbywinzer, einen großen Tropfen zuwege zu bringen. Das größte Hindernis sind die verfügbaren Rebsorten, die zudem noch krankheitsanfällig sind. Von den fast fünf Dutzend Sorten, die ich mittlerweile kultiviert habe, liefern nur wenige verlässlich schmackhafte Trauben, die nicht anfällig für Mehltau, Botrytis und andere Plagen sind. Ansonsten ist es bemerkenswert einfach, süffige Rote, Weiße oder Rosés zu bereiten – sofern man so viel Geduld mitbringt, wie man sie im Garten nun einmal braucht.

Rotwein wird aus roten Trauben mitsamt der Schale und allem, was sonst noch dazugehört, vergoren. Die Fermentation bringt man mit einer geeigneten Hefe in Gang, doch sitzen auf Trauben von Natur aus einige Stämme. Manche Sorten haben nicht nur dunkle Schalen, sondern auch dunklen Saft und liefern einen entsprechend farbkräftigen Wein. Die zerdrückten Beeren werden mitsamt der Stiele am besten in geeigneten Behältern mit großen Deckeln vergoren, damit man den Inhalt entnehmen und pressen kann. Nach einigen Wochen presst man dem Brei aus Saft, Fruchtfleisch, Trauben und Schalen den fast fertigen Wein ab und reichert ihn mit Zucker an, damit er in einer Zweitgärung den nötigen Alkoholgehalt

erreicht (Näheres zur Erhöhung der Alkoholstärke unter Cidre). Diese Zweitgärung kann in kleineren Fässern oder Ballonflaschen ablaufen. Anschließend zieht man den fertigen Wein vom Bodensatz ab, füllt ihn in saubere Flaschen und verkorkt diese. Damit sich der Korken weiten kann, stellt man die Flaschen zunächst aufrecht. Später werden sie waagerecht gelegt – am besten in einem kühlen Keller. Ein ausgemusterter Kühlschrank in einer kühlen Scheune oder Garage tut es natürlich auch.

Die meisten Tafeltrauben oder unter Glas gezogenen Reben liefern keinen guten Wein. Sie sind zu süß und haben zu wenig Säure. Bei den in unseren Breiten im Freiland kultivierten Pendants ist es genau umgekehrt. Um gute Ergebnisse zu erzielen, mischt man die beiden also am besten. Aus roten Trauben lässt sich übrigens durchaus auch Weißwein herstellen. Dazu vergärt man den Saft nicht mitsamt den Schalen und Stielen, sondern presst die Trauben gleich am Anfang aus, um den Saft ohne Maische zu vergären. In der Regel aber wird Weißwein aus weißen beziehungsweise gelben oder grünen Trauben und mit spezieller Weißweinhefe gekeltert. Weil man sie schon vor der Gärung presst, braucht man keine großen Maischebehälter wie für Rotwein – der gesamte Gärvorgang kann in Ballonflaschen oder ähnlichen Gefäßen stattfinden. Wer Wein mit mehr Tannin bevorzugt, muss die weißen Trauben mit Kernen und Schalen vergären. Ich mische sie aber unter die Rotweinmaische, um den roten mehr Körper zu geben. Auch die Kerne und Schalen von Trauben, die für die Saftgewinnung gepresst wurden, machen den Roten kräftiger.

Roséwein lässt sich ebenfalls ganz leicht bereiten. Ich empfehle dafür besonders die Siegerrebe, die nicht nur als Tafeltraube köstlich schmeckt, sondern auch einen exquisiten süßen Wein mit intensivem Bukett liefert.

Keinesfalls verwenden sollte man schlechtes Traubenmaterial, also stark unreife, schimmelige oder, noch schlimmer, schmutzige Trauben. Sie verderben das Endprodukt und müssen heraussortiert werden. Zupfen Sie vor allem Beeren heraus, die zwar gut aussehen, aber vertrocknete Stiele haben – sie schmecken oft bitter.

Weiße Weine reifen rascher als rote, doch dauert es mitunter ebenfalls sehr lange, bis sie auf dem Höhepunkt sind. Alle genannten Weine profitieren von mindestens einem Jahr Flaschenreife. Kein Witz: Manche Rote, die ich als zu rau weggelegt habe, erwiesen sich nach zehn Jahren oder mehr als köstliche Elixiere. Das ist aber gleichzeitig der Grund, warum ich mich eher an Cidre halte und aus den Trauben lieber Saft mache: Apfelwein ist so angenehm rasch trinkreif.

Obstwein wird im Prinzip genauso bereitet. Einige Früchte wie Stachelbeeren oder Rote Johannisbeeren können gemahlen und gepresst werden wie Weißweintrauben, andere dagegen, etwa Erdbeeren und Himbeeren, werden gleich vergoren. Man sollte sie allerdings nicht pressen, sondern in Stoffbeuteln entsaften, damit die Feststoffe von der Flüssigkeit getrennt werden. Obstweine halten in der Regel nicht lange, sofern man sie nicht aufzuckert – die meisten brauchen rund 1 Kilogramm auf 5 Liter. Wird Wein aus Erbsenschoten oder Rhabarber bereitet, die sehr wenig natürlichen Zucker enthalten, muss man gegebenenfalls bis zu 1,7 Kilogramm zugeben. Anstelle von Industriezucker kann man zum Teil auch Rosinen verwenden; das Gewichtsverhältnis zwischen beiden sollte bei 3:2 liegen. Selbst Honig ist in Ordnung, doch sorgt er für einen metartigen Einschlag. Der Fantasie des Hobbywinzers sind keine Grenzen gesetzt: Der Mensch hat schon so vieles, was nicht giftig ist, zu Wein verarbeitet – und dabei manch himmlischen Nektar gewonnen.

LIKÖR UND RUMFRÜCHTE

Aus der Schlehe, im Volksmund auch als »wilde Schwester der Pflaume« bezeichnet, entsteht ein weithin bekannter Likör. Die knapp kirschgroßen, schwarzblauen Früchte werden dafür nach den ersten Frösten geerntet, mehrmals eingestochen und mit Gin und Zucker in Flaschen gefüllt (auf 2 Kilogramm Schlehen 1 Kilogramm Zucker und 1½ Liter Gin), die man an einen kühlen, dunklen Platz stellt und jede Woche einmal schüttelt. Einige Monate später gießt man den dickflüssigen, dunkelroten Schlehenlikör ab, der wundervoll schmeckt und dem Körper wohlige Wärme spendet. Während man mit den Schlehen selbst hinterher nichts mehr anfangen kann, bilden etwa nach dem gleichen Prinzip verarbeitete Aprikosen, Pflaumen oder Haferpflaumen, Walderdbeeren oder Schwarze Johannisbeeren anschließend, wenn sie von Alkohol und Zucker durchdrungen sind, eine extra Leckerei vom Feinsten: Man kann diese beschwipsten Früchte beispielsweise für Kuchen, Schichtdesserts und selbst gemachte Schokolade verwenden, sie in Konfitüren mischen, kandieren – oder einfach solo naschen.

Den einen kommt es hier hauptsächlich auf den Likör an, für andere ist die Methode in erster Linie eine gute Möglichkeit, Früchte zu konservieren. Mit Aprikosen beispielsweise kann man, außer sie frisch zu verspeisen, kaum etwas Besseres anstellen, als sie in einem Einmachglas mit weißem Rum (es kann auch Weinbrand sein) zu bedecken, monatelang ziehen zu lassen und sie schließlich in ihrem Saft-Rum-Gemisch, ergänzt mit derselben Menge Zuckersirup, zu genießen. Wollen Sie, dass die Früchte auf der Zunge zergehen, pochieren Sie sie sanft in ihrem eigenen Fruchtsaft, geben dann dieselbe Volumenmenge Zuckersirup zum Saft, bringen ihn nochmals zum Kochen und lassen das Ganze anschließend abkühlen. Dann werden die Früchte in Gläser gefüllt und mit einer Kombination aus hochprozentigem Alkohol und dem Saft-Zuckersirup-Gemisch zu gleichen Teilen bedeckt.

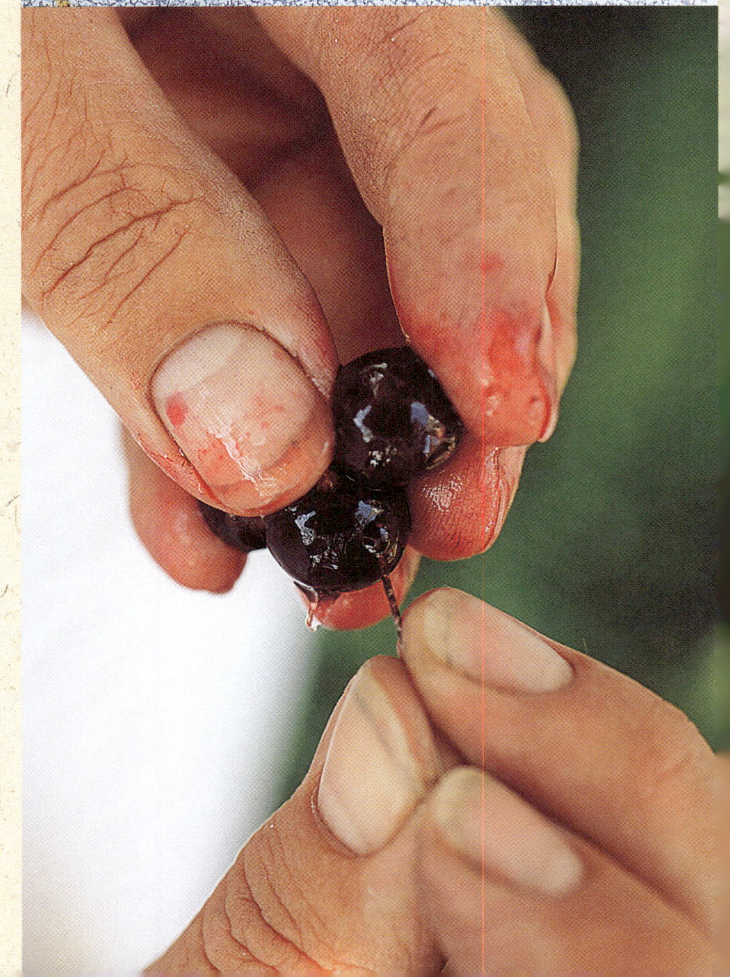

Von der eingangs skizzierten traditionellen Methode, bei der man gleich zu Beginn alle Zutaten zusammen in eine Flasche gibt, ist ein zweistufiges Verfahren zu unterscheiden. Dabei wird zunächst der alkoholische Auszug aus den Früchten hergestellt und dann, nachdem die Früchte abgegossen wurden, der Zucker in Sirupform hinzugefügt. Aber natürlich kann man auch die Früchte im Alkohol belassen, bevor man den Zuckersirup dazugibt.

Welche Früchte Sie verwenden, bleibt Ihrer eigenen Entscheidung überlassen, wobei sich in der Regel eine süßsaure Mischung empfiehlt. Auch bei der Wahl des Alkohols ist Ihr persönlicher Geschmack gefragt: Seit jeher gern verwendet werden Gin und Brandy, während Whisky und Wodka manchen Früchten einen unangenehmen Beigeschmack geben (für Kräuterliköre sind sie jedoch äußerst geeignet). Meines Erachtens ist hochprozentiger weißer Rum mit seinem fast lieblichen, aber zurückhaltenden Aroma ideal. Experimentieren Sie ein wenig und lassen Sie dabei die verschiedenen essbaren Wildfrüchte genauso wenig außer Acht wie das breite Spektrum der Kräuter, Blüten und Samen, die teils auch mit bemerkenswerten medizinischen Eigenschaften aufwarten.

OBSTESSIGE

Sie bringen die gesundheitlichen Vorzüge von Früchten und Essig auf einen Nenner, und dies auf einer alkoholfreien Grundlage. Dennoch besitzen sie beinahe ebenso gute Lagereigenschaften wie Liköre – und sie verdunsten dabei nicht so schnell. Die Früchte (häufig verwendet man Schwarze Johannisbeeren, Himbeeren oder Brombeeren) werden gehackt. Dann lässt man sie in der gleichen Gewichtsmenge Essig (bevorzugt milden Apfel- oder Branntweinessig) bis zu 1 Woche ziehen. Anschließend die Flüssigkeit abseihen und wiegen, mit derselben Menge Zucker beinahe bis zum Kochen bringen, 10 Minuten köcheln lassen und in Flaschen füllen.

ELIXIERE AUS KRÄUTERN UND BLÜTEN

Meine Versuche, den Drambuie, einen schottischen Likör mit großer Tradition und ansehnlichem Preis, zu reproduzieren, waren recht erfolgreich. Dem Original komme ich ziemlich nahe, indem ich Rosmarin- und Salbeiblüten mit der doppelten Menge Thymianblüten in Whisky ziehen lasse, die Flüssigkeit dann abseihe und mit Honig süße. Mein absoluter Favorit aber, dem in früheren Zeiten Zauberkräfte in Liebesangelegenheiten nachgesagt wurden, ist Veilchenlikör. Dafür sammelt man Tausende – kein Scherz! – von Veilchenblütenblättern. Man entfernt den weißen Ansatz, lässt die Blätter dann in Alkohol ziehen, seiht das Ganze schließlich ab und süßt mit Zuckersirup. Kurioserweise riecht man zunächst, wenn man den Likör trinkt, gar nichts, aber wenn man dann ausatmet, umfängt einen ein umwerfender Duft.

Anbau, Ernte und Verarbeitung

Anbau, Ernte und Verarbeitung

Manches, was im Obst- und Gemüsegarten wächst, liefert recht verlässlich gute Erträge, anderes ist grundsätzlich eher als launisch bekannt. In beiden Fällen hängt das Ergebnis jedoch auch von den saisonalen Witterungsverhältnissen sowie den gärtnerischen Fähigkeiten ab. Jeder hat seine Lieblingssorten und bevorzugten Vorgehensweisen, und in dem nachfolgenden, systematisch gegliederten Kompendium habe ich meine persönlichen Vorlieben und Rezeptfavoriten einfließen lassen. Ich konzentriere mich hier auf die Arten, die sich bei mir besonders bewährt haben, und auf die Strategien, mit denen ich die besten Erfahrungen gemacht habe.

An den Anfang habe ich die Früchte gestellt, weil bei ihnen am ehesten mit einer Schwemme zu rechnen ist, man sie dann rasch vor den Vögeln retten muss und sie sich denkbar einfach verarbeiten lassen. Danach gehe ich auf Nüsse und Samen, Pilze, Kräuter, Blattsalate und schließlich auf das Gemüse ein.

Wie die verschiedenen Konservierungsverfahren funktionieren und wie man seine Vorräte lagert, ist an anderen Stellen in diesem Buch beschrieben, auf die ich, um unnötige Wiederholungen zu vermeiden, bei Bedarf nur kurz verweise.

Früchte: Kernobst, Steinobst, Beeren, Südfrüchte und mehr

Wer weiß schon, was er in fünf oder gar zehn Jahren ernten möchte? So weit im Voraus muss man sich allerdings festlegen, wenn man Obstbäume pflanzt. Natürlich tragen sie teils auch bereits zuvor, aber bis sie richtig in Schwung kommen, dauert es eben eine ganze Weile. Dann bescheren sie uns Jahr für Jahr unermüdlich eine wahre Flut von Früchten – aber es kann auch sein, dass wir in einer Saison fast leer ausgehen. Stellen Sie die Pflanzen also mit Bedacht zusammen. Beispielsweise lassen sich Äpfel einfacher in großer Menge verwerten als Birnen, und schon einige Quitten decken in der Regel den Bedarf einer Familie. Aprikosen schmecken fast allen, und so ist gegen reichliche Vorräte nichts einzuwenden. Bei Pfirsichen oder Pflaumen sieht die Sache schon anders aus.

Mit Beerenobst legt man sich nicht so langfristig fest, denn die Pflanzen sind kurzlebiger. Man muss sie jedoch, um erfolgreich zu ernten, mit Netzen oder Drahtkäfigen schützen. Dafür sind die Früchte mühelos zu verarbeiten. Empfehlungen für bestimmte Sorten auszusprechen ist bei dem raschen Wechsel des Angebots nicht sinnvoll.

So groß Ihr Faible für eine bestimmte Obstsorte auch sein mag, denken Sie daran, dass Sie nur ein begrenztes Kontingent bewältigen können. Falls Sie vorhaben, Ihre Ernte auf die eine oder andere Art zu konservieren, dann wässern Sie die Pflanzen großzügig bis zum Beginn der Reife, danach jedoch nur noch in extremen Trockenzeiten. Sonst besteht die Gefahr, dass die Früchte, prallvoll mit Wasser, aufplatzen und vielleicht sogar Schimmel ansetzen, sicher aber wässrig schmecken.

KERNOBST

Zu den bekanntesten Vertretern dieser Kategorie zählen Äpfel und Birnen. Sie gedeihen, sofern man eine Sorte wählt, die zu den lokalen Gegebenheiten passt, an den meisten Standorten in der Regel auch ohne aufwendige Pflege. Zudem gehören die Früchte zu den lagerfähigsten überhaupt.

Äpfel *(Malus domestica)*

Apfelbäume bringen eine reiche Ernte und die Früchte lassen sich über viele Monate lagern. So erklärt es sich fast von selbst, weshalb Äpfel neben Kartoffeln, Zwiebeln, Karotten und Kohl im Winter unseren Speiseplan beherrschen. Mit Äpfeln kann man Süßspeisen, aber auch Currys zubereiten und natürlich Apfelmus, das sich genau wie Apfelsaftkonzentrat hervorragend als Geliermittel für Konfitüren eignet. Apfelsaft ist erfrischend und gesund und lässt sich ganz leicht auch in größerer Menge herstellen. Kurz vergoren, ergibt er köstlichen Cidre, und wenn man ihn weitergären lässt, erhält man einen schmackhaften Essig.

Äpfel kommen mit fast jedem Boden und den meisten Standorten zurecht, und falls für einen Hochstamm oder Buschbaum kein Platz ist, kann man sie an Mauern oder Zäunen erziehen. Für die Kübelkultur sind die meisten Sorten und Unterlagen (Pflanzen, auf die ein Edelreis aufgepfropft wird und die somit die Wuchshöhe bestimmen, Anm. d. Red.) nur bedingt geeignet. Dennoch bietet der Handel für jene, die keine Alternative haben oder die besonders früh oder spät Äpfel unter Glas ernten wollen, einige Spezialformen an, darunter sogar bonsaiartige Miniaturen, die trotzdem Früchte in Normalgröße tragen.

Kultivieren Sie am besten verschiedene Sorten in Form von Kordons (auf einen Trieb beschränkte Spalierbäume, Anm. d. Red.) oder schwachwüchsigen Bäumen anstatt einiger weniger stattlicher Hochstämme. Diese machen zwar weniger Arbeit, doch mindert Sortenvielfalt das Risiko einer Missernte oder umgekehrt einer

RECHTE SEITE: **Bei Pflaumen brechen häufiger die Zweige unter der Last der Früchte.**

Schwemme. Bevorzugen Sie heimische Sorten. Ich plädiere für nur eine oder höchstens zwei, drei frühe Sorten möglichst kleinkroniger Tafeläpfel, denn die Früchte sind nach der Ernte so rasch hinüber, dass man größerer Mengen schwerlich Herr wird.

Unbedingt vorsehen sollten Sie in Ihrem Sortiment spät bis sehr spät reifende Koch- sowie Tafeläpfel, die sich mindestens bis in die Osterzeit lagern lassen, darunter wenigstens eine Renette. Mittelfrüh reifende Äpfel werden in Hülle und Fülle auf dem Markt angeboten. Daher lohnt sich höchstens eine kleine Auswahl solcher Sorten, ergänzt durch einige Exemplare eines „Großlieferanten“ wie 'Bramley's Seedling' (spät reifend), um die Vorratskammer mit Säften und Konserven zu füllen, sowie einem oder zwei Bestäubern auf wüchsigen Unterlagen, die sich zu voller Größe entfalten dürfen. Wenn man die Äpfel auf einer Grasfläche kultiviert und diese während der Reifeperiode nicht mäht, verringern sich zwar die Erträge ein wenig, aber dafür erhöht sich die Qualität. Denn das Gras entzieht dem Boden Wasser und Stickstoff. Beide lagern sich deshalb in geringerem Maße in den Früchten ein, was deren Lagerfähigkeit steigert. Ein hübscher Nebeneffekt ist eine ausgeprägtere Rotfärbung der Äpfel. Überdies bietet das lange Gras Fallobst eine weiche Landung.

Ausdünnen der Früchte, Pflege und Schnitt

Durch kräftiges Ausdünnen der Früchte, das man bereits im frühen Stadium und noch mehrere Male im Verlauf der Reifung vornimmt, kann man Schädlingen und Krankheiten wirksamer begegnen als mit den meisten anderen Methoden. Auch sollte man im Winter die noch an den Pflanzen verbliebenen verschrumpelten „Fruchtmumien“ herunterschlagen und vernichten, da sie Träger von Krankheitserregern sind.

Alte Bäume, insbesondere Tafeläpfelsorten, danken Holzaschegaben mit makelloseren Früchten, die sich besser lagern lassen. Kalkdüngung kann mit dazu beitragen, die durch Calciummangel in den Früchten hervorgerufene Stippigkeit zu vermeiden. Allgemein gilt: während der Wachstumsperiode reichlich, im Verlauf der Reife jedoch sparsamer wässern. Spritzen mit Algendünger wirkt sich vorteilhaft auf die Ertragsmengen wie auch auf die Qualität der Früchte aus.

Bei Bäumen, die sich natürlich entfalten sollen, werden lediglich im Winter, wenn man einen klaren Überblick hat, tote, kranke, beschädigte sowie solche Äste entfernt, die entweder zu dicht stehen oder sich überkreuzen. Hingegen erhalten als Kordon, Spalier oder anderweitig streng erzogene Formen im Sommer einen kräftigen Schnitt. Dabei kürzt man mit einer Baumschere jeden Trieb um drei Viertel ein und spart nur jene aus, die zum weiteren Aufbau des Gerüsts benötigt werden. Im Winter wird dieselbe Prozedur wiederholt, und zwar noch radikaler. Allerdings gibt es einige Sorten, die nicht wie die meisten Äpfel an Kurztrieben fruchten, sondern an den Enden der vorjährigen Triebe. Diese Sorten lässt man am besten eine „natürliche“ Krone bilden, an der man nur bei Bedarf einen Erhaltungsschnitt durchführt.

Die meisten Apfelbäume fruchten trotz Schnitt noch so reichlich, dass sie sich in manchen Jahren verausgaben und im Folgejahr pausieren. Normalerweise regulieren sie ihre Kräfte jedoch, indem sie im Frühsommer überzählige Früchte, die sie nicht ernähren können, abwerfen. Die Natur hat diesen sogenannten Junifall vorgesehen, um die Energien der Pflanzen zu konzentrieren, sodass die Samen optimal heranreifen. Uns dagegen geht es um die Früchte, die groß und gesund geraten sollen, und daher dünnen wir sie, während sie allmählich größer werden, in mehreren Durchgängen aus. Der Ertrag verringert sich durch Ausdünnen gewichtsmäßig nur unwesentlich, aber die Qualität steigt erheblich. Indem man von Krankheiten oder Schädlingen befallene, aufgeplatzte, fleckige oder missgestaltete sowie alle störenden Früchte entfernt, erhält man nicht nur am Ende Äpfel, die sich wahrscheinlich besser lagern lassen, sondern beugt zugleich vielen zukünftigen Problemen vor, so auch

UNTEN: **Es wäre schade, so schönes Fallobst wegzuwerfen, aber es muss gleich verwertet werden.**

dem Hang zur Alternanz, dem Wechsel zwischen Vollertrag und Ausfalljahren. Wenn zahlreiche kleine Früchte heranreifen, müssen natürlich entsprechend mehr Samen mit allen Nährstoffen versorgt werden, denn sie brauchen davon entschieden mehr als das süße, weiche Fruchtfleisch. Sie sind es also, die dem Baum Kräfte rauben, und weniger die Äpfel als Ganzes. Und außerdem: Würden Sie lieber 200 kleine oder 70 dicke Äpfel schälen und in Stücke schneiden?

Die Gefahr, dass man zu viele Früchte entfernt, ist gering. Dennoch sollte man nicht rigoros nur einmal, sondern mit etwas Abstand in mehreren Durchgängen auslichten, um den Pflanzen einen Schock zu ersparen. Als Erstes eliminiert man solche Exemplare, die offensichtlich krank, deformiert, durchlöchert oder aufgerissen sind, und verbrennt oder vergräbt sie zusammen mit allen abgefallenen Früchten. Danach nimmt man bei jedem Büschel die Frucht in der Mitte und anschließend noch einige weitere heraus. Drei Äpfel dicht beieinander sind wahrscheinlich zu viel, sofern nicht rings um die Gruppe eine gute Handbreit Platz ist. Entfernen Sie bevorzugt Früchte, die innen oder im Schatten wachsen, und verschonen Sie eher solche, die volle Sonne abbekommen. Manche der späten Lagersorten wie 'Winston' und 'Tydeman's Late Orange' neigen zur Bildung von Massen kleiner Äpfel und werden folglich radikal ausgedünnt, während andere wie 'Charles Ross' und 'Schöner von Norfolk' per se große Früchte entwickeln, die durch starke Ausdünnung Monstermaße erreichen würden.

Sorten

Selbstverständlich hängt die Wahl der Sorten von den persönlichen Vorlieben ab, doch sollten Sie dabei folgende Hinweise beherzigen: 'Cox's Orange Pippin' ist weder einfach zu kultivieren noch unbedingt tragfreudig; 'Bramley's Seedling' dagegen liefert viel Ertrag, wird aber groß; die Früchte von 'James Grieve' schmecken nur frisch gepflückt, und dasselbe gilt für die meisten frühen Klassiker; 'Schöner von Bath' und 'Worcester Pearmain' sind alte Liebhabersorten, denen man nur in einer großen Sammlung einen Platz einräumen sollte. Beziehen Sie mindestens eine Renette und einen guten Kochapfel wie 'Newton Wonter' oder 'Schöner von Norfolk' oder einen Boskop mit ein. 'Blenheim Orange' und 'Laxton's Superb' lassen sich gut bis weit ins neue Jahr, 'Ribston Pippin' und 'Brownlees Russet' sogar bis nach Ostern lagern. Der harte, grüne 'Granny Smith' bleibt hier in England bis ins Frühjahr am Baum hängen und ist ausgesprochen haltbar. 'Sturmer Pippin' eignet sich für mildes, feuchtes Klima, 'D'Arcy Spice' hingegen für eher trockene, kühle Regionen; beide

OBEN: Hier war vor allem in Anbetracht der spärlichen Belaubung stärkeres Ausdünnen nötig.
UNTEN: Wenn diese Früchte im Verlauf der Reife noch weiter anschwellen, wird es eng.

Sorten lassen sich lange lagern. Die sehr alte Sorte 'Court Pendu Plat' toleriert verschiedene Gegebenheiten wie höhere Lagen, schwere Böden oder auch Spätfröste und liefert gelbfleischige Tafeläpfel, die bis in den Mai lagerfähig sind. Als Bestäubungspartner bietet sich der widerstandsfähige, spät blühende 'Crawley Beauty' an, ein Kochapfel, der aber auch roh schmeckt und bis Ende Februar im Lager ohne Qualitätseinbußen durchhält.

Ernte

Frühsorten muss man nach dem Pflücken rasch verarbeiten, denn binnen weniger Stunden können sie mehlig werden. Mittelfrühe Äpfel können geerntet werden, sobald die ersten Früchte von selbst fallen, und werden ebenfalls schnellstmöglich verwertet. Schwieriger lässt sich der ideale Lesetermin bei den späten Sorten bestimmen. Das Fallobst sollte sogleich aufgesammelt werden, aber den übrigen Früchten tut es gut, so lange wie möglich am Baum zu bleiben. Nur werden, je weiter man das Pflücken hinausschiebt, immer mehr Früchte ein Opfer der Vögel und des Wetters. Ich verteile die Ernte, um das Risiko zu streuen, auf drei Termine und zögere dabei den dritten bis zum Einsetzen der Fröste hinaus.

Um die Äpfel beim Pflücken nicht zu verletzen, hebt man sie einzeln vorsichtig mit der Hand an, dreht sie mitsamt dem kleinen Fruchtstiel ab, legt sie, ohne sie dabei anzustoßen, in ausgepolsterte Kisten und transportiert sie dann behutsam in ihr Lager. Dieses sollte, da die Früchte weiteratmen und Feuchtigkeit abscheiden, zunächst nachts geöffnet bleiben und erst nach etwa einer Woche geschlossen werden.

Vor der Ernte sammeln Sie das Fallobst auf und sortieren die Exemplare aus, die sich entweder noch verarbeiten lassen oder aber, da von einem Schädling oder einer Krankheit befallen, entsorgt werden müssen. Der Rest wird in einigem Abstand vom Baumstamm ringförmig um diesen verteilt, um so Vögel und Wespen von der eigentlichen Ernte abzulenken. Das Erntegut selbst wird unterteilt in Höchstqualität zum Einlagern, Güteklasse zwei für die baldige Verwertung sowie schadhafte oder abgefallene Früchte, die unverzüglich verarbeitet werden sollten.

Lagern und Trocknen

Früher wurden Äpfel vor dem Einlagern einzeln eingewickelt. Ich packe meine Äpfel zwischen geschredderte Zeitungen in flache Kisten. Aufbewahrt werden sie an einem frostfreien, aber sehr kühlen Platz. Als Alternativen zum Keller – die meisten sind heutzutage zu warm und trocken – bietet sich eine unbeheizte Garage oder ein mäusesicherer Schuppen an. Bei der Wahl des Lagerplatzes ist außerdem zu bedenken, dass Äpfel schnell Fremdgerüche annehmen. Natürlich sollte man die verschiedenen Partien mit Etiketten versehen, auf denen neben der Sorte auch die ideale Verbrauchsperiode notiert ist – manche Äpfel sind, wenn man sie zu früh isst, unangenehm hart, und wenn sie ihren Zenit überschritten haben, werden sie mehlig und beginnen schließlich zu faulen. Eingelagerte Äpfel, deren Haltbarkeitsdauer fast abgelaufen ist, kann man rechtzeitig noch zu Mus verarbeiten und so einfrieren.

Zum Trocknen sind Äpfel wie geschaffen: Man muss sie dafür einfach nur schälen, vom Kerngehäuse befreien, in fingerdicke Ringe schneiden und diese entweder auf Schnüre oder saubere Rohrstöcke ziehen oder auf Drahtgittern ausbreiten. Damit das Fruchtfleisch nicht braun anläuft, kann man die Ringe gleich nach dem Schneiden in Zitronen-, Salz- oder Zuckerwasser tauchen. Frühäpfel ergeben Ringe von weicherer, leicht schwammiger Konsistenz und hellerer Farbe als spätere Sorten. Besonders gut trocknen Renetten.

Verwertung und Verwendung

Nachdem die Früchte gewaschen sind, verarbeitet man die gesamte Partie Schritt für Schritt. Zwischen den einzelnen Schritten legt man die Äpfel, bis alle übrigen fertig sind, in Wasser, dem man bei Sorten, die schnell bräunen, etwas Salz zusetzt.

1 Von den Äpfeln oben und unten kleine Kappen abschneiden.
2 Mit einem Apfelausstecher die Kerngehäuse herausstechen.
3 Mit einem scharfen Messer oder einem Gemüseschäler die Schale nach Belieben rundum spiralförmig oder in Streifen von oben nach unten abschälen. Zuletzt die Äpfel in Ringe (oder Schnitze) schneiden. Sämtliche Abfälle einschließlich der Kerngehäuse können, sofern alle schadhaften Stellen großzügig entfernt wurden, noch entsaftet oder aber weich gekocht und anschließend durchpassiert werden (das so gewonnene Mus lässt sich vielseitig verwenden).

Das wertvollste Produkt, das man aus Äpfeln gewinnen kann, ist der Saft, denn er schmeckt erfrischend, lässt sich gut einfrieren und zum Aromatisieren von allen möglichen Konfitüren, Gelees und Säften verwenden. Gleich danach kommt für mich das Apfelmus. Ich mag es als Dessert, es lässt sich ebenfalls gut einfrieren, bringt allzu flüssige Konfitüren zum Gelieren, eignet sich als Zutat für die verschiedensten Chutneys, Pickles und Currys und bildet die Grundlage für Fruchtleder von anderen Früchten wie etwa Erdbeeren, die zwar viel Aroma, aber wenig Substanz besitzen. Je nach den verarbeiteten Äpfeln fällt es süßer, feiner oder saurer aus, und das sollte man vor dem Einlagern auf den Gefäßen vermerken.

Wenn Sie etwa als Kuchenbelag, für Pies oder zum Einmachen Scheiben wünschen, die ihren Biss behalten, sind Sie mit den meisten Tafeläpfeln oder mit festen Kochsorten wie 'Cox's Pomona' und 'Lane's Prince Albert' gut bedient. Eine gute Wahl für Bratäpfel, die

LINKS: Oben und unten eine Kappe abschneiden, Kerngehäuse ausstechen, Früchte schälen und in Scheiben schneiden – die vier Vorbereitungsschritte für getrocknete Apfelringe.
RECHTS: Getrocknete und noch trocknende Apfelringe.

in der Ofenhitze schön weich werden, gleichzeitig jedoch, wenn die Schale aufplatzt, nicht aus der Form geraten, bilden 'Lord Suffield', 'Lord Derby' und 'Rev. W. Wilks'.

Was stellt man am sinnvollsten mit einer Apfelschwemme an, die ja häufiger vorkommt? Einen Teil würde ich trocknen, das meiste jedoch entsaften. Den Saft mit dem besten Geschmack und der schönsten Farbe sollte man als Getränkevorrat einfrieren, den Rest zu einem Konzentrat einkochen, um es dann ebenfalls einzufrieren und später zum Anreichern von Konfitüren usw. zu verwenden. Oder man vergärt den übrigen Saft zu Cidre (siehe Seite 66). Sofern die Äpfel nach dem Waschen säuberlich vorbereitet, sprich alle gammeligen Stellen herausgeschnitten wurden, können die nach dem Entsaften verbliebenen Rückstände noch weich gekocht und durchpassiert werden. Aufgrund der von all den Kernen und Schalen abgegebenen Substanzen ist das Mus, das sich so ergibt, hervorragend als Geliermittel für Konfitüren wie auch zur Herstellung von Fruchtleder geeignet. Man kann den Presskuchen ebenso zerbröckeln (gefriert man ihn zuvor, erhält man noch kleinere Stücke), in einem Bottich mit Saft bedecken und unter Zusatz einer Weißweinhefe vergären. (Dafür sollte man eine großzügig bemessene Starterkultur ansetzen und gründlich unter die Pressrückstände mischen.) Nach drei bis vier Wochen, wenn die Hauptgärung abgeschlossen ist (das Sprudeln im Gäraufsatz lässt deutlich nach), wird das Ganze durch ein Mulltuch in Ballonflaschen oder ein Fass abgeseiht, wo der Wein wie gewohnt vollendet wird (siehe auch Seite 68–70). Am Ende hat man einen schwach alkoholischen Apfelwein mit einer recht markanten Mandelnote, die von den Kernen herrührt. Um ihn länger haltbar zu machen, gibt man pro Liter Flüssigkeit weitere 125–250 Gramm Zucker hinzu und lässt den Wein vor der Abfüllung noch weiter gären.

Ganze Äpfel werden gewöhnlich nicht eingefroren, wohl aber der Saft, das Konzentrat und das Mus. Letzteres kann man auch bereits vor dem Gefrieren durch Hinzufügen entsprechender Zutaten als Basis für Currys, Saucen und anderes mehr präparieren.

Ausschließlich von Äpfeln zubereitetes Fruchtleder ist eigentlich unüblich, doch bilden Äpfel in den meisten Fruchtledervarianten die Basis (siehe Seite 41) – meine persönlichen Favoriten sind Apfel-Erdbeer-Aprikose, Apfel-Brombeere sowie Apfel mit gemischten Früchten und Zitrone. Und obwohl Fruchtleder im Idealfall aus frischem Obst zubereitet wird, sind auch zuvor eingefrorene Ingredienzen durchaus dafür geeignet.

Was Sie von dem frisch gepressten Saft nicht gleich genießen oder einfrieren, um ihn irgendwann später zu trinken, und was Sie von dem Rest nicht zu Cidre vergären oder zum Einmachen von Früchten benötigen, lassen Sie am besten zu einem sirupartigen Konzentrat einköcheln (siehe Seite 51), um es dann einzufrieren und bei Bedarf damit Liköre, Gelees, Saucen oder köstliche Desserts zu verfeinern. Auch im Kühlschrank kann man ein solches Konzentrat aufbewahren, riskiert dabei jedoch, dass es in Gärung übergeht.

Normalerweise werden Äpfel nicht pur zu Konfitüre verarbeitet, aber sehr beliebt ist Apfelgelee, das man etwa mit Minze, Salbei oder Ingwer aromatisieren oder mit anderen Früchten anreichern kann. Bei der Konfitüreherstellung lassen sich mit Apfelmus vorhandene Mengen anderer Früchte erheblich strecken, zudem gelieren sie auch besser. Pürierte Äpfel und Erdbeeren, mit der Hälfte der Zuckermenge erhitzt, die man für Konfitüre nehmen würde, ergeben eine Erdbeer-Apfel-Butter, eine Paste, die großartig schmeckt und sich viel besser richtig schön dick auf Brot streichen lässt als die immer leicht flüssige Erdbeerkonfitüre. Nur hält sie sich nicht ganz so gut, es sei denn, man friert sie ein. Sehr gern mag ich auch das unten vorgestellte Plumple (Pflaumenapfelmus), das eben durch die Äpfel eine etwas zähere Beschaffenheit erhält.

Ob solo oder mit anderem kombiniert, Äpfel werden kaum je würzig eingelegt, aber das Mus bietet sich als Grundlage für Pickles-Saucen, Chutneys und dergleichen mehr an, wobei es gut mit Tomatenpüree und Zwiebeln harmoniert. Äpfel werden zu Likören verarbeitet und spielen eine Rolle in geheimnisvollen Liebestränken, aber entschieden populärer ist zweifellos der Cidre (siehe Seite 66). Diesen könnten Sie zu einem Obstbrand ähnlich dem bekannten Calvados destillieren, was in unserem so freiheitsliebenden Inselreich allerdings leider verboten ist.

Plumple
(Pflaumenapfelmus)

Man braucht dafür gleiche Mengen reifer Pflaumen und Kochäpfel oder nicht voll ausgereifter Tafeläpfel. Die Pflaumen halbieren und entsteinen. Die Äpfel schälen, vom Kerngehäuse befreien und in Scheiben schneiden. Pflaumen und Äpfel in einem Topf mit Wasser bedecken und zu Mus verkochen. Alternativ einfach die Pflaumen ganz lassen und die Äpfel grob hacken, mit Wasser bedecken und köcheln lassen, bis sie weich genug sind, um sie durchzupassieren, sodass Steine, Kerne und so weiter im Sieb zurückbleiben. In beiden Fällen das Mus abwiegen. Mit derselben Menge Zucker – und etwas Zitronenabrieb zurück in den Topf geben und unter ständigem Rühren sanft köcheln lassen, bis der Zucker gelöst ist. Anschließend auf hoher Stufe erhitzen, bis das Mus beinahe aufkocht und dickcremig wird. Sogleich in heiße, sterilisierte Gläser füllen.

Bratäpfel

Wenn Sie eine festere Konsistenz bevorzugen, wählen Sie große Tafeläpfel, denn die meisten Kochsorten zerfallen schnell zu Mus. 4–6 Äpfel vom Kerngehäuse befreien und nach Belieben schälen. Geschälte Früchte anschließend gleichmäßig mit Butter einreiben. Aus einem weiteren Apfel mit einem Apfelausstecher saubere „Bohrkerne" herausholen und die Stücke auf der Unterseite der vorbereiteten Äpfel als „Stopfen« einsetzen. Die Äpfel mit einer Mischung aus Trockenfrüchten (Rosinen, Pflaumen ...) und braunem Zucker füllen und jeweils 1 kleinen Esslöffel Butter daraufgeben. In eine hitzebeständige Form setzen und für etwa ½ Stunde in den auf 180 °C vorgeheizten Ofen schieben, bis die Äpfel oben gebräunt sind. Heiß mit Vanillesauce oder Eiscreme servieren.

Wenn Sie festere Bratäpfel bevorzugen, nehmen Sie große Tafeläpfel anstelle von Kochäpfeln.

Birnen *(Pyrus communis)*

Birnen können frisch ein Hochgenuss sein. Um diesen zu erleben, kommt es jedoch entscheidend darauf an, den optimalen Reifezeitpunkt zu erwischen. Jenen Moment, in dem sich der Duft der Früchte intensiviert und sich (bei den meisten Sorten jedenfalls) die Schale gelb färbt. Birnen benötigen mehr Wärme als Äpfel und einen zwar stets feuchten, aber niemals staunassen Boden.

Es gibt gute schwach wachsende Unterlagen für Birnen, und mehr noch als bei Äpfeln ist zu einer Kordon- oder Spaliererziehung zu raten, da Buschbäume oder Hochstämme schlichtweg zu reiche Erträge abwerfen. Die edelsten Sorten verdienen, damit sie ihr ganzes Potenzial ausspielen, einen Platz vor einer warmen Wand.

Birnen lassen sich in jedem Alter leichter umsetzen als die meisten anderen Obstgehölze, denn ihre schwach wüchsigen Unterlagen bilden ein kompaktes, feinfaseriges Wurzelsystem. Aus diesem Grund kann man sie auch in großen Kübeln ziehen, sofern man sie gewissenhaft wässert. Die Bestäubung klappt nicht ganz so problemlos wie bei Äpfeln, da Birnen in geringerer Zahl vorhanden und nicht voll selbstfruchtbar sind. Um gut zu tragen, bedürfen sie der Fremdbestäubung.

Wenn Birnen fallen, sind sie gewöhnlich bereits reif und eher weich und nehmen beim Aufprall entschieden mehr Schaden als Äpfel. Man sollte sie daher pflücken, bevor es so weit kommt. Zwar kann man unter großen Birnbäumen für einen weicheren Fall Gras wachsen lassen, doch besser gedeihen sie ohne. Auf schwach wachsenden Unterlagen erzogene Birnen fühlen sich am wohlsten, wenn der Grund nackt ist oder höchstens eine Mulchauflage trägt.

Sorten

Die ersten Birnen kann man bereits Ende Juli ernten. Geschmacklich klar überlegen sind die späteren Sorten, wobei die feinsten nach den ersten Frösten und bis zum Winterbeginn reifen. 'Jargonelle' ist meiner Meinung nach die beste frühe Birne. Ihr folgen bald die weitaus wertvolleren Sorten 'Clapp's Liebling', 'Andenken an den Kongress' ('Souvenir du Congrès') sowie 'Williams Christ', nicht nur eine exquisite Tafel-, sondern auch die hervorragendste Einmachbirne (die zweitbeste ist 'Conférence'). Etwas später reift die 'Gute Luise', eine feine, aromatische Allroundbirne.
Die kalte Jahreszeit beschert uns dann Delikatessen wie 'Doyenne du Comice' und 'Seckle', die am besten an einer warmen Wand reifen und rechtzeitig hereingeholt werden müssen, bevor sie der Frost erwischt. Bei den sehr späten Lagersorten ist die Auswahl geringer als bei Äpfeln. Gute Ess- wie auch Kochbirnen sind 'Winter Nelis' und 'Passe Crassane'. Den Rekord in puncto Lagerfähigkeit halten die selteneren 'Easter Beurre' ('Doyenne d'Hiver') sowie 'Olivier de Serres'.

Ernte und Lagerung

Bei Birnen darf man nicht warten, bis die ersten abfallen. Sie werden im Lager schnell allzu weich oder beginnen in der Mitte braun zu werden und zu faulen. Wie bei Äpfeln pflückt man in mehreren Durchgängen. Dabei umfasst man die Früchte behutsam von unten und versucht, sie durch leichtes Drehen zu lösen (falls Letzteres nicht klappt, sind sie noch nicht so weit). Die gepflückten Birnen legt man vorsichtig, als wären es rohe Eier, nebeneinander in gepolsterte flache Kisten und bringt sie sogleich in ihr Lager. Sie können kurze Zeit bei kühlen Temperaturen aufbewahrt werden, zum anschließenden Ausreifen brauchen sie jedoch einen warmen Platz mit nicht zu trockener Luft – war früher der Heuboden über dem Stall der ideale Ort, kommen heute das Bad oder die Küche wohl am ehesten in Betracht. Dennoch ist es auch eine Frage des Glücks, ob Ihre Birnen gut ausreifen. Machen Sie sich also darauf gefasst, dass trotz aller Sorgfalt so manche Frucht im Lager verschrumpelt oder fault.

LINKE SEITE: **Die Früchte dieses Birnbaums, den ich selbst aus einem Sämling gezogen habe, halten sich im Lager bis ins späte Frühjahr.**
UNTEN: **Birnen bringen regelmäßig eine gute Ernte, aber die Möglichkeiten ihrer Verwertung sind begrenzt. Ich verarbeite sie zu einem köstlichen und nützlichen Birnenkonzentrat (siehe Seite 84).**

Verwertung und Verwendung

Zum Trocknen dürfen Birnen nicht mehr ganz hart, aber keinesfalls weich sein. Man schält sie und schneidet sie in Hälften. Dann entfernt man mit einem scharfkantigen Teelöffel das Kerngehäuse. So vorbereitet lassen sie sich auch einmachen (siehe unten). Am besten eignet sich zum Trocknen die Nashi oder Asiatische Birne. Sie schmeckt dann sogar ungleich besser als frisch. Geformt wie ein Apfel, wird sie auch wie ein Apfel vorbereitet und in Ringe geschnitten (siehe Seite 78).

Birnenpüree kann mit anderem Obst – Aprikosen, Äpfel und Himbeeren passen vorzüglich – kombiniert und zu Fruchtleder verarbeitet werden. Birnen werden normalerweise nicht eingefroren, da sie dann dunkel anlaufen, der Saft und das Konzentrat lassen sich jedoch gut auf diese Weise konservieren. Auch Zimtbirnen aus dem Ofen (siehe Seite 85) kann man genauso wie Birnenkuchen einfrieren.

Das Einmachen von Birnen hat eine lange Tradition. Die wohl beste Sorte dafür ist 'Williams Christ', doch können alle Tafelbirnen, wenn sie so eben gelb und reif werden, wie folgt eingekocht werden: Aus Birnensaft und Saft von Weißen Johannisbeeren, Zitronensaft oder Verjus im Verhältnis 1:1 sowie 100 Gramm Zucker pro 600 Milliliter Flüssigkeit einen Sirup zubereiten; die geschälten, halbierten und vom Kerngehäuse befreiten Früchte in den Sirup geben, bis zum Siedepunkt erhitzen und 10 Minuten köcheln lassen, danach in sterile Gläser füllen und verschließen (siehe auch Seite 48). Kochbirnen muss man etwas länger im Sirup pochieren, um sie weich zu bekommen. Sie verfärben sich zwar dunkel, aber ihrem Geschmack tut das keinen Abbruch.

Zum Entsaften eignen sich Birnen nur schlecht, besser ist es, sie sanft zu erhitzen und ausgiebig köcheln zu lassen. Zwar werden dabei viele wertvolle Nährstoffe zerstört, aber leider gibt es keine sinnvolle Alternative. So kann man die ganze Bandbreite von noch leicht unreifen Früchten bis zu solchen, die schon ziemlich weich sind, verarbeiten. Zudem lassen sich auf diese Weise sämtliche Schalen und Kerngehäuse, die bei der Vorbereitung von Birnen für andere Zwecke angefallen sind, verwerten. Man füllt die klein geschnittenen Früchte und/oder Abfälle in einen weiten, hohen Topf, in dem man das Ganze zugedeckt langsam erhitzt und ganz leise köcheln lässt, bis sich am nächsten Morgen reichlich klarer Saft im Topf befindet. Dieser wird durchgeseiht, in Flaschen eingeweckt oder eingefroren.

Ebenso kann man den Saft langsam zu einem Konzentrat einköcheln, das man im Gefrierfach oder Kühlschrank aufbewahrt. Verglichen mit Apfelkonzentrat schmeckt es lieblicher – fast ähnlich wie Ahornsirup –, und es lässt sich daher gut in Desserts, Müslis und dergleichen verwenden.

Zu Konfitüre oder Gelee werden Birnen kaum verarbeitet, obwohl dies durchaus möglich wäre. Fruchtkäse oder -butter von Birnen ist ebenfalls eher ungewöhnlich und bräuchte in jedem Fall mehr Gewürze als die Apfelvarianten. Auch kandiert werden Birnen eher selten, obwohl es im Grunde ganz einfach geht (siehe Seite 60).

Birnen lassen sich hervorragend würzig einlegen: Die Früchte schälen, vom Kerngehäuse befreien, in Viertel oder noch kleinere Stücke schneiden und in Essig zusammen mit Gewürzen (z. B. Ingwer, Zimt, Nelken) sowie Zucker (je nach Geschmack etwa 600 Gramm auf 600 Milliliter Flüssigkeit) köcheln lassen – dabei müssen die Birnen stets bedeckt sein; wenn sie weich sind, abseihen und in Gläser füllen; den Essig sirupartig einkochen, die Birnen großzügig damit bedecken und die Gläser verschließen. Solche würzig eingelegten Birnen machen sich auch gut in Mixed Pickles, braunen Saucen und vor allem in Chutneys.

In meiner Likörproduktion kamen Birnen bisher nicht vor, aber ich kann mir gut vorstellen, dass sich mit Zimtbirnen aus dem Ofen ein aromatischer Birnenlikör herstellen lässt. Aus bestimmten Sorten kann man auch einen Birnenwein gewinnen und aus diesem dann, sofern das Gesetz es erlaubt, ein Obstwasser destillieren, das man natürlich stilecht in eine Flasche mit einer ganzen Birne darin abfüllt. Und wie kommt die Frucht dort hinein? Man hängt die Flasche in den Baum, schiebt eine noch winzige Frucht mit langem Stiel durch den Hals und lässt sie „hinter Glas" reifen. Nach dem vorsichtigen Abtrennen der Birne wird diese wie auch die Flasche gewaschen. Dann gießen Sie mit dem Obstwasser auf, und schon können Sie Ihre Freunde überraschen. Die Birne hält sich, da sie ja in hochprozentigem Alkohol liegt, entsprechend lange.

Zimtbirnen aus dem Ofen

Große Birnen bereitet man genauso vor wie für die Äpfel auf Seite 81 beschrieben. Kleinere Exemplare dagegen schälen, halbieren und das Kerngehäuse herausschneiden. Extrafeinen Zucker mit gemahlenem Zimt im Verhältnis 5 : 2 – für etwa 6 große Früchte beispielsweise 60 Gramm Zucker mit 1 Esslöffel Zimt – vermengen und 1 Prise gemahlenen Piment, etwas frisch geriebene Muskatnuss und gemahlenen Ingwer sowie ein wenig Salz hinzufügen. Die Birnen in eine ofenfeste Form geben und ringsum mit weicher Butter und der würzigen Zuckermischung einreiben. In dem auf 200 °C vorgeheizten Ofen backen, bis sie weich und oben karamellisiert sind.

Einige Pfefferkörner oder Nelken zusätzlich verleihen der Komposition ein wenig Feuer.

LINKE SEITE: Birnen sollte man eher früher als später ernten.
RECHTS: Durch Dünsten lassen sich Birnen hervorragend haltbar machen.

Quitten *(Cydonia oblonga)*

Nach der äußeren Form der Früchte werden als Varietäten der Echten Quitte Apfelquitten (Cydonia oblonga var. oblonga) und Birnenquitten (Cydonia oblonga var. maliformis) unterschieden. Quitten sind durchwegs selbstfruchtbar. Sie brauchen einen warmen Platz mit feuchtem, aber nicht staunassem Grund.

Die Früchte werden im Spätherbst geerntet, am besten sobald ihre Farbe von grün in gelb übergeht. Zu spät geerntete Früchte bräunen schnell. Knapp reif geerntet lassen sie sich bis zu zwei Monaten lagern. Entsaftet und zu Gelee verarbeitet, entfalten sie einen besonders feinen Geschmack. Man kann die harten Früchte auch im Ganzen weich garen, in Scheiben schneiden und einmachen oder aber zusammen mit anderen Früchten dünsten. Ihr Püree eignet sich als Ergänzung für Fruchtledermischungen. Eine in vielen Ländern beliebte Süßigkeit ist der Quittenkäse, auch Quittenbrot und im spanischen Sprachraum *Dulce de membrillo* genannt – köstlich als Dessert oder als Ergänzung zu Käse und Leberpastete. In Apfelkuchen oder Apple Pies tragen ein paar Quittenscheiben zu festerer Konsistenz und intensivem Aroma bei.

Mispeln *(Mespilus germanica)*

Mispelbäume gedeihen nur an einem geschützten Ort. Sie sind eher klein und recht attraktiv mit ihren verdreht wachsenden Ästen – im Winter, wenn sie kahl sind, ein reizvoller Anblick. Für meinen Geschmack haben ihre Früchte Ähnlichkeit mit vergammelten Birnen. Manche mögen sie jedoch ausgesprochen gern. Mispeln zählen zu den Rosengewächsen und ihre Früchte sehen aus wie eine Kreuzung aus riesigen Hagebutten und Birnen. Nach der Ernte im Spätherbst müssen sie an einem frostfreien Platz nachreifen, bis sie weich und braun werden. Das Fruchtfleisch wird herausgeholt und zu Konfitüre oder mit Sahne und Likören zu Konfekt verarbeitet.

STEINOBST

Steinobst liefernde Pflanzen stellen unterschiedliche Ansprüche an Klima und Boden. Während Pflaumen und Kirschen in unseren Regionen gut gedeihen, bevorzugen Aprikosen und Pfirsiche ein mildes Klima. An geschützten sonnigen Hausmauern lassen sie sich aber als Spalierpflanzen auch auf eine etwas rauere Witterung ein. Möglich ist auch das Kultivieren in Kübeln, die ab Wintermitte in ein Gewächshaus gestellt werden. Die Erde für diese empfindlicheren Steinobstpflanzen sollte locker, feucht und nährstoffreich sein.

Pflaumen, Zwetschgen und Renekloden *(Prunus domestica, Prunus domestica subsp. italica)*

Die Farbpalette dieser köstlichen Früchte umfasst neben Gelbtönen und Rot das gesamte Spektrum von Blau über Violett bis hin zu Schwarz. Je nach Sorte ist das Fruchtfleisch grünlich oder gelb. Pflaumen und Zwetschgen sind meist saurer als Renekloden und ergeben daher Konfitüren und andere Konserven mit herzhafter Note.

Die breite Geschmacksvielfalt dieser Früchte lässt sich dadurch noch weiter variieren, dass man manche – insbesondere die dunklen Pflaumen – enthäutet, bevor man sie zu Konfitüre oder Saft verarbeitet. In frischem Zustand lassen sich Pflaumen, Zwetschgen und Renekloden nicht besonders lange aufbewahren, doch halten sich wirklich tadellose Früchte, die mit den Stielen gepflückt und dann an einem kühlen, dunklen Platz aufgehängt wurden, wenigstens einige Wochen.

Bisher gibt es für Pflaumen noch nicht so viele schwach wachsende Unterlagen wie für andere Fruchtarten, und sie sind schwieriger zu erziehen. Daher werden sie fast immer als Buschbäume kultiviert, die auch dann noch stattliche Ausmaße erreichen. Wer mehrere Sorten wünscht, braucht also reichlich Platz. Diverse Sorten erbringen jedoch auch an einer unbesonnten Nordwand eine ansehnliche Ausbeute an Früchten, wenngleich diese spät reifen und weniger süß ausfallen. Für Pflaumen, die an einer Wand wachsen sollen, wählen Sie am besten die neueste unter den angebotenen schwach wachsenden Unterlagen und als Erziehungsform das Fächerspalier, bei dem die Äste beidseits des Hauptstamms strahlenförmig angeordnet sind und an einem Drahtgerüst befestigt werden.

Viele Pflaumen sind selbstfertil, doch gelingt die Bestäubung fast immer besser via Partner – schon zwei Exemplare genügen, sofern zwischen ihnen „die Chemie stimmt". In Trögen ist Pflaumen nicht gerade ein langes Leben beschieden, im Laufe dessen sie zudem nur spärlich tragen. Noch weniger schätzen sie es, wenn man versucht, sie unter Glas anzutreiben. Den Vorzug, zwanglos im Freien wachsen zu dürfen, vergelten Pflaumen hingegen meist reichlich, es sei denn, sie hatten während der Blütezeit mit Spätfrösten zu kämpfen. Wenn die dicht an dicht sitzenden Früchte anschwellen, drohen unter ihrer Last unter Umständen sogar die Zweige zu brechen. Da helfen nur kräftiges Ausdünnen des Behangs und Stützen. Anschließend darf man sich auf eine Rekordernte gefasst machen.

Pflaumen mögen einen nährstoffreichen, feuchten Grund mit einem gewissen Kalkgehalt, und manche begrüßen einen warmen Standort. Ansonsten bereitet die Kultur jedoch keine Probleme, sieht man einmal von der Größe, die die Bäume erreichen, und der Gefährdung des Blütenansatzes durch Spätfröste ab. Sofern sie nicht in strenger Form erzogen sind, sollte man den Schnitt auf Erhaltungsmaßnahmen beschränken und diese außer in dringenden Notfällen nur im Sommer durchführen.

RECHTE SEITE: **Pfirsiche und Aprikosen lassen sich gut unter Glas vortreiben, sodass die Früchte früher reifen.**

Pflaumensorbet

Reife Pflaumen waschen, in Stücke schneiden und, mit Wasser bedeckt, weich garen. Abkühlen lassen und durchpassieren, um die Steine und Schalen zu entfernen. Das Püree mit der gleichen Volumenmenge konzentriertem Apfelsaft oder Zuckersirup vermischen. Die Masse leicht abkühlen lassen und in einer Eismaschine nach Herstelleranweisung weiterverarbeiten. Alternativ in eine Metallschale füllen, ins Gefrierfach stellen und etwa alle 1½ Stunden mit einem Schneebesen kräftig durchschlagen, um die Bildung harter Eiskristalle zu vermeiden. Das gleichmäßig cremig gefrorene Sorbet bis zur Verwendung im Gefrierfach aufbewahren. Braucht man es nicht innerhalb einiger Wochen auf, wird es infolge der Kristallisation langsam hart und weiß, aber auch so kann man es immer noch als Eis genießen.

Pflaumensirup schmeckt gut zu Vanille-Eiscreme.

Sorten

Die ersten Pflaumen, darunter die als Tafel- wie als Wirtschaftsfrucht taugliche 'Early Laxton' und 'River's Early Prolific', die früheste gute Kochpflaume, reifen im Juli. Die edleren Vertreter hingegen wie etwa die Reneklode 'Cambridge Gage' und die beliebte Kochsorte 'Csar' sind im August so weit; im September folgen die aromatische, zum Rohessen wie zum Einkochen geeignete 'Marjorie's Seedling', die allgegenwärtige, da so vorzügliche 'Victoria' und die altbewährte 'Hauszwetschge'. Beendet wird die Pflaumensaison im Oktober durch die exquisite 'Coe's Golden Drop' und die große Dessertpflaume 'Severn Cross' sowie späte Kochsorten, etwa die alte 'European Quetsche'. Für Backpflaumen wählen Sie 'Giant Prune' ('Burbanks'), die Anfang September reift. Purpurlaubige Zierpflaumen schließlich bieten außer einem hübschen Anblick zugleich eine ansehnliche Menge dunkler Früchte, die eine exzellente Konfitüre ergeben.

Ernte

Verfrüht abgefallene, notreife junge Früchte sollte man genauer inspizieren: Möglicherweise treiben in ihnen Pflaumenwicklermaden ihr Unwesen. Falls sich der Verdacht bestätigt, die Früchte sogleich komplett aufsammeln und vernichten. Bei Früchten, die Schäden anderer Art aufweisen, genügt es unter Umständen, die betroffenen Partien herauszuschneiden. Dessertpflaumen sind oft bekömmlicher, wenn man vom Stielansatz nach unten die Schale abzieht, denn sie ist die Ursache für die verdauungsfördernde Wirkung der Früchte. Zum Einkochen sollte man leicht unreife Früchte nehmen, besonders für Konfitüre, die gut einen Hauch Säure verträgt. Pflaumen, die zum Trocknen bestimmt sind, sollte man möglichst lange am Baum belassen. Da die Früchte nicht alle gleichzeitig reifen, muss mehrmals abgeerntet werden. Bei großen Bäumen empfiehlt es sich, die Pflaumen abzuschütteln.

Verwertung und Verwendung

Pflaumen eignen sich ideal zum Trocken, ja sie haben leider sogar eine natürliche Neigung dazu. Anfangs legen die verschiedenen Sorten ein unterschiedliches Trocknungsverhalten an den Tag, wobei manche sogar erst einmal ihre Farbe wahren. Aber sie dunkeln doch unablässig nach, und austretender Zucker überzieht sie manchmal mit einem feinen Reif. Das Trocknen ist denkbar einfach: Die Pflaumen halbieren, entsteinen und nebeneinander auf Drahtgitter legen. Langsames Trocknen verhindert, dass die Früchte allzu dunkel anlaufen.

Pflaumen ergeben, am besten gemischt mit Äpfeln, ein aromatisches Fruchtleder (siehe Seite 41). Man kann sie im Ganzen einfrieren, sollte dafür allerdings, um eine gewisse Bittermandelnote zu vermeiden, die Steine entfernen. Anschließend die Früchte offen auf Platten gefrieren lassen und danach in Beutel oder Dosen packen. Auch als Mus sowie in Form von köstlichen Sorbets und Eiscremes lassen sich Pflaumen einfrieren.

Zum Einmachen pflückt man Pflaumen die noch ganz leicht unreif und eher kleiner sind. In Gläser füllen, mit heißem Pflaumensaft bedecken und in einen Topf setzen. Warmes Wasser bis etwa zur Füllhöhe dazugießen und ½ Stunde erhitzen, bis es köchelt. Die Temperatur ungefähr 10 Minuten halten, danach die Gläser fest verschließen und abkühlen lassen.

Mit Entsaftern für den Hausgebrauch lassen sich Pflaumen kaum effizient entsaften. Daher erhitzt man sie besser unter Zugabe von nur etwas Wasser oder Saft in einem verschlossenen Topf, lässt, nachdem sie zerkocht sind, den Saft in einem Durchschlag abtropfen und konserviert ihn anschließend durch Einmachen oder Einfieren. Aus den Rückständen lässt sich noch ein Fruchtleder herstellen.

Pflaumen, Zwetschgen und Renekloden ergeben wundervolle Konfitüren, die normalerweise ohne Weiteres gelieren. Dabei kann man die Steine gleich im Vorfeld entfernen oder erst herausfischen, bevor man zuletzt den Zucker – wie üblich sollte die Menge etwa dem Gewicht der Fruchtmischung entsprechen – hinzufügt. Pflau-

UNTEN: **Pflaumen in Rum – ein praller Genuss.**

men zu einem klaren Gelee zu verarbeiten ist nicht so einfach, dafür ergeben sie zusammen mit Apfelmus ein herrliche, dicke Konfitüre. Aus Pflaumensaft und Zucker entsteht ein Sirup, den man gut über Eiscreme träufeln kann. Außerdem ergeben Pflaumen aromatische Kompotte sowie Fruchtkäse- und Fruchtbutterzubereitungen.

Tradition haben würzig eingelegte Zwetschgen und Pflaumen, wobei gewöhnlich kleine, dunkle Früchte im Ganzen verwertet werden. Man sticht dafür die Früchte ringsum gleichmäßig ein, lässt sie einen Tag in Essig ziehen, lässt sie dann mit den Gewürzen köcheln, bis sie weich sind, und weckt sie schließlich ein. Pflaumen bereichern Chutneys und Pickles-Saucen mit einer ansprechenden Süße und Substanz, und Pflaumensauce erfreute sich einst der gleichen Beliebtheit, die heute Tomatenketchup genießt.

Aus Pflaumen lassen sich exzellente Weine herstellen, die allerdings öfter etwas trüb geraten und, wenn sie zu stark ausfallen, nicht mehr so ansprechend sind. Besser ist da schon das hochprozentige Zwetschgenwasser. Am besten aber kommen die Pflaumenaromen in den nach dem Muster des Schlehengeists (siehe Seite 70) bereiteten Likören zur Geltung, aus denen sich Drinks mixen lassen, die auch farblich schönstes Sommerflair verbreiten.

Haferpflaumen *(Prunus domestica subsp. insititia)*

Die kleinen, blauschwarzen Früchte weisen weniger Süße und mehr Würze auf als andere Pflaumen. Sie reifen an robusten, eher buschigen und nicht besonders stattlichen Bäumen, die man als Hecken und Windschutz einsetzen kann. Haferpflaumen ergeben eine recht gute Konfitüre, nur muss man, damit das Fruchtmus nicht ansetzt oder beim Gelieren zu fest wird, oft zusätzlich Wasser oder Saft hinzufügen. Fruchtkäse und -butter von Haferpflaumen sind traditionelle Beigaben zu herzhaften Gerichten. Der Wein gerät, wie der von Pflaumen, oft trüb, aber der Likör, bereitet mit dunklem Rum und braunem Zucker, ist einer der feinsten überhaupt.

Weitere wilde Verwandte der Pflaumen

Die kleinen, gelblichen, roten oder blauschwarzen Früchte der Haferschlehe findet man zahlreich in freier Natur. Ich liebe die aus ihnen bereiteten, säuerlich herben Konfitüren. Außerdem lohnt es sich, sie einzufrieren, denn sie können bei manchen Zubereitungen als Ersatz für Aprikosen dienen. Die rundlicheren Kirschpflaumen sind sehr fade und werden am besten als Basis für Fruchtleder verwendet. Schlehen ergeben einen guten Likör, der traditionell mit Gin angesetzt wird, und ich verarbeite sie auch mit Apfelkonzentrat zu Gelee (hilfreich bei Verstopfung).

Aprikosen *(Prunus armeniaca)*

Sie gehören zu den edelsten Früchten, und die neueren Sorten versprechen noch mehr gärtnerische Erfolge. Wie Pflaumen produzieren sie in manchen Jahren eine wahre Fruchtschwemme. Pflanzen Sie Aprikosen in Buschform an einem sehr warmen, sonnigen Platz mit gut drainiertem und kalkreichem Grund. Für eine frühe Ernte kann man Aprikosen auch relativ problemlos als Fächer an einer Wand ziehen, und als Kübelpflanzen entwickeln sie sich ebenfalls gut. Sie warten sogar noch zeitiger mit allerdings nicht ganz so aromatischen Früchten auf, wenn man sie ab Spätwinter, bevor sich die Blütenknospen öffnen, unter Glas zieht. Allerdings muss man dann von Hand für die Bestäubung sorgen. Aprikosen, die im Kübel wachsen, sollten weder zu viel Dünger noch zu viel Wasser erhalten, und während der Reifung der Früchte muss man ganz sparsam gießen. Im Freiland sind Frostschäden an der Blüte und am Fruchtansatz das einzige verbreitete Problem. Der Schnitt erfolgt wie bei Äpfeln, allerdings ausschließlich im Sommer. Auch im Freiland empfiehlt sich, obwohl Aprikosen selbstfertil sind, Handbestäubung, da im zeitigen Frühjahr noch nicht viele Fluginsekten unterwegs sind. Dass man bei Aprikosen den Fruchtbehang ausdünnen sollte, ist mir sehr wohl bewusst. Trotzdem kann ich mich kaum dazu durchringen, und wahrscheinlich wird es Ihnen ähnlich ergehen. Aber ich kann Ihnen versichern, dass Ihre Aprikosen dennoch gedeihen werden.

UNTEN LINKS: **Gehölze, die unter Glas blühen, müssen mit einem kleinen Pinsel von Hand bestäubt werden, sonst passiert gar nichts.**
UNTEN RECHTS: **Unter Glas vorgetrieben, haben Aprikosen bisweilen einen Monat und mehr Vorsprung vor Freilandgewächsen.**

Aprikosen-konfitüre

Jeweils die gleiche Menge voll ausgereifter und unreifer Aprikosen waschen, entsteinen und in Stücke schneiden. Die Aprikosen mit der gleichen Menge Einmachzucker in einem Topf vermengen und zugedeckt über Nacht ziehen lassen, sodass sich der Zucker auflöst. Am nächsten Tag in einen schweren Topf umfüllen und 7–8 Minuten sprudelnd kochen lassen, bis die Mischung „marmeladig" eindickt. Vom Herd nehmen und nach 10 Minuten in heiße, sterilisierte Gläser füllen.

Falls sich die Steine schwer herausholen lassen, einfach nur die Früchte, bevor sie mit dem Zucker vermengt werden, aufschneiden. Während des Kochens lösen sich die Steine von selbst, steigen nach oben und können dann mit einem Schaumlöffel abgefischt werden.

Flambierter Aprikosenpudding

In einer Schüssel etwa 550 Gramm Aprikosenkonfitüre mit der gleichen Volumenmenge Trockenfrüchte (Rosinen, Sultaninen und gehackte Aprikosen) und etwa 75 Gramm feinen Semmelbröseln vermengen. 40 Gramm Butter, 2 leicht verquirlte Eier und je 1 große Prise gemahlenen Ingwer, Zimt und frisch geriebene Muskatnuss untermischen. Eine Puddingform von etwa 500 Milliliter Inhalt buttern und die vorbereitete Masse einfüllen. Die Form auf eine umgedrehte Untertasse in einen Topf setzen und bis zu einem Drittel ihrer Höhe kochendes Wasser einfüllen. Den Pudding 2 Stunden im Dampf garen, dabei regelmäßig den Wasserstand prüfen und bei Bedarf weiteres Wasser ergänzen. Auf eine vorgewärmte Platte stürzen, mit erhitztem Marillengeist oder Brandy übergießen und bei Tisch flambieren.

Fruchtiger Doppeldecker-Pfannkuchen

Für den Teig 60 Gramm Mehl in eine Schüssel sieben. 1 ganzes Ei mit 1 Eigelb, 1 Esslöffel Sonnenblumenöl und etwas Vanilleextrakt verquirlen. Eine Mulde ins Mehl drücken, die Eiermischung hineingießen und dabei nach und nach ins Mehl einrühren, sodass schließlich ein glatter Teig entsteht. 20 Minuten ruhen lassen.

Für die Füllung nehmen Sie Früchte der Saison, insgesamt etwa 350 Gramm. Die Früchte nach Belieben leicht zuckern und in Butter dünsten, bis sie weich werden. In einer beschichteten Pfanne etwas Öl bis zum Rauchpunkt erhitzen. Die Hälfte des Pfannkuchenteigs hineingießen und die Früchte gleichmäßig darauf verteilen. Sobald der Teig fest geworden ist, die Hitze verringern und behutsam den Rest des Teigs über die Früchte gießen. Den Pfannkuchen noch 1–2 Minuten braten, mit Puderzucker bestäuben und unter dem Elektrogrill weitergaren, bis er kräftig gebräunt ist. Zur Probe die Pfanne neigen: Es darf nichts Flüssiges mehr zum Vorschein kommen. Den Pfannkuchen sogleich mit Eiscreme oder Vanillesauce servieren.

Bei diesem Pfannkuchen habe ich kombiniert, was gerade reif war: Pfirsiche, Pflaumen und Himbeeren.

Sorten

Insbesondere an einer Mauer gelangen 'Alfred', 'Ambrosia' 'Tomcot' und 'Goldcot' oft bereits im Juli zur Reife; 'Moorpark' reift im August, wenn sie an einer Wand gezogen wird, und ohne einen solchen Schutz später – ein wenig später als 'Farmingdale', die immense und sehr gefriertaugliche Früchte liefert. Die köstlichsten Konfitüren ergibt die spät reifende 'Roman Bredase'. Als sehr vielversprechend erweisen sich neue Züchtungen wie 'Flavourcot', 'Delicot', 'Lilicot'. Zufrieden bin ich auch mit 'Hunza': Sie brauchte bei mir zehn Jahre Anlaufzeit, versorgt mich seither jedoch mit einer Fülle kleiner, hellfleischiger Früchte, die köstlich schmecken und eine phänomenale Konfitüre ergeben.

Ernte

Aprikosen sollten ab einem frühen Reifestadium häufig ausgelichtet werden (die jungen, noch etwas grünen Früchte machen sich hervorragend auf Tartes). Anschließend muss man aufmerksam den Augenblick abpassen, an dem die Früchte zu fallen beginnen, denn dann werden sie im Nu matschig.

Verwertung und Verwendung

Einfach nur halbiert und entsteint, trocknen Aprikosen hervorragend. Farblich mögen sie an die im Handel oft angebotenen geschwefelten, leuchtend orangefarbenen Früchte vielleicht nicht heranreichen, doch ihr Geschmack ist immer noch exzellent. Ebenso eignen sie sich sehr gut zum Einfrieren, und die aus ihnen bereiteten Sorbets und Eiscremes gehören zu den besten überhaupt. In der Auftauphase kann man sie ganz leicht enthäuten.

Genau wie Pflaumen kann man Aprikosen auch gut einmachen, da sie aber eher saftarm sind, bieten sie sich nicht unbedingt zum Entsaften an. Besser konserviert man sie in Form von Mus oder Konfitüren (Letztere schmecken köstlich, allerdings darf man sie nicht zu rasch erhitzen, sonst laufen sie dunkel an). Um aus Aprikosen Fruchtkäse oder -butter zuzubereiten, sollte man sie ausschließlich mit Apfelmus kombinieren, da die Aromen der Aprikosen von denen anderer Früchte schnell überdeckt werden. Aprikosen zu kandieren dürfte eine leichte Übung sein. Man muss sie dafür nur früher pflücken als Früchte, die zum Trocknen vorgesehen sind, denn sie werden, anders als Pflaumen oder Pfirsiche, wenn sie die volle Reife erreichen, leicht etwas faserig.

Aprikosen können würzig eingelegt werden, sie können in Rezepten für Mango-Chutneys die Mangos ersetzen (das Ergebnis ist sogar noch besser), und sie ergeben leckere süße Saucen. So üppig, dass ich mich an Aprikosenwein versuchen würde, könnte meine Ernte wohl kaum sein. Aber Aprikosen ergeben feine Liköre, und in Alkohol eingelegte Früchte machen sich nicht nur geschmacklich wundervoll anstelle von Pflaumen in einem flambierten Pudding, sondern verleihen ihm auch eine verlockende goldbraune Farbe und schön saftige Konsistenz. Die in den Steinen enthaltenen Kerne sind, im Gegensatz zu denen von Pfirsichen oder Pflaumen, fast ausnahmslos genießbar. Wer genügend von ihnen gesammelt hat, kann damit fantastische Makronen backen.

OBEN: **Einer muss frühzeitig weichen – sonst würden sich diese Platt- oder Peento-Pfirsiche bald gegenseitig Druckstellen zufügen.**

Pfirsiche *(Prunus persica)*

In wärmeren Gegenden lassen sie sich erstaunlich einfach als Buschbaum ziehen. Bleibt der Fruchtansatz aus, liegt das meist an Spätfrösten, die den Blüten den Garaus machen. Man kann sie zwar auch an Mauern als Spaliergehölz kultivieren, doch erfordert das einen hohen Pflegeaufwand. Besser fährt man mit frei stehenden Buschbäumen an einem geschützten Standort, etwa vor (aber nicht direkt an) einer Mauer in warmem, leichtem, lehmigem Boden. Pfirsichbäume fruchten nicht sehr lange und lassen oft schon nach zwei Jahrzehnten stark nach. Zieht man sie in großen Kübeln, kann man sie in der kalten Jahreszeit nach drinnen bringen. So erspart man ihnen allzu nasse Füße, und sie fangen sich nicht die Kräuselkrankheit ein, die man ansonsten mit Bordeauxbrühe (Kupferkalkbrühe), verabreicht beim Austrieb, behandeln müsste. Pfirsichbäume sind selbstfertil und müssen unter Glas von Hand bestäubt werden. Als Kübelpflanzen brauchen sie regelmäßig Flüssigdünger. Nach dem Schneiden bringt man sie ins Freiland, um sie abzuhärten. Im Herbst dagegen schafft man sie früher unter Glas als andere vorgetriebene Obstbäume. Sie tragen gern überreichlich und müssen gnadenlos ausgelichtet werden, da die Früchte sich nie berühren dürfen. Außerdem rauben zu viele Früchte dem Baum Energie, bleiben klein und reifen nicht aus.

Pfirsiche sollte man frisch essen, denn ihr flüchtiger Geschmack geht allzu leicht verloren. Man zieht die Bäume also am besten in Kübeln und bringt sie sukzessive unter Glas. So erntet man zwar pro Baum jeweils nur einen kleinen Ertrag, wird aber dafür über längere Zeit hinweg mit Früchten versorgt.

Pfirsichbäume lässt man als Buschbäume ungehindert wachsen oder man schneidet sie im Sommer hart zurück, indem man alle Triebe, die nicht der Erweiterung des Gerüsts dienen oder ganze Äste ersetzen sollen, kräftig kürzt.

Sorten

Bei Pfirsichen unterscheidet man zwischen Sorten, deren Kern sich leicht löst (Kerngeher), und solchen, deren Kern nur schwer vom Fruchtfleisch getrennt werden kann (Härtlinge – leider schmecken gerade sie am besten). Der 'Rote Ellerstädter' mit weißgrünem Fruchtfleisch reift Anfang bis Mitte September und fruchtet selbst an nicht ganz optimalen Standorten gut. 'Dixired' ist eine Ende August bis Mitte September reifende, zuverlässig fruchtende Sorte. Späte Sorten reifen mitunter nicht richtig aus, wenn man sie nicht unter Glas zieht. Besonders gut für die Kübelkultur unter Glas eignen sich Platt- oder Wildpfirsiche, beispielsweise die Sorte 'Galaxia'.

Nektarinen (Prunus persica var. nectarina) sind eine Pfirsichvarietät mit glatter Schale. Sie haben einen etwas höheren Bedarf an Wärme und Licht und tragen im Freiland höchstens Früchte, wenn sie als Rückendeckung eine warme Mauer bekommen. Kultiviert werden sie daher am besten in Kübeln und im Winter nach drinnen gebracht. Eine in unseren Breiten ab Mitte August relativ zuverlässig fruchtende Sorte ist 'Nectared S'.

Ernte

Pfirsiche schmecken am köstlichsten, wenn sie sonnenwarm direkt vom Baum kommen. Man schält und verspeist sie am besten nackt oder sollte sich ein Lätzchen umbinden, denn sie sind prall gefüllte Saftbomben. Man kann sie auch etwas früher ernten und einen oder zwei Tage drinnen nachreifen lassen, aber sie faulen, sobald man sie

nur schief ansieht. Pflücken Sie daher möglichst zweimal täglich und verwerten Sie die Früchte sofort. Bei der Ernte dürfen Pfirsiche weder gedrückt noch verletzt werden.

Verwertung und Verwendung

An einem Platz, an dem sie einem gleichmäßigen warmen Luftstrom ausgesetzt sind, sodass sie ihre Feuchtigkeit abgeben, bevor sie schimmeln, lassen sich Pfirsiche leicht trocknen. Dabei laufen sie nicht so dunkel an wie Pflaumen oder Aprikosen, jedoch verflüchtigt sich ihr Aroma stärker. Wenn man sie zusammen mit Äpfeln zu Fruchtleder verarbeitet, ist die Pfirsichnote ebenfalls wenig zu spüren. Ausschließlich aus Pfirsichen hergestelltes Fruchtleder hat dagegen einen guten Geschmack. Das Einfrieren ist ganz unkompliziert, und beim Auftauen lassen sich die Früchte mühelos enthäuten. Nur geht auch dieses Verfahren zu Lasten der frischen Aromen, und die Konsistenz lässt ebenfalls zu wünschen übrig. Geringere Geschmackseinbußen erleiden Pfirsiche, wenn man sie mit Zucker zu Musen, Sorbets und Eiscremes verarbeitet, bevor man sie einfriert.

Die beste Konservierungsmethode für Pfirsiche, die auch ihr Aroma am stärksten zur Geltung bringt, ist das Einmachen. Dafür die Pfirsiche – im Idealfall gelbfleischige – leicht unreif pflücken, für etwa ½ Minute in kochendes Wasser tauchen, danach in kaltem Wasser abschrecken und die Schale abziehen. Die Früchte halbieren, entsteinen, die Hälften in Einmachgläser füllen und mit heißem Zuckersirup oder Pfirsichsaft bedecken. Sofort im Wasserbad (siehe Seite 89) ganz langsam in ½ Stunde bis zum Siedepunkt erhitzen und dann weitere 20 Minuten sterilisieren.

Pfirsiche sind sehr saftig, doch der Saft ist äußerst dickflüssig und verdirbt ganz schnell. Für die Saftgewinnung empfiehlt sich ein Gerät, das mit Vakuum arbeitet und keine Wärme erzeugt; denn mit einer Saftpresse, die die Früchte ausquetscht, erhält man keinen brauchbaren Saft, sondern ein dünnes Püree. Man kann Pfirsiche kochen, um an den Saft zu gelangen, doch verliert sich dabei ein Großteil des Geschmacks. Gleiches passiert, wenn man aus ihnen Konfitüre kocht, die im Übrigen kaum geliert, oder auch Gelee, das überhaupt nicht fest werden will. Der Sirup stellt ebenfalls geschmacklich oft eine Enttäuschung dar. Genauso verlieren Pfirsiche bei der Verarbeitung zu Kompotten, Fruchtkäse oder -butter ihr Aroma und färben sich zudem braun. Eher sind Pfirsiche für Pickles und Chutneys geeignet und können, vor allem im noch grünen Stadium, wie Mangos verwendet werden. Pfirsichwein ist kaum der Rede wert, und der Likör ist belanglos. In Pfirsichgeist und Sirup pochierte Pfirsiche aber sind ein hinreißendes Dessert.

LINKS: **Je stärker man ausdünnt, desto stattlicher geraten die Früchte, und wenige große sind besser als lauter Winzlinge.**

Kirschen *(Prunus avium, Prunus cerasus)*
Die köstlichen Früchtchen haben einen Erzfeind: Vögel. Wer die Bäume nicht mit Netz oder Gitter schützt, muss mit einer stark dezimierten Ernte rechnen. Die Kirschenwelt teilt sich im Grund in zwei Lager: Da sind zum einen die süßen roten oder gelben Früchte, die frisch genossen werden und eingemacht nur ein Abklatsch ihrer selbst sind, und die Sauerkirschen, die man sich selten frisch antut, die aber in konservierter Form unschlagbar sind. Süßkirschen wachsen an großen Bäumen und lassen sich nur schwer an einer Wand ziehen. Sie vertragen überdies keinen Schnitt, sodass man irgendwann einmal nur noch mit hohem Aufwand an sie herankommt. Wer sie also klein haben will, muss sie in Kübeln ziehen, obwohl sie darin nicht wirklich glücklich sind. Immerhin kann man sie als Topfgehölz früh nach drinnen bringen, sodass sie schon im Mai fruchten.

Süßkirschen sind nicht alle selbstfertil und brauchen einen zweiten Baum – oder eine Sauerkirsche – als Partner. Wesentlich unkomplizierter sind Sauerkirschen. Sie befruchten sich selbst, bleiben kleiner und buschiger, vertragen harten Rückschnitt und können an Mauern gezogen werden, um besonders früh oder spät zu fruchten.

Süßkirschen brauchen einen warmen, sonnigen Standort mit gutem Boden und reichlich Platz zur Entfaltung. Vorsicht: Die Wurzeln kommen an die Oberfläche. Geschnitten werden darf nur zu „Sanierungszwecken" und dies ausschließlich im Sommer. Sauerkirschen kann man zwar radikaler zurechtstutzen, doch muss man sich auch bei ihnen auf den Sommer beschränken. Sie brauchen einen nährstoffreicheren, schwereren und feuchteren Boden. Und Früchte tragen sie sogar an einer schattigen Mauer!

Sorten
Zu den frühesten Süßkirschen gehört die Sorte mit der optimistischen Bezeichnung 'Rote Maikirsche'. Sie ist teils selbstfertil, fruchtet schon Anfang Juni oder auch früher, sofern sie vorgetrieben wird, und liefert eine köstliche Konfitüre. Als eine der besten Frühkirschen gilt 'Burlat', die ab Mitte Juni reif ist. Neuere Sorten sind 'Stella' und 'Summer Sun'. Sie sind selbstfertil, können Mitte Juli geerntet werden und eignen sich auch für Kübel. Sauerkirschen reifen erst im August und September. In keinem Garten sollte ein Exemplar an einer schattigen und eines an einer sonnigen Mauer fehlen.

Ernte
Teilen Sie mit den Vögeln, denn selbst Netze oder Käfige bieten keinen 100-prozentigen Schutz. Süßkirschen werden am besten frisch vom Baum genossen. Man pflückt sie samt Stiel und vorsichtig: Die Triebspitzen dürfen beim Ernten nicht beschädigt werden. Sauerkirschen kann man so lang wie möglich am Baum lassen, damit sie ihren kräftigen, vollen Geschmack entwickeln. Einige pflückt man wegen ihrer höheren Säure aber früher und friert sie ein. Bei Bedarf kann man sie dann später mit den reiferen mischen. Das Trocknen von Kirschen ist eine mühselige, undankbare Aufgabe. Süßkirschen verlieren dabei ihren süßen Kirschgeschmack, doch Sauerkirschen ergeben im Verbund mit Äpfeln ein passables Fruchtleder.

Verwertung und Verwendung
Kirschen einzufrieren lohnt sich, wobei man sie am besten vorher entsteint. Die sauren und dunklen Sorten vertragen den Aufenthalt bei niedrigsten Temperaturen besser als die roten, weißen oder gelben Tafelkirschen, und alle werden am besten mit Sirup oder Saft bedeckt, dem man für eine ansprechende Säurenote Saft von Weißen oder Roten Johannisbeeren beimischt. Aus dunkelroten Sauerkirschen und Schattenmorellen lassen sich bessere Sorbets und Eiscremes bereiten als aus den helleren Tafelkirschen, und sie eignen sich auch besser zum Einwecken. Ihren Sirup kann man mit Saft von Weißen oder Roten Johannisbeeren anreichern, um eine schöne, herb-säuerliche Note zu erhalten. Im Idealfall werden sie entsteint, aber man kann sie auch mit den Steinen verarbeiten. Den warmen Sirup daraufgießen und das Ganze im Verlauf von ½ Stunde im Wasserbad langsam zum Köcheln bringen. Noch 10 Minuten weiterköcheln, danach verschließen und abkühlen lassen.

Kirschen-Apfel-Konfitüre

Konzentrierten Apfelsaft von einer möglichst sauren Sorte mit höchstens der halben Gewichtsmenge entsteinter und halbierter Kirschen (am besten eignen sich Schattenmorellen) sanft erhitzen und dabei nur gelegentlich rühren, sodass die Mischung nicht ansetzt. Sobald die Kirschen weich, aber noch nicht zerfallen sind, die gleiche Gewichtsmenge erwärmten Zucker hinzufügen. Wieder aufsetzen und, sobald sich der Zucker aufgelöst hat, die Temperatur erhöhen. Wenn die Mischung beinahe kocht und zu gelieren beginnt, in Gläser füllen und diese sogleich verschließen.

Kirschkerne haben in Konfitüre nichts zu suchen.

Die meisten Tafelkirschen sind, da sie wenig Pektin enthalten und folglich wenig Gelierkraft mitbringen, nicht sehr Konfitüre-tauglich. Besser eignen sich die dunklen Sauerkirschen und Schattenmorellen, und sie sind auch die Einzigen, bei denen es sich lohnt, einen Sirup zu kochen. Reines Kirschengelee bereiten zu wollen ist ein ganz hoffnungsloses Unterfangen. Als Alternative ist ein mit Kirschen aromatisiertes Apfelgelee zu empfehlen, in das man dann noch halb kandierte Kirschen mischt. Fruchtkäse und -butter lassen sich ebenfalls nur von den zum Kochen geeigneten Sauerkirschen herstellen. Deren kräftige Farbe und ausgeprägtes Aroma sind schließlich auch für kandierte Kirschen nötig, die Auge und Gaumen gleichermaßen ansprechen sollen. Am besten halten sie sich, indem man sie in Schokolade einbettet.

Wie meist bei Steinfrüchten gerät der Wein oft trüb und die süßen Tafelsorten ergeben einen Likör mit wenig Aroma, das eher vom Geschmack der Kerne geprägt ist. Die dunkleren Kirschen und Schattenmorellen dagegen liefern einen exzellenten Likör, und die gut durchgezogenen Früchte werden gern in der Schwarzwälder Kirschtorte und anderen Kuchen verwertet. Rote und helle Süßkirschen laufen in weißem Rum mit Zuckersirup zu Bestform auf, während dunkler Rum, der einen markanteren Geschmack besitzt, mit Schattenmorellen kombiniert werden kann.

Kirschenschokolade

Zunächst kandierte Kirschen zubereiten. Dafür die Früchte entsteinen und mit heißem Zuckersirup übergießen. Über Nacht stehen lassen, danach abseihen und den Sirup auffangen. Diesen erneut aufkochen und über die Kirschen gießen. Diese Prozedur drei- oder viermal wiederholen, bis die Kirschen konfektartig weich sind. Im Wasserbad etwas Schokolade ganz langsam schmelzen. Eine dünne Schicht Schokolade in eine gekühlte und einige Zentimeter hoch mit gebutterter Alufolie ausgekleidete eckige Metallform gießen und herumschwenken, bis der Boden und auch ein Teil des Randes gleichmäßig überzogen sind. Im Gefrierfach fest werden lassen. Weitere Schokolade schmelzen und behutsam etwa ein Viertel bis ein Drittel ihres Gewichts an kandierten Kirschen unterziehen. Die Mischung in die „Schokoladenschale" gießen. Wieder ins Gefrierfach stellen, bis das Ganze erstarrt ist. Weitere Schokolade schmelzen und in die Schale gießen, sodass die Kirschenschicht komplett abgedeckt ist. Nochmals ins Gefrierfach geben. Die Schokoladentafel, nachdem sie durch und durch fest ist, aus der Form nehmen, die Folie abziehen und die Tafel mit einem schweren, scharfen Messer in Quadrate teilen. Um von vornherein einzelne Stücke zu erhalten, kann man die flüssige Schokolade auch in eine Eiswürfelschale gießen.

LINKS: **Kirschen mit den Stielen vom Baum schneiden.**

BEEREN

Beeren sind relativ rasch geerntet. Die Büsche bleiben recht klein, und wenn man beim Schneiden einen Fehler macht, dann merkt man bald nichts mehr davon, weil sie bereitwillig neu austreiben. In freier Natur stehen beerentragende Gewächse überwiegend an Waldrändern. Sie entwickeln daher sogar im Schatten Früchte, die aber an sonnigen Standorten rascher emtereif und auch süßer sind. Viele lassen sich in Kübeln und unter Glas ziehen oder so platzieren, dass sie entweder früher oder aber später als normal fruchten. Ihre Sorten kommen und gehen schneller als bei Baumobst, weshalb es schwer ist, gute Züchtungen zu empfehlen.

Erdbeeren *(Fragaria sp.)*

Keine Beerenfrucht schmeckt besser und ist beliebter. Erdbeeren sind zwar nicht unbedingt einfach zu kultivieren, lohnen die Mühe aber auf jeden Fall. Die Pflanzen müssen alle vier Jahre durch neue ersetzt und an einem anderen Standort angebaut werden; alternativ tauscht man jedes Jahr ein Viertel des Bestands aus. Verwendung finden sollten nur gesunde, robuste, virusfreie, offiziell registrierte Sorten. Erdbeeren lassen sich in Gemüsebeete integrieren und bieten eine Abwechslung in der üblichen Fruchtfolge. Zum Glück braucht man für sie nur ein niedriges, an Pflöcken gespanntes Netz.

Kultivieren Sie Erdbeeren in humusreichem Boden mit reichlich Phosphatanteil, etwa aus Knochenmehl, und halten Sie die Kulturen stets unkrautfrei. Sie fruchten auch im Schatten, sind dann aber anfälliger für Schneckenfraß. Unter Wuchsglocken oder Plastikplanen werden sie süßer, können jedoch von der Sonne versengt werden. Bei Trockenheit wässert man sie reichlich. Eine Spritzung mit einem Algenpräparat alle 14 Tage bis zur Reife verbessert Wüchsigkeit, Geschmack und Ertrag. Gute Begleitpflanzen sind Zwiebeln und Borretsch.

Im Freiland sind Erdbeeren ab dem Frühsommer erntereif. Bei den meisten Sorten lässt der Fruchtansatz danach stark nach, doch einige Züchtungen tragen unermüdlich bis in den Herbst hinein und lassen sich nur vom Frost bremsen. Wer frühe und späte Sorten in Töpfen, an sonnigen und schattigen Plätzen, auf Erdwällen oder in „erhöhten Rinnen" zieht, kann die Erntesaison um Monate ausdehnen – vor allem, wenn er all diese Varianten noch mit Folien- oder Unterglaskultur kombiniert (dabei ist auf ausreichende Belüftung zu achten).

Rein technisch ist heute eine Erdbeerernte das ganze Jahr über möglich, doch außerhalb ihrer angestammten Saison sind Erdbeeren sehr anfällig für Fäulnis und tragen nicht gut. Ein Hauptproblem ist, dass die Stauden von der Tageslänge ebenso abhängig sind wie von Wärme. Halten Sie daher Ausschau nach den neuesten tageslichtneutralen Sorten, die speziell für die Frühtreiberei im Winter gezüchtet wurden, oder ergänzen Sie den natürlichen Lichteinfall durch künstliche Beleuchtung.

Sorten

Die Zahl der gängigen Erdbeersorten ist enorm. Es gibt sie in den unterschiedlichsten Geschmacksnuancen, Formen und Farben. Die unermüdlich fruchtenden remontierenden und kletternden Sorten tragen den ganzen Sommer über; hinzu kommen etliche im Herbst reifende Formen. 'Royal Sovereign' war jahrelang die beste Sorte und könnte geschmacklich nach wie vor ganz vorn mithalten, ist aber kaum noch aufzutreiben. Auch 'Cambridge Vigour' und 'Cambridge Favourite' waren eine Zeit lang recht populär. 'Marshmello' ist eine neuere Züchtung mit gutem Geschmack, 'Gariguette' ihr französisches Pendant. 'Aromel' und 'Mara des Bois' warten mit herbstlichen Genüssen auf. Des Weiteren gibt es rote, weiße und gelbe Kultur-Walderdbeeren, die kleine Horste bilden. Sie zu ziehen lohnt sich durchaus. Und schließlich sollte man auch auf die wahrhaft himmlisch schmeckenden echten, „wilden" Walderdbeeren nicht verzichten. Überlassen Sie ihnen am besten eine wilde Ecke in Ihrem Garten.

UNTEN: **Von Erdbeeren kann man nie genug haben.**

Werden Erdbeeren regelmäßig abgeerntet, bleiben wohl nicht viele für Konfitüre übrig, denn frisch gepflückt schmecken sie einfach zu gut. Natürlich kann man regelmäßig „die zweite Wahl" aussortieren und einfrieren, bis genug zum Einkochen da ist. Doch mischen Sie dabei nicht! Lagern und verarbeiten Sie die Erdbeeren nach Sorten getrennt ein, um ihren typischen Geschmack zu bewahren. Walderdbeeren sind voll ausgereift ein aromatisches Highlight. Sie haben zwar viele Kernchen, doch kann man diese von den gefrorenen Früchten zum Teil abschütteln. Testen Sie einfach jede Sorte, denn ihr Geschmack variiert sehr stark. Und: Bauen Sie sie in rauen Mengen an.

Ernte

Sie brauchen nicht zu warten, bis Erdbeeren völlig rot sind. Auch mit weißen Stellen sind sie bereits essbar, wenngleich nicht so süß. Starten Sie mehrere Lesedurchgänge. Wenn die Früchte möglichst lang frisch bleiben sollen, schneiden Sie sie mit dem Stiel ab – und vor allem bei trockenem Wetter. Die Beeren dürfen nicht verletzt werden. Man legt sie in Behälter mit kühlenden Blättern. Faulige Exemplare werden gleich entsorgt, damit sich kein Schimmel ausbreiten kann.

UNTEN: **Nicht die Größe ist entscheidend, sondern der Geschmack.**

Verwertung und Verwendung

Erdbeeren lassen sich nur wenige Tage frisch halten und müssen rasch verarbeitet werden. Sie zu trocknen gelingt der Lebensmittelindustrie teils hervorragend, doch die meisten meiner Versuche sind fehlgeschlagen. Eine Alternative ist das Einfrieren, wobei nur wenige Sorten nach dem Auftauen nicht matschig werden. Man kann gefrorene Erdbeeren aber gut in frisch gekochte Kompotte mischen, und sie liefern die Grundlage für schmackhafte Sorbets, Säfte und Konfitüren. Erdbeeren zu bunkern kann also nie schaden.

Ich friere Erdbeeren, sortiert in Früchte erster Güte für Desserts und zweite Wahl für die alsbaldige Weiterverwertung, unbedeckt auf Backblechen ein. Beim Auftauen ergibt sich ein klarer Saft, der mit Zuckersirup zu einem leckeren Getränk gemischt oder zu einem Sorbet verarbeitet werden kann. Die festere Fruchtmasse hingegen kann als Biskuitfüllung genutzt, zu Mus oder Konfitüre verkocht oder – die genialste Lösung – zusammen mit Apfel- und Aprikosenmus in eines der himmlischsten Fruchtleder überhaupt verwandelt werden.

Dass Erdbeerkonfitüre, vor allem in kühlen und feuchten Jahren, schwieriger als fast jede andere Sorte zum Gelieren zu bringen ist, tut ihrer allgemeinen Beliebtheit keinen Abbruch. Geben Sie ruhig auch überreife Exemplare hinein ebenso wie einige klein geschnittene noch teils grüne Früchte. Absolut tabu ist jedoch selbstverständlich Gammelware.

Das Gelieren klappt besser, wenn man die frischen Früchte zunächst in Scheiben schneidet, zuckert und über Nacht ziehen lässt. So erhalten Sie einen Sirup, den Sie anderweitig verwenden können, und eine kompakte Fruchtmasse, die eine schöne, dicke Konfitüre ergibt. Fügen Sie außer Zucker noch Apfelkonzentrat oder -mus oder aber eine Mischung aus Saft von Roten und Weißen Johannisbeeren sowie Zitrone oder auch Verjus hinzu. Jede der drei genannten Alternativen erhöht den Säuregehalt und damit das Geliervermögen von Erdbeerkonfitüre, doch verändert sie natürlich auch den ursprünglichen Geschmack.

Aufgrund ihres hohen Wassergehalts lassen sich Erdbeeren nicht so ohne Weiteres kandieren, wobei die kleinen Walderdbeeren noch die besten Erfolge versprechen. Man könnte Erdbeeren auch im Ganzen einwecken, allerdings hat man, wie ich finde, mehr davon, sie zu Konfitüre und Saft zu verarbeiten. Angesetzt mit Rum oder einem anderen hochprozentigen Alkohol, ergeben sie einen gefälligen süßen Likör, der jedoch mit etwas Zitrone oder dergleichen aufgepeppt werden sollte. Ähnlich verhält es sich mit reinem Erdbeerwein, der gut die Unterstützung von Stachelbeeren verträgt.

Erdbeerkuchen

Unkompliziert, schnell und einfach gut!

Erdbeeren waschen, putzen und größere Exemplare halbieren. Auch tiefgefrorene Früchte sind geeignet: In einem Sieb gut auftauen lassen und dabei den Saft auffangen. Den Backofen auf auf 180 °C vorheizen. Für den Teig extrafeinen Zucker mit der gleichen Gewichtsmenge weicher Butter schaumig rühren (bei 200 Gramm Erdbeeren je 100 Gramm Zucker und Butter verwenden). Eier (bei 200 Gramm Erdbeeren 2 Stück) leicht verquirlen und langsam einarbeiten. Die gleiche Menge Mehl (200 Gramm) mit Backpulver und etwas Salz sieben und zügig untermischen. Den Teig mit einem Schuss Milch oder mit dem aufgefangenen Erdbeersaft etwas geschmeidiger machen. In eine gefettete Kuchenform füllen und die Erdbeeren darauf verteilen. Den Kuchen etwa 40 Minuten backen, bis er auf Fingerdruck federnd nachgibt. Auf einem Drahtgitter auskühlen lassen.

Himbeeren *(Rubus idaeus)*

Frisch sind Himbeeren ein Genuss sondergleichen, doch leider reisen sie gar nicht gern, weshalb nur die härtesten Sorten in den Verkauf gelangen – und das zu satten Preisen. Himbeeren selbst zu kultivieren lohnt sich also. Es gibt etliche neue Züchtungen, die besonders gut fruchten. Pflanzen aus Selbstaussaat werfen in der Regel einen relativ geringen Ertrag ab, dafür begeistern ihre Beeren durch vorzüglichen Geschmack. Alte Sträucher, die schon mehr als zehn Jahre genutzt werden, ersetzt man am besten durch neues Material, sofern sie nicht ungewöhnlich gut fruchten.

Himbeersträucher werden in feuchter, humushaltiger Erde gezogen, gut gemulcht und radikal geschnitten. Sie setzen zwar auch im Schatten Beeren an, doch bleiben diese dort eher säuerlich, reifen später und sind wässriger. Lichten Sie die Ruten so aus, dass zwischen ihnen eine Handbreit Platz bleibt. Obendrein entfernt man alte Triebe nach dem Abernten. Eine Spritzung mit einem Algenpräparat alle 14 Tage bis zum Fruchtansatz verbessert Wuchskraft, Ernte und Geschmack. Bei Trockenheit muss reichlich gewässert werden.

Himbeeren können im Sommer oder im Herbst fruchten, und mit einem Mix verschiedener Sorten kann man ab Frühsommer bis zu den ersten strengen Frösten ernten. Auch indem man Exemplare ein und derselben Sorte an einem schattigen und an einem Sonnenplatz zieht, lässt sich die Ernteperiode um bis zu einen Monat verlängern. Unter Glas fühlen sich Himbeeren jedoch überhaupt nicht wohl, und wenn man sie schon in Gefäßen kultivieren will, dann muss man dafür große Kübel wählen, die Pflanzen gut wässern und ihnen einen kühlen Platz zuweisen. Ohne Netze können Sie Ihre Ernte vergessen, und was die Himbeermaden betrifft, gibt es zwei Möglichkeiten: Entweder Sie pflanzen Sorten, die im Herbst fruchten, oder Sie finden sich mit den Schädlingen ab und sortieren befallene Früchte beim Verarbeiten aus.

Ernte

Ein Defilee aus Himbeersträuchern trägt wochenlang Beeren, die täglich geerntet werden müssen. Kaum ist man mit der Reihe durch, hat der erste Strauch schon wieder Beeren angesetzt. Versteckte Früchte macht man am besten ausfindig, indem man sich auf den Boden legt und die Sträucher von unten absucht. Die Ernte kann man einfrieren und dann in einem Aufwasch verarbeiten. Zupfen Sie die Beeren behutsam vom Zapfen. Wenn sich die Früchte nicht leicht abziehen lassen, versuchen Sie es keinesfalls mit Gewalt.

Himbeeren halten sich nur sehr kurz, wenn sie nass sind. Ernten Sie daher möglichst nicht nach Regengüssen. Auch unter warmen

LINKS: **Ein Blick aus der Froschperspektive lohnt sich, damit einem beim Ernten keine der kostbaren Himbeeren entgeht.**

Marmoreiscreme Vanille-Himbeere

Tiefgefrorene Himbeeren in einem Sieb auftauen und den Saft auffangen (die Rückstände im Sieb anderweitig verwerten, zum Beispiel für Fruchtleder). Den Saft mit der gleichen Menge extrafeinem Zucker erwärmen, bis sich der Zucker eben aufgelöst hat, anschließend im Kühlschrank gründlich auskühlen lassen. Von fertig gekaufter Vanilleeiscreme bester Qualität pflaumengroße Stücke abstechen, in ein geeignetes Kunststoffgefäß geben und mit etwas Himbeersirup übergießen. Weitere Eisbällchen einfüllen, wieder Sirup darüberträufeln und das Ganze mit einem Löffel fest zusammendrücken, um möglichst alle Lufteinschlüsse zu entfernen. Ins Gefrierfach stellen. Etwa 15 Minuten vor dem Servieren herausnehmen.

Bedingungen faulen sie rasch, weshalb man sie gleich ins Kühle stellen muss. Die Körbe sollten mit gekühlten Blättern ausgelegt werden. Schichten Sie die Beeren außerdem nicht zu hoch, sonst werden die untersten zerquetscht. Etwas halten sich die Beeren, wenn man sie samt Stielen mit einer Schere abschneidet und die empfindlichen Früchte selbst gar nicht anfasst.

Verwertung und Verwendung

Frische Himbeeren kann man im Gegensatz zu den meisten anderen Früchten ohne Reue auch in großen Mengen genießen. Sie schmecken gut mit Eis, Joghurt, Sahne und Kuchen und dürfen in der roten Grütze nicht fehlen. Das delikate Himbeeraroma kann in Früchtemischungen leicht untergehen, weshalb diese mit Fingerspitzengefühl zusammengestellt werden müssen.

Der Saft von Himbeeren braucht eine größere Dosis Zucker und/oder Saft von Roten Johannisbeeren, um sein volles Aroma zu entfalten. Man könnte Himbeeren wohl auch trocknen, allerdings würden die vielen Samen stören; in Kombination mit Äpfeln ergeben sie jedoch ein vorzügliches Fruchtleder. Himbeeren lassen sich auf Platten ausgebreitet und ohne Abdeckung leicht tiefgefrieren; erst danach werden sie in Beutel oder Dosen abgefüllt, die, da Himbeeren schnell Fremdaromen annehmen, gut verschlossen sein müssen. Sie ergeben mit die leckersten Sorbets und Eiscremes, und der köstliche Sirup macht sich wundervoll als Marmorierung in Vanilleeiscreme. Für Konfitüre und Gelee scheinen Himbeeren geradezu wie geschaffen. Beides geliert allerdings nur bei wirklich frischen Früchten zuverlässig. Daher werden Himbeeren oft mit Saft von Roten Johannisbeeren ergänzt. Obwohl sie dabei schnell zu Mus zerfallen, ist es möglich, Himbeeren ohne den Zusatz von Zucker einzumachen. Bei der kandierten Version würden mich die vielen Samen stören. Bei manchen Sorten fallen diese ausgesprochen dick aus, was sich bei Konfitüren und dergleichen nachteilig auswirkt, bei der Herstellung von Gelee und Fruchtleder aber keine Rolle spielt. Wegen ihres geringen Zuckergehalts bieten sich Himbeeren zur Weinbereitung nur bedingt an, Himbeeressig ist jedoch exzellent. Mit weißem Rum lässt sich ein köstlicher Likör herstellen – das Prinzip ist dabei das gleiche wie beim Schlehengeist (siehe Seite 70).

Eingemachte Himbeeren

Man braucht dafür frisch gepflückte Himbeeren, die unverzüglich verarbeitet werden. Die Himbeeren waschen und sofort in einem verschlossenen Topf zügig, jedoch sanft erhitzen. Damit nichts ansetzt und anbrennt, den Topf immer wieder schwenken.

Sobald die Beeren größtenteils weich, aber noch nicht zerfallen sind, die gleiche Gewichtsmenge erwärmten extrafeinen Zucker hinzufügen. Unter ständigem Rühren erhitzen, bis die Mischung aufkocht. Gleich in kräftig vorgewärmte kleine Gläser füllen und erst verschließen, wenn sich der Zucker eindeutig komplett aufgelöst hat.

Diese hinreißend schmeckenden Himbeeren halten sich nicht sehr lange. Daher kühl lagern und nach dem Öffnen schnell aufbrauchen.

Brombeeren *(Rubus fructicosus)* und Rubus-Hybriden wie Logan-, Boysen- und Taybeeren

Im Wald gepflückte Brombeeren schmecken oft besser als Gartensorten. Gerade die dornlosen Sorten erreichen selten das Aroma der wild wachsenden. Ist der Platz auf Ihrem Grundstück knapp, sollten Sie sie nur kultivieren, wenn keine wilden Sträucher in Ihrer Gegend wachsen. Beschränken Sie sich dann lieber auf Hybridbeeren, die man in freier Natur nicht findet.

Alle Brombeersträucher zeichnen sich durch lange Ranken aus, die so an Pfählen und Drähten gezogen werden, dass die Jungranken weit genug von den fruchttragenden zweijährigen entfernt sind. Der Abstand zwischen den Pflanzen sollte 3–4 Meter betragen. Nach der Ernte schneidet man die abgetragenen Ranken in Bodenhöhe ab.

Brombeeren eignen sich kaum für die Gefäßkultur. Lediglich Hybridbeeren halten in größeren Kübeln ein bis drei Jahre durch, jedoch nicht unter Glas. Sie fruchten – je nach Sorte – von Anfang Juli ('Wilsons Frühe') bis Mitte Oktober ('Black Satin').

An den Boden stellen sie alle keinerlei Ansprüche. Den besten Geschmack entwickeln sie, wenn man sie nicht zu stark düngt, aber gut mulcht und in feuchtem, keinesfalls nassem Boden kultiviert. Eine Spritzung mit einem Algenpräparat und Holzasche als Dünger tun ihnen jedoch gut. Sie mögen Sonne und danken einen sonnigen Platz mit besonders süßen Beeren, reifen aber sogar im Schatten. Meine Taybeeren, die in leichtem, trockenem Grund wachsen, tragen auf der schattigen Seite eines Zauns sogar größere, saftigere Früchte als auf der sonnigen.

Brombeeren, Loganbeeren und Boysenbeeren werden nur selten frisch verzehrt – meist verarbeitet man sie zu Konfitüre. Taybeeren dagegen sind gute Dessertfrüchte, aber auch als Konfitüre nicht zu verachten.

Zur Gattung Rubus gehört ferner die Japanische Weinbeere. Ihre orangeroten Früchte, die offenbar nicht ins „Beuteschema" von Vögeln passen, sind süß und klebrig und haben kleine Samen. Die borstigen Ruten tragen nur wenig Stacheln und sind dekorativ rötlich gefärbt, die Blätter hingegen lindgrün – ideal für den Zier-Obstgarten. Man kann die Früchte roh essen oder zu einem ungewöhnlichen Gelee verarbeiten.

Das größte Problem bei Brombeeren sind, abgesehen von den Dornen an den Ruten, die Stacheln an den Samen. Sie werden hart und schmälern gegen Ende der Saison den Genuss etwas. Die Samen der Hybriden ähneln denen von Himbeeren und sind nicht so hart.

Ernte

Die Ernte ist eine heikle Angelegenheit. Arme und Beine sollten gut geschützt sein, die Finger müssen notgedrungen frei bleiben, denn die Beeren sollten sanft angefasst werden. In nassem Zustand geerntet oder zerquetscht, halten sich diese Früchte nicht einmal ein paar Stunden. Von Fall zu Fall lösen sich die Beeren beim Ernten vom Zapfen oder sie werden zusammen mit ihm gepflückt. Manche Hybriden lassen sich im Lauf der Wochen mehrmals abernten, brauchen allerdings, da garantiert auch Vögel zur Stelle sind, einen Schutz. Damit beim Abzupfen keine neue Ruten im Weg sind, schnüre ich sie mit einem alten aufgeschnittenen Fahrradschlauch zusammen und ziehe diesen mit s-förmig gebogenen Fahrradspeichen beiseite.

Verwertung und Verwendung

Die schönsten Exemplare jeder dieser Beerensorten kann man für die Verwendung in Kompotten oder anderen Süßspeisen einfrieren, und auch den Rest kann man bis zu seiner späteren Verarbeitung „auf Eis legen". Brombeeren eignen sich jedoch nicht so gut zum Einfrieren wie etwa Taybeeren oder die anderen edlen Hybriden. Die Hybriden ergeben ausnahmslos leckere Sorbets (insbesondere, wenn sie mit gekochtem Saft zubereitet werden), während Brombeersorbet ohne die Unterstützung von Äpfeln außer fader Süße nicht viel zu bieten hat.

Alle genannten Fruchtsorten lassen sich im eigenen Saft konservieren, und ihr Saft kann, zu Sirup oder Dicksaft verarbeitet, ebenfalls eingemacht oder eingefroren werden. Je nachdem, ob die Säfte auf kaltem Wege oder durch Kochen gewonnen wurden, unterscheiden sie sich geschmacklich deutlich. Aber sie haben durchweg eine ansprechende Farbe und in der Regel ausreichend Säure.

Ganz groß kommen diese Beeren in Form von Konfitüren oder Gelees heraus, wobei die Hybriden besonders vollmundige Konfitüren ergeben, die recht gut von selbst gelieren oder sonst mit Apfelmus dabei unterstützt werden.

Aus Brombeeren sollte man wegen der lästigen, ziemlich harten Samen lieber keine Konfitüre, sondern ein Gelee machen, das man gut mit Apfel- oder Birnenkonzentrat süßen kann, und natürlich machen sie sich vorzüglich im traditionellen Brombeer-Apfel-Crumble (siehe Seite 106).

Jede dieser Beerensorten kann in rote Grütze oder ein Kompott gemischt werden, und für Fruchtkäse oder Fruchtleder sind sie – besonders in Kombination mit Äpfeln – geradezu ideal. Wegen der Samen werden sie kaum in Chutneys oder Pickles gemischt und auch nicht kandiert. Brombeerwein mag ein Klassiker sein, trotzdem mag ich den Likör, der mich ein wenig an Portwein erinnert, entschieden lieber. Interessant finde ich hingegen sowohl die Weine als auch die Liköre von Hybridbeeren, zumal sie jeweils ganz eigene Geschmackseindrücke bieten. Überaus gesund ist schließlich der Essig.

Brombeer-Apfel-Crumble

Äpfel säubern, vom Kerngehäuse befreien und in Scheiben schneiden. Gewaschene Brombeeren und Apfel- oder Birnenkonzentrat (oder einfach nur etwas Zuckersirup) hinzufügen. Die Mischung garen, bis die Früchte leicht zerfallen, und dann in eine Auflaufform füllen. Mehl, Butter und Zucker (etwa zu gleichen Teilen) mit ein wenig Vanilleextrakt und einem kleinen Schuss Milch zu Streuseln verarbeiten. Über die Früchte streuen und mit frisch geriebener Muskatnuss und/oder gemahlenem Zimt bestäuben. Die Form auf der oberen Schiene in den auf 200 °C vorgeheizten Ofen schieben und die Streusel zart bräunen lassen. Das Crumble sogleich heiß mit Vanillesauce servieren.

Stachelbeeren *(Ribes uva-crispa)*

Stachelbeeren werden oft unterschätzt. Wenngleich viele über die harten grünen Kugeln die Nase rümpfen, so ist ihre Bandbreite in puncto Geschmack, Farbe und Größe doch enorm. Zudem sind Vögel auf sie nicht ganz so scharf wie auf andere Beeren. Sie gedeihen in den meisten Böden, vertragen aber kein staunasses, undurchlässiges Erdreich. Etwas Schatten allerdings schadet ihnen nicht. Sie lassen sich wesentlich leichter erziehen als die Vertreter der Rubus-Fraktion und wachsen kompakter. Man kann sie an Spalieren kultivieren bzw. zu einem vasenförmigen Busch, Kordon oder Nieder- und Hochstamm erziehen.

Wer Stachelbeeren nur für Saft oder Konfitüre braucht, kann sie wie Himbeeren oder Johannisbeeren als Busch ziehen. Legt man dagegen Wert auf makellose Dessertfrüchte, muss man hart bis auf Kurztriebe an einem Hauptgerüst zurückschneiden. Der Schnitt wird oft bis zum letzten Augenblick kurz vor dem Öffnen der Knospen hinausgezögert, denn auf die ungeschützten Knospen sind Dompfaffen ganz wild. Ein Sommerschnitt hält das Gerüst offen.

Stachelbeeren sind anfällig für Mehltau, der schlimmstenfalls die Ernte ruinieren kann, doch oft nur unschön aussieht: Der weißliche Überzug lässt sich mit einem seifengetränkten Schwamm abwaschen. Die besten Sorten sind nicht mehltauresistent und meist auch recht dornig. Man kann sie aber auf kleinem Raum in großer Anzahl ziehen, wenn man sie hart zu Kordons zurückschneidet und, um Mehltau zu verhindern, für stets gute Durchlüftung sorgt und den Wurzelraum feucht hält. Stachelbeeren gieren nach Holzasche und Spritzungen mit Algendünger. Auch Mulchen behagt ihnen. Sie vertragen sich gut mit der Douglas-Sumpfblume (Limnanthes douglasii) als Bodendecker, die sich selbst aussät, im Winter den Boden schützt und einzieht, sobald die Stachelbeeren reifen. Man kann sie auch in großen Kübeln ziehen und zum Fruchten sogar unter Glas bringen oder die Ernte durch Umsiedeln an einen kühlen, trockenen Standort verzögern.

Sorten

Mir schmeckt besonders 'Langley Gage', eine alte, kleine, weiße Sorte, doch gibt es unzählige weitere weiße, rote, grüne und sogar gelbe Varianten.

Ernte

Stachelbeeren tut es gut, wenn sie frühzeitig und dann noch ein zweites Mal ausgedünnt werden – die kleinsten Früchte kann man für Obstkuchen oder Konfitüre verwenden, die sowieso meist besser gelingt, wenn sie aus unreifen Früchten gemacht ist. Lassen Sie aber

RECHTS: Unter Glas reifen Stachelbeeren erfreulich früh.

die Beeren, die Sie frisch in Desserts genießen möchten, möglichst lange am Strauch – sie können riesig werden.

Verwertung und Verwendung

Getrocknet würden Stachelbeeren aufgrund ihrer zahlreichen Samen nicht gut schmecken, aber das durchpassierte Fruchtfleisch und der Saft lassen sich für Fruchtleder verwenden. Makellose Früchte kann man tiefgefrieren und die Schalen abziehen, während die Früchte auftauen. Sie machen sich gut in einem Kompott oder auf Kuchen wie etwa dem von Seite 101.

Der kalt gewonnene Saft ergibt ein fantastisches Sorbet. Eine bei den Briten überaus beliebte Süßspeise ist der *gooseberry fool*, für den Stachelbeeren mit ein wenig Wasser und Zucker weich gedünstet, durchpassiert, mit Crème double vermischt und eisgekühlt serviert werden. Die Franzosen kennen die Beeren dagegen als *groseilles à maquereau*, weil man früher eine aus ihnen bereitete Sauce wegen ihrer markanten Säurenote als Beigabe zu den recht fettreichen Makrelen schätzte. Ein Tipp, wie man die Früchte gut roh genießen kann: Den getrockneten Blütenkelch mit den Fingern herauszwicken und das Fruchtfleisch durch das dabei entstandene Loch aus der derben Schale heraussaugen, wobei man die Beere gleichzeitig zusammendrückt. Die leere Hülle anschließend einfach wegwerfen.

Stachelbeeren kann man gut einmachen. Der Saft ist im eher frühen Reifestadium der Früchte vielleicht etwas sauer, aber für Sirup oder Dicksaft und auch als Ersatz für Zitronensaft gut geeignet und wesentlich aromatischer als der von ausgereiften Früchten. Das gilt ebenso für Gelee und die ausgezeichnet schmeckende Konfitüre, bei der die Schalen kaum stören. Um die grüne Farbe zu erhalten, lassen Sie rote Stachelbeeren konsequent außen vor, und regulieren Sie die Temperatur so, dass das Ganze nur eben aufkocht. Stachelbeeren können in Kompotten, Pickles und Chutneys verwendet und zu diversen Saucen sowie allen möglichen Varianten von Fruchtkäse, -butter und -leder verarbeitet werden. Allerdings sind sie nun einmal samenreiche Früchte, und deshalb sind sie zum Kandieren völlig untauglich.

Rote und Weiße Johannisbeeren *(Ribes sativum)*

Leider werden Rote und Weiße Johannisbeeren eher als Garnitur und weniger als Tafelfrüchte geschätzt. Dabei sind sie voll ausgereift gar nicht so sauer. Aber ihre Winzigkeit und die dicken Kerne lassen sich nun einmal nicht wegdiskutieren. Meist werden sie zu

Stachelbeer-Erdbeer-Likör

Eine Flasche mit weitem Hals je zur Hälfte mit einzeln eingestochenen noch unreifen, grünen Stachelbeeren und reifen, aber festen Erdbeeren füllen. Die Früchte mit hochprozentigem weißem Rum oder Brandy übergießen. Die Flasche verschließen, an einen kühlen Platz stellen und einmal täglich umdrehen. Wenn sich nach etwa 2 Monaten in der Flasche ein Bodensatz gesammelt hat, den Inhalt in eine saubere Flasche abgießen und nach Geschmack Zuckersirup hinzufügen.

Schmeckt zu zweit am besten.

einem säuerlichen, roten oder hellen Saft gepresst, der sich vortrefflich als Ersatz für Zitronensaft eignet und Konfitüren, Gelees sowie süße oder herzhafte Saucen aufpeppt. Rote und Weiße Johannisbeeren kommen mit allen Böden und Standorten zurecht, sind nicht durch Mehltau gefährdet und tragen sogar an Nordmauern Früchte. Sie lassen sich in jede Form bringen und fruchten zuverlässig, ganz gleich, was man mit ihnen anstellt. Wenn nach 20 Jahren die Krone abstirbt, zieht man aus den Wurzeln ein neues Exemplar.

Sie können sogar in großen Kübeln kultiviert und vorgetrieben oder später zum Schutz nach drinnen gebracht werden – unter Glas vor Kälte und Vögeln geschützt, bleiben die Früchte bis ins neue Jahr hinein hängen. In Freilandkultur habe ich sie noch im Oktober geerntet. Ideal sind ein harter Rückschnitt im Winter und Sommer bis auf Kurztriebe an einem festen Gerüst und eine Vasenform, doch akzeptieren sie jede Gestalt. Sie müssen nicht intensiv gedüngt werden; etwas Holzasche, Mulch und eine Spritzung mit einem Algenpräparat reichen völlig. Sinnvoll ist ein Vogelschutz.

Sorten

Die vielen roten Sorten unterscheiden sich nur unwesentlich. Bei der Weißen Johannisbeere handelt es sich um eine farblose oder nur leicht rosa gefärbte Form der Roten Johannisbeere.

Ernte

Ernten Sie so spät wie möglich. Wenn man die Beeren zu Saft verarbeiten will, kann man sie als ganze Trauben abschneiden. Sollen sie aber eingefroren werden, zupft man die schönsten Kügelchen einzeln ab. Der Rest wird dann en gros gepflückt.

Verwertung und Verwendung

Ihrer Kerne wegen eignen sie sich am besten für Gelee und Saft. Sie sind extrem teamfähig und locken das Aroma von Kirschen, Himbeeren oder Apfelbeeren *(Aronia)* regelrecht hervor.

Johannisbeeren einzuwecken ist, da sie sich so gut einfrieren lassen, fast vergebene Liebesmüh. Auch der Saft lässt sich, am besten in Plastikbechern portioniert, hervorragend tiefgefrieren, und aufgrund seiner angenehmen Säure bietet er sich an, um allen möglichen anderen Zubereitungen von Pickles bis zu Fruchtleder mehr Leben einzuhauchen. Trocknen oder Kandieren kommt wegen der zahlreichen Samen nicht infrage. Ich finde, allein haben die Beeren nicht das Zeug für schmackhafte Weine und Liköre, doch gibt es durchaus Liebhaber dieser Varianten. Wer indes Lammbraten mag, schätzt dazu unter Umständen eine mit dem Gelee von Weißen Johannisbeeren zubereitete Minzsauce (siehe Seite 128).

RECHTS: **Rote Johannisbeeren zu kultivieren ist kinderleicht.**

Sommerpudding

900 Gramm gemischte Beeren – Himbeeren, Heidelbeeren, halbierte Erdbeeren und Rote Johannisbeeren – mit 2 Esslöffeln Apfelkonzentrat oder Zuckersirup in einen Topf geben. Erhitzen und nur 2 Minuten köcheln lassen, sodass die Früchte weich werden, aber noch nicht zerfallen. Den Großteil des Safts abgießen und dabei auffangen.

Eine 500-Milliliter-Puddingform mit Frischhaltefolie ausschlagen. 6–8 dünne Weißbrotscheiben in den aufgefangenen Saft tauchen und die Form damit nahtlos auskleiden. Falls nötig die Scheiben passend zurechtschneiden. Die Beeren so hineinfüllen, dass keine Hohlräume bleiben, und mit weiterem saftgetränktem Brot abdecken. Den übrigen Saft darüberträufeln und das Ganze fest zusammendrücken, wobei die Beeren jedoch nicht völlig zerquetscht werden sollen. Ein eingeöltes Holzbrett auf den Pudding legen, mit einem Gewicht beschweren und die Form über Nacht in den Kühlschrank stellen.

Den Pudding am nächsten Tag auf eine Platte stürzen und mit Sahne oder kalter Vanillesauce servieren.

Schwarze Johannisbeeren *(Ribes nigrum)*
Von den Roten und Weißen Johannisbeeren unterscheiden sie sich beträchtlich. Sie enthalten weniger Saft und haben einen sehr intensiven Geschmack, der alles andere überdeckt. Wenn man sie aber zuckert, sind die vitaminreichen Beeren ein echter Gaumenschmaus. Sie kommen auch bei Vögeln gut an, weshalb man sie mit einem Käfig schützen sollte. Setzen Sie die einzelnen Exemplare mit mindestens zwei, drei Metern Abstand. Schwarze Johannisbeeren sind sehr nährstoffhungrig und bevorzugen reiche, schwere, gut gedüngte und gewässerte Böden. Für Spritzungen mit Algenpräparaten und eine dicke Mulchschicht, vorzugsweise aus gut verrottetem Stallmist und Hornmehl, sind sie dankbar. Zudem fordern sie einen gnadenlosen Schnitt ein: Alles, was mehr als ein paar Jahre alt ist, muss radikal herausgenommen werden. Die Sträucher treiben dann aus der Basis neu aus und danken es mit beinahe kirschgroßen Beeren. Man kann Schneiden und Ernten in einem Durchgang erledigen: Nehmen Sie Triebe mit komplettem Fruchtbehang bis oder fast bis zum Boden heraus und lesen Sie die Beeren dann in der Küche ganz bequem ab – das muss sogar nicht gleich geschehen, wenn man die Triebe in der Zwischenzeit in Wasser stellt und an einem kühlen Platz deponiert. Schwarze Johannisbeeren können auch in Kübeln und unter Glas kultiviert werden.

Sorten
Die meisten Sorten ähneln sich sehr stark. Eine nahe Verwandte ist die Jostabeere, eine Hybride aus Schwarzer Johannisbeere und Stachelbeere – sozusagen ein unbedornter, riesiger Stachelbeerbusch mit Früchten, die ganz nach Schwarzen Johannisbeeren schmecken.

Verwertung und Verwendung
Schwarze Johannisbeeren sind äußerst gefriertauglich, ergeben ein herrliches Sorbet und machen sich gut in Kompotten. Sie harmonieren dabei recht gut mit Erdbeeren und erstaunlich gut mit Zitrone. Da sie selbst sehr trocken sind, erfordern sie beim Einmachen die Zugabe von Apfel- oder einem anderen Saft. Schwarzen Johannisbeersaft gewinnt man nur durch Zusatz von heißem Wasser und Zucker, und extra Flüssigkeit (Saft von Äpfeln, Roten oder Weißen Johannisbeeren oder Verjus) ist ebenfalls beim Kochen von Schwarzer Johannisbeerkonfitüre erforderlich, die hervorragend geliert. Der Fruchtbrei, der bei der Geleezubereitung übrig bleibt, lässt sich noch in Fruchtleder (in Kombination mit Apfel vorzüglich) oder Fruchtkäse verwerten. Schwarze Johannisbeeren ergeben einen recht guten Wein von ansprechender Farbe und einen exzellenten Likör (auch als Cassis bekannt). Und der Essig aus Schwarzen Johannisbeeren zählt zu den gesündesten überhaupt.

Cassis-Likör

Einige Handvoll Schwarze Johannisbeeren waschen, Stück für Stück mit einer Nadel einstechen und in eine Flasche geben. Mit hochprozentigem weißem Rum auffüllen und fest verschlossen für etwa 1 Monat in den Kühlschrank stellen, währenddessen die Flasche täglich herausnehmen und mehrere Male behutsam umdrehen. Schließlich den Alkohol abgießen und durch ein mit einem Mulltuch ausgelegtes Sieb oder einen Kaffeefilter in eine saubere Flasche seihen. Die gleiche Menge Zuckersirup sowie nach Belieben etwas Apfelkonzentrat hinzufügen. Den Likör noch 1–2 Monate ruhen lassen, damit sich sein Aroma voll entfalten kann. (Siehe auch Seite 70–71.)

VON LINKS NACH RECHTS: **Zuerst schrumpfen die Trauben. Später trockne ich sie im Backofen fertig. Sie sollten nicht zu stark ausgedörrt sein, sondern sich noch ein wenig prall anfühlen.**

Heidelbeeren *(Vaccinium sp.)*
Heidelbeeren (die angebauten stammen von amerikanischen Wildformen ab) sind ein absolutes Muss im Obstgarten. Sie lassen sich unglaublich einfach ziehen, bringen reichlich Ertrag, sind gesund, wohlschmeckend und weder anfällig für Schädlinge noch für Krankheiten, solange man ihre Erde mit Regenwasser (nicht Leitungswasser) gut feucht hält. Sie gedeihen in saurer Erde, wie man sie im Handel beispielsweise als Rhododendronerde mit Torfanteilen findet, und brauchen so gut wie keinen Dünger. Sie sind auch in großen Kübeln zufrieden, wo sie kaum geschnitten werden müssen. Weil Vögel sie als Leckerbissen schätzen, sollte man sie mit Netzen schützen. Durch Kultur mehrerer Sorten kann man die Reifezeiten staffeln und so über einen lange Zeitraum hinweg ernten.

Man kann sie nach drinnen bringen, doch vertragen sie weder unter Glas noch im Freiland einen heißen, trockenen Platz. Wenn sich im Spätherbst ihr Laub verfärbt, bieten sie einen herrlichen Anblick. Obwohl sie im Prinzip selbstfertil sind, fruchten sie besser und reichlicher, wenn man verschiedene Sorten nahe beieinander zieht. Neben hohen und niedrigen Formen bietet der Fachhandel auch Hybriden. Man kann die höheren Pflanzen für eine Folgeernte mit Moosbeeren (Cranberrys) unterpflanzen, die ähnliche Bodenansprüche haben und beinahe niederliegend wachsen. Als Container böte sich eine ausgediente Badewanne, nach Belieben bis beinahe zum Rand im Erdreich versenkt, an: In ihr fänden drei Exemplare von beiden Sorten Platz.

Verwertung und Verwendung
Heidelbeeren schmecken einfach zu gut frisch oder auf Kuchen und in Kompotten – und natürlich in Muffins, sodass es sich kaum lohnt, sie zu konservieren. Man kann aus ihnen Konfitüre kochen, aber das halte ich für Verschwendung. Meines Wissens haben die Indianer sie geräuchert, und man könnte sie noch auf verschiedene andere Arten verwerten, doch würde ihr delikates Aroma dabei meist verloren gehen. In Chutneys oder Pickles passen sie nicht wirklich, Heidelbeerwein oder -likör ist sicher köstlich, doch dafür muss man erst in Heidelbeeren schwimmen.

Weintrauben *(Vitis vinifera)*
Weinreben lassen sich leicht ziehen, ihre Früchte sind lagerfähiger, als man meint, und können problemlos verarbeitet werden – natürlich auch zu Wein. Die Auswahl an Sorten für die Freilandkultur ist zwar nicht besonders groß, aber wenn sie gelingt, kann man oft eine stattliche Ernte einfahren. Zieht man dieselben Sorten in Kübeln, fällt der Ertrag überschaubar aus. Sie ständig unter Glas zu halten tut ihnen nicht gut, aber viele kann man beliebig nach draußen und wieder nach drinnen bringen. Das verlängert die Erntesaison und verhindert, dass Schädlinge und Krankheiten überhandnehmen. Indem man einige unter Glas und einige im Garten zieht und dazu einen Teil der Früchte an ihren Trieben in Gläsern frisch hält (siehe Ernte), kann man die Versorgung mit frischen Trauben über ein halbes Jahr lang aufrechterhalten.

Reben brauchen magere Böden, einen warmen, sonnigen Standort und einen radikalen Schnitt. Je gnadenloser man sie behandelt, desto besser. Sobald im Herbst der Laubfall einsetzt, wird so ziemlich alles abgeschnitten. Bauen Sie ein Gerüst mit Zapfen auf, indem Sie jeden Trieb bis auf zwei Knospen einkürzen. Lediglich Sprosse, die das Gerüst vergrößern oder erneuern sollen, lässt man unbehelligt. Man behält sie beim Austrieb im Frühjahr im Auge. Sobald drei bis fünf Blätter erscheinen, sollte sich eine Blüte bilden. Nehmen Sie alle Triebe ohne Blüten heraus. Von den Übrigen wählt man die am besten und am weitesten unten platzierten aus – sie sollen die diesjährigen Trauben tragen. Schneiden Sie alle anderen ab oder stutzen Sie sie auf ein, zwei Blätter zurück. Anschließend dünnt man die Blüten aus, sodass nur noch ein Büschel pro Trieb bleibt. Die Ranken sollten mindestens 30 Zentimeter Abstand zueinander haben

und angebunden werden. Sobald sie weitere drei bis fünf Blätter ausgetrieben haben, zwickt man die Enden ab und entfernt im weiteren Verlauf der Saison alle Ersatztriebe, die sich bilden. So kann die Rebe ihre ganze Energie in die Früchte stecken.

Rebstöcke in Kübeln schneidet man auf ein gedrungenes Gerüst mit wenigen Kurztrieben zurück, von denen jeder zwei bis drei Stummel der diesjährigen Sprosse mit jeweils nur zwei Knospen trägt. Wenn sie austreiben, wählt man die vier bis sechs besten mit Blüten als Fruchttriebe aus, zieht sie an einem hohen Bambusstab und schneidet alles ab, was zur Seite hin zu wachsen versucht.

Man kann Reben genauso wie Rosen bis zum Boden zurückschneiden, oder man führt sie an Bäumen hoch, was allerdings die Ernte erschwert und den Vögeln die Selbstbedienung vereinfacht. Ebenso kann man sie an Wänden oder Drahtgerüsten in jede x-beliebige Form bringen. Braucht man sie als Tafeltraubenlieferanten, kommt man um die Erziehung an einer Wand kaum herum. Ein einziger Stock wird dann so groß, wie Sie es zulassen, und trägt reichlich Früchte. Ich habe einmal aus den Trauben einer einzigen Rebe knapp 30 Liter Saft gewonnen. Wer sich einen kleinen Weinberg anlegt, muss die Stöcke zwei, drei Schritte voneinander entfernt pflanzen und an Drähten ziehen. Zwischen den Zeilen soll ein mindestens ein, zwei große Schritte breiter Weg frei bleiben. Das Gerüst der Rebstöcke besteht aus einem einzigen an einem niedrigen Draht entlanggezogenen Leittrieb mit Seitentrieben. Der Leittrieb sollte knapp 30 Zentimeter über dem Boden verlaufen, sodass die Trauben an den nach oben wachsenden Ruten, die zu einem weiteren Draht in Hüfthöhe geführt werden, zwischen Hüft- und Kniehöhe hängen. Gelegentlich wird eine junge, kräftige Rute in der Nähe des ersten Leittriebs im Winter behalten, damit sie den alten, ausgelaugten Leittrieb ersetzt.

Sorten

Die rosarote 'Siegerrebe' ist im Freiland so früh erntereif, dass ihre Trauben sogar noch Wespen zum Opfer fallen können: An einer warmen Wand reifen die Beeren bereits im August. Die Sorte verträgt allerdings keine kalkhaltigen Böden, was für eine Weinrebe recht ungewöhnlich ist. Die dunkle 'Boskoop Glory' eignet sich gleichermaßen als Tafeltraube und zur Weinbereitung. Sie hat sich als außerordentlich verlässlich erwiesen und ist gut und gern 25 Jahre lang produktiv. 'Léon Millot', 'Maréchal Joffre', 'Triomphe d'Alsace' und 'Seibel 13053', ausnahmslos rote Sorten, tragen ebenfalls reichlich Trauben für Saft oder Wein. Wenn Sie nicht viel Wert auf Geschmack legen, schaffen Sie sich die Erdbeerrebe an. Sie wirft Unmengen an Trauben ab und kann einen ganzen Baum mit ihren Beeren bede-

cken! Eine dankbare Rebe für die Unterglaskultur in Kübeln ist die 'Siegerrebe', denn sie lässt sich schon im Juni zur Reife bringen und schmeckt sehr gut. Nicht minder köstlich geraten die dunkelschaligen Sorten 'Madresfield Court', 'Muscat Hamburg', 'Black Hamburg' und 'Regent'. Die kernlose 'Flame', auch sie dunkel, hat einen etwas ungewöhnlichen, aber doch ansprechenden Geschmack und ergibt feste, rosarote Rosinen. 'Perlette' heißt eine kernlose weiße Rebsorte, die man auch zu schmackhaften Sultaninen trocknen kann. Als Tafeltraube nicht zu verachten ist die ebenfalls kernlose weiße 'Himrod', die obendrein einen himmlischen Saft und exzellente Sultaninen liefert. Die verlässlichste weiße Traube heißt 'Golden Chasselas', auch 'Chasselas d'Or' genannt. Aus ihr kann man sogar einen achtbaren Wein keltern. Die Zahl der Rebsorten ist enorm und ich habe bisher nur rund vier Dutzend kultiviert – es kann also durchaus sein, dass Ihre Lieblingstraube in meiner Aufzählung nicht vorkommt.

Ernte

Die frühesten Sorten sind emtereif, wenn die Beeren durchscheinend wirken. Das Gros allerdings lässt man so lange am Stock, bis das Wetter, die Vögel oder die Wespen ihnen den Garaus zu machen drohen. Trauben sind nicht allzu fäulnisanfällig, wenn man sie bei Trockenheit abschneidet und in einem Obstlager an ihren Stielen oder in Netzen aufhängt. Kernlose, feste Sorten wie 'Himrod' oder 'Flame' halten, im Kühlschrank in Beuteln gelagert, manchmal bis ins neue Jahr. Erstaunlicherweise bleiben die meisten Trauben bis weit in den Winter am Stock hängen. Sorten, deren Beeren in den Trauben nicht dicht gedrängt stehen, sind wesentlich weniger anfällig für Fäulnis. Im Grunde aber sollte man die Früchte nicht hängen lassen, denn damit unterdrückt man den nächsten Wuchs, begünstigt einen Befall durch Schädlinge und Krankheiten und macht das Schneiden unnötig schwierig. Man kann die ganzen Trauben mitsamt einem längeren Triebabschnitt vom Stock abtrennen, wie Schnittblumen in ein wassergefülltes Glas stecken und so an einem kühlen, dunklen, sicheren Platz frisch halten – ich habe auf diese Weise schon welche bis Ostern gerettet. Einmal wöchentlich holt man den Trieb aus dem Wasser, schneidet ein kurzes Stück vom Ansatz ab und tauscht das Wasser aus.

Verwertung und Verwendung

Beim Einfrieren verwandeln sich Trauben, selbst wenn man sie dabei in Sirup packt, in eine Art schlaffe Beutel mit harter Schale und wässriger Füllung, und auch als Sorbet machen sie keine besonders gute Figur. Sie einzuwecken ist kaum der Mühe wert. Viel lohnender ist es, sie auszupressen, zumal sich der Saft gut einfrieren lässt. Optimal ist dabei eine Mischung aus ganz süßen, unter Glas kultivierten Trauben, die kurz davor sind, kaputtzugehen, und den eher sauren Freilandfrüchten. Schimmelige Exemplare oder solche mit verrottenden Stielen sortiert man aus, da sie einen unangenehmen Beigeschmack erzeugen. Sogar aus unreifen Trauben lässt sich Saft gewinnen. Dieser sogenannte Verjus kann als Ersatz für Saft von Zitronen oder Weißen Johannisbeeren verwendet werden.

Erstaunlicherweise lassen sich Trauben sehr gut und ohne Probleme trocknen. Sicherlich wären kernlose Sorten dabei vorzuziehen, doch sie bilden eher die Ausnahme. Blaue Trauben ergeben gute Rosinen (vorzüglich sind die von Muskattrauben), aus weißen (kernlosen) Trauben werden Sultaninen, und das Allerfeinste sind die getrockneten Trauben von rötlich überhauchten Sorten. Rosinen & Co. sind das Beste, was man aus einer reichen Traubenernte machen kann – abgesehen von Wein natürlich.

Zu Konfitüre werden Trauben der Kerne wegen nicht verarbeitet, aber dafür zu Gelee, das gut schmeckt und normalerweise auch problemlos fest wird. Weniger aus weißen als vielmehr aus den aromatischeren roten Trauben lässt sich ein dünnflüssiger Sirup gewinnen, aus dem man dann eine Schorle mischen kann. Saurer Traubensaft peppt Kompotte sowie Fruchtkäse und -butter herzhaft auf. Anders als vielleicht erwartet, haben Trauben in puncto Liköre nichts zu bieten, aber dafür laufen sie ja beim Wein (siehe Seiten 68–69) zu Hochform auf. 'Siegerrebe' erbringt einen wundervollen Dessertwein.

Kiwis *(Actinidia deliciosa)*

Es ist zum Verrücktwerden: Jahrelang streiken diese Pflanzen, um dann schubkarrenweise Früchte zu produzieren. Im besten Fall am Spalier gezogen und stark zurückgeschnitten, fruchten sie unter Umständen regelmäßiger, wenn männliche und weibliche Exemplare nebeneinanderstehen. Manche der Früchte bleiben bis in den Winter hängen. Wenn sie der Frost ereilt, werden sie zwar weich, aber nicht ungenießbar. Im Obstlager halten sie sich in mit Papier ausgeschlagenen Kisten einen weiteren Monat und mehr, im Kühlschrank sogar bis zu etwa sechs Monaten. Damit kommt ihnen im Frühjahr eine nicht unbedeutende Rolle als wertvolles Frischobst zu.

Kiwikonfitüre geliert nicht richtig und das Gelee noch weniger. In beiden Fällen hilft die Zugabe von Apfel. Gegen das Einmachen wie auch gegen das Trocknen der Früchte spricht ihre harte Mittelachse. Der Saft, gewonnen aus den gezuckerten und am nächsten Tag abgetropften Früchten ist okay, allerdings nicht jedermanns Geschmack, und Gleiches gilt für den Sirup. Dafür ist das Sorbet exzellent, vor allem mit einem Hauch Chiliwürze.

Kiwisorbet

Kiwis, die bereits zu weich sind, um sie roh zu genießen, sorgfältig schälen und mit der gleichen Gewichtsmenge Zuckersirup behutsam erhitzen, bis sie ganz weich sind (die Fruchtachse darf fest bleiben). Durch ein feines Sieb streichen, abkühlen lassen und in einer Eismaschine nach Herstelleranweisung weiterverarbeiten. Alternativ in eine Metallschale füllen, ins Gefrierfach stellen und etwa stündlich mit einem Schneebesen kräftig durchschlagen, um die Bildung harter Eiskristalle zu vermeiden. Bis das Sorbet im Gefrierfach gleichmäßig cremig gefroren ist, dauert es je nach Leistungsfähigkeit des Geräts 4–6 Stunden.

In einem Sorbet kommen selbst weiche Kiwis noch zur Geltung.

Sparmarmelade von Zitrusfrüchten

Grundsätzlich lässt sich jede Zitrusfrucht zu Marmelade verarbeiten, auch Pomeranzen oder Kumquats, deren Schale recht bitter schmeckt. Ich lege sämtliche Schalen von biologisch angebauten Zitrusfrüchten, die bei mir anfallen, auf Eis. Irgendwann schneide ich sie alle in feine Streifen und lasse sie, reichlich bedeckt von einer Mischung aus Apfelsaftkonzentrat und Orangensaft zu gleichen Teilen, köcheln, bis sie ganz weich sind. Das Ganze wiege ich dann und ziehe das Gewicht des Topfes selbst ab. So ermittle ich die erforderliche Menge an Zucker, den ich als Nächstes hinzufüge. Ich lasse die Mischung weiter köcheln, und sobald sie sich klärt, fülle ich sie in Gläser, die ich dann verschließe.

Feigen *(Ficus carica)*
Die Feigen, die wir kultivieren, setzen keine Samen an und müssen auch nicht bestäubt werden. Sie vertragen in geschützter Lage leichten Frost und tragen mitunter Unmengen von Früchten. Eine regelmäßigere Ernte bekommt man, wenn man jede Feige, ob groß oder klein, nach dem Laubfall abnimmt. Die besten Früchte reifen an kurzem, gegliedertem Holz. Lange, gegliederte Triebe sollten herausgeschnitten werden, sofern man sie nicht für den Gerüstaufbau benötigt. Will man weniger, aber größere Früchte, kommt man um eine Ausdünnung nicht herum.

Früher wurden Feigen in Kästen aus Ziegeln gepflanzt. Ich verwende ausgemusterte Waschmaschinentrommeln. Die Wurzeln lassen sich meist aber auch schon dadurch im Zaum halten, dass man den Baum an eine warme Wand pflanzt. Feigenbäumen darf weder Stallmist noch ein anderer Dünger verabreicht werden, auch gießen sollte man sie nicht. Denn wenn sie nicht in trockenen, mageren Böden wachsen, entwickeln sie viel Laub, aber keine Frucht. Wesentlich besser sind sie in Kübeln aufgehoben, wo sie natürlich nicht ohne Wassergaben auskommen. So kann man sie teilweise unter Glas ziehen und im Sommer und Herbst ernten, mit ein bisschen Geschick sogar dreimal pro Jahr.

Die spätesten Feigen halten eine ganze Weile aus, aber bei Wärme fallen sie ab, und bei Kälte faulen sie. Geben Sie einen Tropfen Olivenöl auf das Auge, um den Reifeprozess zu beschleunigen, und schützen Sie die einzelnen Feigen anschließend mit Mullsäckchen – dann gehören sie Ihnen und nicht den Vögeln, wenn sie vom Baum fallen. Sobald die Schale aufplatzt, müssen sie gegessen werden. Reife Exemplare halten sich im Kühlschrank lediglich ein paar Tage.

Man kann Feigen in Sirup einmachen, wobei ihnen etwas Saft von Weißen Johannisbeeren oder Zitronen oder auch Verjus guttut, oder man verarbeitet sie zu Konfitüre, die zwar dickflüssig ausfällt, aber nicht richtig geliert. Die in unseren Breiten reifenden Sorten lassen sich nicht so ohne Weiteres trocknen, vielmehr schrumpfen sie dabei zu noch kleineren Mumien ein als die samendurchsetzten Exemplare, die es bei uns zu kaufen gibt. Aus diesem Grund sollte man sich auch das Kandieren sparen. An Feigenwein habe ich mich bisher ebenso wenig versucht wie an Feigenlikör. Aber ich stelle mir vor, dass sich frische Feigen gut in Brandy mit Sirup einlegen lassen.

Maulbeeren *(Morus sp.)*
Maulbeerbäume wurden früher in die Mitte einer Rasenfläche gepflanzt, wo man ihren Stamm mit einer runden Bank umgab. Die

Bäume sind heute so etwas wie ein Geheimtipp, werden dank ihrer Wunderfrüchte aber auch hier immer bekannter. Sie können außerordentlich groß geraten, lassen sich aber ohne Probleme schneiden und entwipfeln. Am wenigsten behagt den Gehölzen trockener Boden – sie tragen darin sehr schlecht und entwickeln kümmerliche Früchte. Die Beeren sollten nicht gepflückt werden, sondern sie fallen, wenn sie die optimale Reife erlangt haben, von selbst ab. Während dieser Zeit breitet man, falls unter den Bäumen kein Rasen wächst, Tücher aus. Die Schwarze Maulbeere wird häufiger kultiviert als die Weiße und hat wesentlich bessere Früchte zu bieten, doch steht ihr die Rote Maulbeere aus Nordamerika kaum nach.

Maulbeeren kann man trocknen, was aber einige Sorgfalt erfordert, da sie sonst gleich faulen. Zum Einfrieren muss man sie mit Sirup bedecken. Sie lassen sich wie Brombeeren einmachen, sollten dafür jedoch, damit sie nicht zerfallen, noch etwas unreif sein. Um ihr Aroma zu bewahren, verwendet man Zuckersirup. Für die Verarbeitung zu Konfitüre eignen sie sich nicht besonders: Damit sie fest wird, muss man sie mit Apfelmus mischen. Zudem haut einen der Geschmack nicht vom Hocker. Auch ein Fruchtkäse oder -leder aus diesen Beeren wäre geschmacklich eher enttäuschend. Ich habe sie in Rum und Sirup eingelegt, und das Resultat war nicht übel. Also: Genießen Sie Maulbeeren doch einfach frisch mit Schlagsahne.

Zitrusgewächse *(Citrus sp.)*

Erstaunlicherweise werden sie auch bei uns immer wieder kultiviert, obwohl sie nicht winterhart und obendrein anfällig für Schädlinge sind. Andererseits haben sie sich als zäh erwiesen und lassen sich nicht so leicht vom Fruchten abhalten. Dünnt man sie nicht aus, tragen sie sogar überreichlich, sodass man letzten Endes jede Menge winziger Früchte hat. Was aber auch nicht weiter schlimm ist, weil man sie zu einer ausgezeichneten Marmelade verarbeiten kann. Allerdings werden die Gehölze durch einen zu reichen Fruchtansatz geschwächt.

Zitrusgewächse müssen in Kübeln gezogen werden, damit man sie an einem kühlen, frostfreien, hellen und luftigen, aber nicht zu trockenen Platz überwintern kann – eine Beschreibung, die nicht unbedingt auf Ihr Wohnzimmer zutrifft, nicht wahr? Ideal ist ein kühles Gewächshaus mit gut isolierender Verglasung. Um gute Früchte, die überwiegend im Winter reifen, ernten zu können, muss man ihnen auch etwas Wärme zukommen lassen. Empfindlich reagieren sie auf zu viel Trockenheit. Man sollte sie gelegentlich besprühen. Sie bevorzugen gut durchlässige, neutrale Erde und möchten gut gedüngt, ja mit Flüssigdünger geradezu verwöhnt werden. In der sonnigen Jahreshälfte wässert man sie reichlich, am besten mit Regenwasser. Im Winter dürfen ihre Füße nicht nass und

Zitronenlikör

Ein exzellentes Rezept, um kleine Zitronen, die beim Auslichten des Behangs anfallen, zu verwerten. Die Früchte waschen, mehrmals mit einer Nadel einstechen und in ein Glas füllen. Durch die Zugabe von Beerenfrüchten wie Roten Johannisbeeren, Himbeeren oder Erdbeeren bekommt der Likör ein besonderes Aroma. Die Flasche mit hochprozentigem weißem Rum auffüllen, kalt stellen und täglich umdrehen. Nach 3 Monaten den Rum abgießen und mit Zuckersirup nach Geschmack vermischen. In eine saubere Flasche umfüllen und reifen lassen. Die Früchte selbst können anschließend noch für die Herstellung von Fruchtleder verwertet werden, wobei man jedoch aufpassen muss, dass die Zitronen es nicht zu bitter machen.

kalt werden, sonst faulen sie, werfen ihre Blätter und Früchte ab und geben ein trauriges, gelbes Bild des Jammers ab. Ist die Frostgefahr vorüber, härtet man die Pflanzen ab und lässt sie bis zum ersten Kälteeinbruch draußen stehen. In dieser Zeit brauchen sie viel Nährstoffe, Wasser und Spritzungen mit Algenpräparaten.

Die meisten Zitrusgewächse reifen im Winter – je nach Sorte mal früher, mal später. Drücken Sie reifende Früchte gelegentlich – wenn sie sich weich anzufühlen beginnen, ist der Boden zu trocken oder die Wurzeln haben sich bereits verabschiedet. Ein Übermaß an Wärme und Trockenheit macht sie auch zur leichten Beute von Heerscharen von Schädlingen. Bei dauerhafter übermäßiger Hitze bleiben die Früchte grün. Wenn Sie reife Früchte lange hängen lassen, unterdrücken Sie den nächsten Fruchtansatz, und holen Sie alles frühzeitig vom Baum, verkürzen Sie die Zeit bis zur nächsten Ernte. Wasserstress und eine anschließende Verwöhnphase regt Zitrusgewächse zu zusätzlicher Blüte an – allerdings führt der Stress auch dazu, dass bereits angesetzte Früchte abgeworfen werden!

Sorten

Zitronen sind pflegeleicht und tragen viele Früchte. Man kann aus mehreren Sorten auswählen. Empfehlenswert sind 'Meyer's', 'Lisbon' und 'Eureka', mit ihnen steht man selten ohne Zitronen da. Auch Kumquats und Mandarinen bereiten keine Probleme und tragen reichlich. Logischerweise können kleine Bäume in Kübeln nicht viele Grapefruits oder große Orangen tragen, weshalb sich ihre Kultur nur bei großen Exemplaren lohnt. Die Bitterorange (Poncirus trifoliata) ist ein winterharter dorniger Strauch mit kleinen, orangenähnlichen Früchten. Sie sind zwar essbar und sollen in Japan sogar geschätzt werden, aber mir behagen sie gar nicht, ich finde, sie taugen nicht einmal für Marmelade. Vielleicht sind Hybriden zwischen der Bitterorange und anderen Zitrusarten ja besser. Vergessen Sie die Idee, Zitrusgewächse aus Samen zu ziehen, es sei denn, Sie hätten unendliche Geduld. Ich weiß, wovon ich rede: Bis meine 'Ortanique' die ersten Früchte trug, vergingen geschlagene 23 Jahre!

Ernte

Noch winzige Früchtchen passen gut in Duftpotpourris, kleine und ebenfalls noch unausgereifte Exemplare verleihen Likören eine reizvoll herbe Note, und kleine Früchte, die schon etwas Saft enthalten, können in Zitrusmarmelade verwertet werden. Am besten schneidet man die Früchte mit kurzem Stielansatz ab, denn beim Abreißen kann die Schale verletzt werden. Im Kühlschrank halten sich Zitrusfrüchte Wochen, wenn nicht gar Monate, wobei sie langsam schrumpeln. Ohne Kälte faulen sie indes schnell, vor allem, wenn sie nicht atmen können. Daher sollte man sie wenigstens auf geschreddertes Papier betten oder in Netzen aufhängen.

Verwertung und Verwendung

Früher wurden Zitrusfrüchte, um sie vor dem Verderb zu schützen, mit Natron eingestäubt, aber das sah nicht schön aus und hinterließ auf den Schalen Spuren – ich selbst habe es nie probiert. Zitrusfrüchte sind schnell ausgepresst und der Saft lässt sich ohne Probleme einfrieren oder auch zu exzellenten Sorbets und Eislutschern verarbeiten. Absolut makellose Früchte kann man zerteilen, um sie in Sirup einzufrieren oder einzuwecken oder auch zu einem ausgezeichneten Likör zu verarbeiten. Darüber hinaus zählen Zitrusfrüchte, insbesondere kleine Tangerinen und die noch winzigeren Kumquats, zu den attraktivsten kandierten Früchten überhaupt. Natürlich kann man auch nur die Schalen kandieren – sie bilden eine leckere Zutat in exotischen Desserts und Kuchen.

Die sehr kleinen, dünnschaligen Kumquats können im Ganzen verzehrt werden und erhalten manchmal auch einen Schokoladenüberzug, der zwar ihre Haltbarkeit nicht merklich verlängert, aber ihr bitteres Aroma wunderbar ergänzt. Halbiert und in Sirup eingemacht wirken sie besonders dekorativ.

Anders als bei der Herstellung der meisten Konfitüren leisten bei der Zubereitung von Zitrusmarmeladen die Schalen, das weiße Mark und die Kerne der Früchte einen wesentlichen Beitrag. Die Schalen werden ihres herben Aromas wegen geschätzt, das weiße Mark sorgt (in geringen Dosen) für einen zusätzlichen bitteren Touch und die Kerne enthalten Pektin. Um ihre Gelierwirkung zu entfalten, brauchen sie jedoch Zeit. Man lässt diese Marmeladen deshalb länger köcheln als sonst allgemein für Fruchtkonfitüren oder -gelees üblich. Die Schalen werden in schmale Streifen geschnitten oder manchmal auch grob oder fein gehackt. Die Schalen von normalen Orangen ergeben kein klares Gelee. Das weiße Mark von Grapefruits und Bitterorangen wird beim Kochen glasig, während das anderer Zitrusfrüchte eher weiß bleibt. Um die Kerne aus der fertigen Marmelade nicht mühsam herausfischen zu müssen, löst man sie am besten beim Vorbereiten der Früchte heraus und packt sie in ein Mullsäckchen, in dem man sie dann mitkocht.

Mini-Zitroneneislutscher

Orangensaft und Zuckersirup zu gleichen Teilen vermischen und in eine Eiswürfelschale gießen. Von Holzspießen eine der Spitzen abschneiden, auf die andere eine Rosine spießen und in jedes Fach mit der Rosine voran (sie hält mit ihrem Gewicht das Ende des Hölzchens unter der Oberfläche und ist, nachdem man das Eis gelutscht hat, noch eine kleine Extraleckerei) einen dieser Spieße geben. Die Lutscher in der Schale gefrieren lassen und anschließend in Beuteln oder Dosen im Gefrierfach aufbewahren.

LINKS: **In Kübeln unter Glas gehalten, liefern Zitronen fast ganzjährig Früchte.**

Zitronen-Baiser-Torte

Für den süßen Mürbeteig 200 Gramm Mehl in eine Schüssel sieben und in die Mitte eine Mulde drücken. 110 Gramm leicht weiche Butter in kleine Stücke schneiden und mit 75 Gramm Zucker, 1 Prise Salz und 1 Eigelb in die Mulde geben. Die Zutaten von innen nach außen mit den Fingerspitzen oder mit Knethaken vermengen, 1–2 Esslöffel kaltes Wasser dazugeben und rasch zu einem gleichmäßigen Teig zusammenkneten. In Frischhaltefolie einschlagen und ½ Stunde im Kühlschrank ruhen lassen. Ausrollen und eine Tarteform damit auskleiden. Erneut kalt stellen und dann blindbacken: Mit Pergamentpapier abdecken, mit getrockneten Hülsenfrüchten beschweren und 12–15 Minuten bei 180 °C backen. Bohnen und Papier entfernen und den Boden in weiteren 5 Minuten hellgelb backen. Abkühlen lassen und kalt stellen.

110 Gramm Bitterschokolade im Wasserbad schmelzen und auf dem Teigboden verteilen, damit der Boden später nicht aufweicht. Im Kühlschrank fest werden lassen.

Saft und fein geriebene Schale von 2 großen Zitronen mit 75 Gramm Butter, 200 Gramm Zucker und 6 Eigelb im Wasserbad langsam erhitzen und dabei rühren, bis die Mischung eindickt. Leicht abkühlen lassen und auf den Teigboden gießen.

2 Eiweiß zu luftigem Schaum schlagen. In kleinen Portionen 50 Gramm extrafeinen Zucker einarbeiten, bis sich eine feste, glänzende Baisermasse ergibt. Mit einem Löffel auf der inzwischen kalten Zitronencreme verstreichen und im auf 150 °C vorgeheizten Ofen in 15 Minuten trocknen und zart bräunen. Die Torte kalt servieren.

RECHTS: Die Natur hält Holunder- und andere wilde Beeren oft in Hülle und Fülle bereit.

Hagebutten, Vogelbeeren und Holunderbeeren

Nicht nur wegen ihrer wertvollen Inhaltsstoffe – Vitamine, Mineralstoffe und Anthocyane – lohnt es sich, all diese Beeren zu sammeln und zu Konfitüre oder Gelee zu verarbeiten. Hagebutten können von jeder Rose stammen, wobei natürlich fleischige Früchte vorzuziehen sind. Man halbiert sie, holt die behaarten Samen heraus und lässt die Hälften, so eben mit Wasser bedeckt, musig einkochen. Das Ganze durch ein Sieb streichen, die gleiche Gewichtsmenge Apfelmus sowie die doppelte Gewichtsmenge Zucker hinzufügen, danach aufkochen lassen und in Gläser füllen. Für einen Sirup, den man am besten im Kühlschrank aufbewahrt oder einweckt, die Hagebutten halbieren und in der doppelten Menge Wasser kochen; das Fruchtmus durch ein feines Tuch abtropfen lassen, und den Saft mit der gleichen Gewichtsmenge Zucker vermischen.

Aus Vogelbeeren wie aus Holunderbeeren lässt sich mühelos ein Gelee bereiten, indem man sie kocht, dann abtropfen lässt und als Gelierhilfe Apfelkonzentrat dazugibt. Holundergelee gilt als ausgesprochen gesund. Holunderbeeren bereichern auch Fruchtkäse aus geschmacklich weniger aufregenden Früchten wie Äpfeln, und sie ergeben einen vorzüglichen Wein. Auch Vogelbeeren können zu Mus verarbeitet werden und machen sich ebenfalls gut als Zutat in Fruchtkäse, der prima zu herzhaften Gerichten passt.

Allerlei andere Früchte und wilde Beeren

Erstaunlich viele weitere Früchte der Natur kann man essen. So ergeben die Früchte von Fuchsien, ergänzt durch Apfelkonzentrat, ein gutes Gelee. Bei voller Reife purpurfarben und von kugeliger Form, erinnern sie auch im Geschmack an eher aromaschwache Sauerkirschen. Allerdings bergen sie keinen Stein, sondern kleine Samen.

In gekochtem Zustand genießbar sind darüber hinaus die Früchte zahlreicher Arten von Aronia (Apfelbeere), Berberis (Berberitze), Celtis (Zürgelbaum), Cornus (Kornelkirsche, Hartriegel), Crataegus (Weißdorn), Elaeagnus (Ölweide), Gaultheria (Rebhuhn-, Scheinbeere), Gaylussacia (Buckelbeere), Hippophae (Sanddorn), Mahonia (Mahonie), Myrtus (Myrte), Shepherdia (Büffelbeere), Sorbus (Vogelbeere, Eberesche), Vaccinium (Heidel-, Moos-, Preiselbeere) und Viburnum (Schneeball). Sie alle haben einen hohen Gehalt an Vitaminen sowie Anthocyanen zu bieten und lassen sich zu Gelees, Sirupen und Fruchtkäsen, Likören und Essigen verarbeiten. In manchen Fällen ist als Gelierhilfe der Zusatz von Apfelkonzentrat erforderlich. In jedem Fall aber vergewissern Sie sich, bevor Sie zur Tat schreiten, ob die betreffenden Früchte auch wirklich bedenkenlos genießbar sind.

Nüsse und Samen

Haselnüsse, Esskastanien, Walnüsse, Mandeln … sie sind allesamt imposante Gehölze. Wer über den entsprechenden Platz verfügt, sollte sie unbedingt kultivieren, denn sie liefern bei geringstem Pflegeaufwand Früchte, die reichlich Eiweiß, hochwertige Fette und eine Menge Mineralstoffe zu bieten haben.

Haselnüsse (*Corylus avellana* und *C. maxima*)

Im Gegensatz zur Gemeinen Hasel ist bei der Lambertshasel die Nuss länglich und von der Hülle komplett umschlossen. Ansonsten sind sich beide Arten sehr ähnlich. Sie gedeihen gut an Stellen mit kargem, trockenem Grund und sind äußerst beliebt bei Eichhörnchen und Ringeltauben. Die offiziell registrierten Sorten bilden deutlich größere Nüsse als die Wildformen, sieht man einmal von den köstlichen, aber auffallend kleinen Früchten der rotblättrigen Lambertsnuss ab. Die Schnittmaßnahmen beschränken sich darauf, lange, dünne Triebe an der Basis zu kappen und aus der Mitte zu dicht wachsende Stämme herauszunehmen. Kurz bevor die Reife erreicht ist, unter dem Strauch mähen und das gesamte Laub einschließlich alter und vertrockneter Nüsse aufrechen, den Strauch schütteln und sämtliche herabfallenden Nüsse gleich aufsammeln.

Anschließend die Ernte durchsehen, bevor man sie an einem trockenen, gut belüfteten Platz in Sieben oder Netzen nachreifen lässt. So lassen sich die Nüsse hervorragend bis zum Frühjahr aufbewahren. Für eine längere Lagerung packt man sie in ihren Schalen in Gläser mit Salz. So haben sie bei mir schon ein paar Jahre durchgehalten.

Fällt diese Ernte zu gering aus, bliebe noch der Vorrat der Eichhörnchen. Harken Sie den Grund unter dem Strauch, und Sie werden erstaunt sein über die Vielzahl von Nüssen, die hier zum Vorschein kommen.

Geschälte Nüsse halten sich in einem Schraubglas im Kühlschrank einige Wochen. Sicherer ist es jedoch, sie mit Salz oder Honig zu rösten – oder sogar zu räuchern – und sie anschließend in Beuteln oder Dosen einzufrieren. Gibt man sie dann vor der Verwendung kurz in den Backofen, werden sie wieder schön knackig. Man kann sie auch blanchieren und enthäuten, grob mahlen und Makronen aus ihnen backen, die sich in einer Blechdose oder in der Gefriertruhe gut aufbewahren lassen. Oder wie wäre es mit einer selbst gemachten Tafel Schokolade vom Typ „Trauben-Nuss"?

Pikante geröstete Nüsse

Nach Belieben Hasel- und Lambertsnüsse mit weiteren Sorten mischen und enthäuten wie oben beschrieben. Einige eingesalzene Sardellen mit geschälten Knoblauchzehen, geräuchertem Paprikapulver und schwarzen Pfefferkörnern im Mörser zu einer glatten Paste zerreiben. In eine Schüssel füllen, die Nüsse hinzufügen und durchmischen, bis sie gleichmäßig überzogen sind. Nebeneinander auf einem gefetteten Backblech ausbreiten und im vorgeheizten Ofen bei 200 °C in etwa 10 Minuten goldbraun rösten. Auskühlen lassen und in einem fest verschlossenen Gefäß in den Kühlschrank stellen.

Maronen *(Castanea sativa)*

Sie wachsen zu imposanten Bäumen heran, lassen sich viel Zeit, bis sie das erste Mal tragen und bringen auch dann nur nach zwei guten Sommern in Folge eine zufriedenstellende Ernte. So gesehen sammelt man Maronen – oder Esskastanien – besser in einer Gegend mit mildem Klima in freier Wildbahn. Ordentlich getrocknet halten sie sich unter Umständen bis in den Spätwinter, und um ihre Haltbarkeit zu verbessern, kann man sie zusätzlich in Salz und Sägemehl packen. Sehr beliebt sind geröstete Maronen, und damit sie einem bei der Zubereitung nicht um die Ohren fliegen, werden sie zuvor kreuzweise eingeritzt. Indem man geschälte und enthäutete Maronen zu feinem Mehl mahlt und dieses mit Zucker und Vanille kocht, erhält man einen Aufstrich, der ein wenig den bei Kindern so beliebten Nuss-Nugat-Cremes ähnelt. Man füllt diese Maronencreme in ein Glas und bewahrt sie im Kühlschrank auf.

Walnüsse *(Juglans regia)*

Walnussbäume erreichen Riesenausmaße, und es dauert lange, bis sie fruchten. Dennoch sind sie, wenn man den nötigen Platz hat, sehr zu empfehlen. Sammeln Sie, mit Gummihandschuhen gerüstet, die Nüsse ein, sobald sie abfallen, und streifen Sie gleich die bereits verrottende Außenschale ab. Trocknen Sie die Nüsse dann, nebeneinander ausgebreitet, an einem luftigen Ort (keinesfalls unter Hitzeeinwirkung). Ich reibe sie mit Holzasche ab und packe sie anschließend in eine Mischung aus Holzasche, Salz und Sägemehl. So bleiben sie locker bis zum nächsten Sommer genießbar. Man kann sie, geschält, blanchiert und enthäutet, hacken, mit Kaffeesirup vermischen und einfrieren, um sie später als Backzutat zu verwenden. Um Walnüsse einzulegen, muss man sie pflücken, solange ihre Schalen noch weich sind. Diese mit einer Nadel mehrmals einstechen und die Nüsse in ihren grünen Außenhüllen 1–3 Tage in Lake (angesetzt mit 500 Gramm Salz pro 5 Liter Wasser) ziehen lassen. Abseihen, in frische Lake einlegen und 1 Woche ruhen lassen. Erneut abseihen und die Nüsse dann, auf eingeölten Blechen ausgebreitet, für 1 Tag an einen hellen Platz im Freien stellen, sodass sie schwarz anlaufen. Anschließend in Gläser füllen, mit heißem gesüßtem und gewürztem Essig bedecken und verschließen. Vor dem Verzehr mindestens 1 bis 3 Monate ruhen lassen. Aus Walnüssen

Haselnuss-Schokolade

Rosinen oder getrocknete Kirschen machen sich auch gut in dieser Schokolade.

Haselnüsse knacken und die Kerne in kleinen Portionen für einige Minuten in kochendes Wasser geben. Herausholen, durch Reiben zwischen den Handflächen enthäuten, danach abkühlen und trocknen lassen. Im Wasserbad 1 Tafel gute Milch- oder Bitterschokolade langsam schmelzen. Eine dünne Schicht Schokolade in eine gekühlte und einige Zentimeter hoch mit gebutterter Alufolie ausgekleidete, eckige Metallform gießen und herumschwenken, bis der Boden und ein Teil des Randes gleichmäßig überzogen sind. Im Gefrierfach fest werden lassen.

Erneut 1 Tafel Schokolade schmelzen und behutsam etwa ein Viertel bis ein Drittel ihres Gewichts an geschälten und nach Belieben grob gehackten Haselnusskernen unterziehen. Die Mischung in die „Schokoladenschale" gießen. Wieder ins Gefrierfach stellen, bis die Schokolade erstarrt ist. Weitere Schokolade schmelzen und in die Schale gießen, sodass die Nussschicht komplett abgedeckt ist. Nochmals ins Gefrierfach geben. Die Schokoladentafel, nachdem sie durch und durch fest ist, aus der Form nehmen, die Folie abziehen und die Tafel mit einem schweren, scharfen Messer in Riegel oder Quadrate teilen. Um von vornherein einzelne Stücke zu erhalten, kann man die flüssige Schokolade auch in eine Eiswürfelschale gießen.

lässt sich außerdem ein köstlicher Likör (Rezept siehe unten) bereiten.

Mandeln *(Prunus dulcis var. dulcis)*
Süßmandeln, die von benachbarten Ziermandelbäumchen oder auch von Pfirsichen oder Nektarinen bestäubt werden, bilden bittere Samen, die man nicht essen sollte. Befinden sich die Süßmandeln dagegen nur unter ihresgleichen oder sind sie selbstfertil, machen die Früchte ihrem Namen alle Ehre. Nach der Ernte befreit man sie von ihrer fleischigen Hülle, lässt die Mandeln ungeschält gut trocknen und packt sie dann in Salz, wo sie sich monatelang halten. Alternativ löst man die Kerne aus den Schalen, blanchiert und enthäutet sie und bewahrt sie anschließend im Kühlschrank auf. Noch besser: Die Mandeln mahlen und mit Butter, Zucker und Vanille vermengen. So erhält man ein Marzipan, das zwar etwas gröber und nicht so weiß wie die industriell hergestellten Produkte ist, aber großartig schmeckt. Natürlich könnte man gehackte Mandelkerne auch anstelle von Haselnüssen für die Schokolade auf Seite 123 verwenden.

LINKS: **Eine Handvoll konnte ich vom Vorrat der Eichhörnchen noch retten.**
RECHTE SEITE: **Die Nussernte kann auch zu einer Schatzsuche im Laub werden.**

Walnusslikör

Junge, grüne Walnüsse mit einer dicken Nadel ringsherum mehrmals einstechen – damit dies gut klappt, müssen sie frühzeitig gepflückt werden, solange sie noch weich sind. Die Nüsse in ein Glas oder eine Flasche mit weitem Hals füllen und mit dunklem Rum oder Brandy bedecken. Kalt stellen, so ungefähr jeden Tag vorsichtig schütteln und zurück in den Kühlschrank geben. Nach 3 Monaten den Alkohol in eine andere Flasche umfüllen und die gleiche Volumenmenge konzentrierten Zuckersirup hinzufügen. Vor dem Genuss mehrere Monate ruhen lassen. Für eine Variante die bereits gebrauchten Nüsse mit Rotwein übergießen und nochmals 3 Monate ziehen lassen, wie zuvor beschrieben. Anschließend diesen Auszug zu dem alkoholreichen Auszug gießen und weiteren Sirup hinzufügen.

Pilze

In einer Saison machen sich Pilze extrem rar, und das nächste Mal sprießen sie in dichtester Formation. Die Pilzzucht ist nicht schwierig, aber nicht gerade wirtschaftlich, wenn man eines dieser Komplettsets ersteht, die nicht nur für die Allerweltssorten angeboten werden, sondern auch für die eher exotischen wie Shiitake und verschiedene Austernpilze.

Theoretisch könnte man fast alles mit Pilzsporen impfen, sei dies der Komposthaufen, der Holzstapel – oder das Bücherregal. Diverse einheimische Wildpilze, die für den Verzehr geeignet sind, könnte man ebenfalls mit im Fachhandel erhältlichen Sporen auf der Gartenwiese ansiedeln. Doch auch in diesem Fall wird die Ausbeute einmal riesig und dann wieder ausgesprochen mager ausfallen. Mit Champignons und Austernpilzen habe ich oft gute Ergebnisse erzielt, während ich trotz wiederholter Versuche weder mit Shiitake noch mit Trüffeln bisher Glück hatte.

Pilze werden geerntet, bevor sie alt und zäh sind und die Sporenbildung einsetzt. Warum sollte man sie einfrieren oder einmachen, wo sie sich doch so gut trocknen und anschließend durch Einweichen zu neuem Leben erwecken lassen? Ganz gleich aber, für welche Konservierungsmethode Sie sich entscheiden, sortieren Sie zweifelhafte Exemplare konsequent aus, denn ein einziger ungenießbarer Pilz macht die gesamte Partie unbrauchbar. So makellos die Haut bei jungen Pilzen auch erscheinen mag, empfiehlt es sich aus Hygienegründen dennoch, sie abzuziehen. Kleine Pilze können im Ganzen getrocknet werden, größere schneidet man in dicke Scheiben. Die Scheiben zum Trocknen auf Fäden ziehen oder auf Drahtgittern in den auf kleinster Stufe vorgeheizten Backofen geben. Anschließend in Papiertüten füllen und in Schraubgläsern aufbewahren. Je nach Größe werden die Pilze vor dem Verbrauch 30–60 Minuten in lauwarmem Wasser eingeweicht. Ich habe auch schon Pilzscheiben im Rauch getrocknet und sie erfolgreich eingesetzt, um langweiligen Wintereintöpfen mehr Pfiff zu geben.

Man kann Pilze zu Pickles verarbeiten, sie in einem würzigen Sud kochen und dann in Öl einlegen – ein leckeres Antipasto (Rezept siehe rechte Seite) – oder sie frisch in Pastasaucen oder auf Pizzen verwenden, die man dann einfriert. Und schließlich ergeben sie ein Ketchup, das zum Beispiel gut zu gegrilltem Steak schmeckt.

VON LINKS NACH RECHTS:
Säuberlich abgezogene Pilzhüte werden auf einen Faden gereiht.
Die „Pilzkette" ist fertig.
Wenn die Kette hängt, werden die Pilze auseinandergeschoben.

Pilz-Ketchup

Große Pilze – allerdings keine Champignons – putzen, enthäuten, in Scheiben schneiden und über Nacht in Salzlake einlegen. Abseihen und gründlich abspülen. Mit Essig in einen Topf füllen und Gewürze dazugeben. Ich empfehle je 1 Löffel gemahlenen Zimt, gemahlenen Ingwer, Senfpulver und Paprikapulver, während andere Gewürznelken, Muskatblüte und Muskatnuss vorziehen. Köcheln lassen, bis die Pilze ganz weich sind, und das Ganze dann durch ein Sieb streichen. Das recht dünnflüssige Ketchup in Eiswürfelschalen gefrieren lassen und die Würfel anschließend in einem fest verschlossenen Beutel im Gefrierfach aufbewahren. Alternativ das Ketchup in kleine Gläser füllen und diese mit aufgeschraubtem (aber nicht ganz fest zugedrehtem) Deckel im Wasserbad in 20 Minuten bis zum Siedepunkt erhitzen. Bevor das Ketchup auskühlt, die Deckel fest aufschrauben.

Pilz-Antipasto

Die Pilze putzen und für etwa 1 Stunde in Salzlake einlegen, danach abspülen und abtropfen lassen. Mit Wein- oder Apfelessig, 1 Lorbeerblatt, mehreren Knoblauchzehen und Pfefferkörnern sowie nach Belieben 1 Chilischote in einen Topf füllen und köcheln lassen, bis die Pilze gar sind. Abseihen, gut abtropfen lassen und heiß in Gläser füllen. Mit sehr heißem Olivenöl auffüllen und sogleich verschließen. Der Essig kann noch für die Herstellung von Pilz-Ketchup verwendet werden.

Reichlich Geschmack, wertvolles Eiweiß, wenig Fett – Pilze haben viele Vorzüge. Man kann sie im Dunkeln kultivieren, und sie lassen sich ganz leicht trocknen.

Kräuter und Salate

MEHRJÄHRIGE KRÄUTER

Für die Küche haben sie eine enorme Bedeutung, doch werden die meisten von ihnen eher sparsam dosiert. Gewöhnlich genügt ein gutes, stattliches Exemplar, um in getrocknetem Zustand jahraus, jahrein die Versorgung sicherzustellen. Viele Kräuter können, an einem günstigen Standort und mit etwas Schutz vor schlechter Witterung gezogen, ganzjährig geerntet werden, wenngleich der frische Frühjahrs- und Sommerwuchs natürlich am saftigsten ausfällt. In der Regel lassen sie sich problemlos in Töpfen ziehen, sofern man sie mit einem stark durchlässigen Substrat und einem sonnigen Plätzchen verwöhnt. In einem feuchten, dunklen Zimmer oder einem schwülen Gewächshaus dagegen halten sie nicht lange durch.

Rosmarin, Thymian, Salbei, Majoran, Oregano *(Rosmarinus officinalis, Thymus, Salvia, Origanum majorana, O. vulgare)*

Diese typischen mediterranen Kräuter brauchen für optimales Aroma allesamt einen sonnigen, trockenen Standort. Im Freiland sollten sie niemals gedüngt werden, sonst werden sie sparrig und hart. In Töpfen beschränkt man die Düngergaben auf ein Minimum. Gegen eine Spritzung mit einem Algenpräparat indes haben sie nichts einzuwenden, ob im Gefäß oder im Freien. Man kann sie problemlos auf einer Terrasse ziehen, sofern das Klima nicht ungewöhnlich rau ist. Nur bei miserablem Wetter oder zum Vortreiben im Frühjahr stellt man sie unter Glas. Damit sie in Form bleiben, schneidet man sie regelmäßig zurück. Alle fünf Jahre sollten sie ganz ausgewechselt werden. Bei Thymian haben die silbrigen, buschigen Sorten das beste Aroma, bei Salbei dagegen gebe ich den rötlichen den Vorzug vor den silbrigen, während die übrigen panaschierten und farbigen Formen minderwertiger sind. Oregano hat ein kräftigeres Aroma als Majoran und wird häufiger getrocknet verwendet.

Um sie zu konservieren, ernten Sie die Kräuter kurz vor der Blüte oder nach dem Rückschnitt, wenn gerade zahlreiche Neutriebe gesprossen sind. Man trocknet sie am besten als einzelne Zweiglein an einer Leine und steckt sie anschließend in Tütchen und dann in Gläser. Sie können allesamt gehackt und, in Öl oder Wasser gemischt, in Eiswürfelschalen eingefroren werden. Noch besser allerdings ist es, wenn man sie – oder sogar nur ihre Blüten – erntet und daraus feine Liköre bereitet.

Schnittlauch *(Allium schoenoprasum)*

Schnittlauch ist besonders vielseitig einsetzbar. Ich brauche Unmengen davon für Salate, Omeletts und Saucen. Er lässt sich in Töpfen ziehen und endlos teilen, weshalb man beliebig viele Horste kultivieren kann, die man sukzessive aberntet (bis zum Grund abschneiden), sodass immer genug verfügbar ist. An einem warmen, hellen Standort liefert Schnittlauch fast ganzjährig frische Röhrenblätter. Sobald die Blüten erscheinen, werden sie abgeschnitten, um eine Selbstaussaat zu verhindern. Schnittlauch lässt sich, auf Drahtgitter ausgebreitet, leicht trocknen. Sobald er trocken ist, wird er in kurze Stückchen geschnitten.

Estragon *(Artemisia dracunculus var. satira)*

Estragon – aber ich meine wohlgemerkt nicht den grässlichen Russischen Estragon *(Artemisia dracunculus subsp. dracunculoides)* – entfaltet ein delikates Aroma, das sich beim Trocknen allerdings verliert. Die Pflanzen gedeihen in Töpfen nicht gut, halten in sandiger, durchlässiger Erde aber aus. Wenn man sie nicht jedes dritte Jahr teilt und neu pflanzt, gehen sie ein. Die frischen Blätter werden zum Würzen von Salaten, Omeletts und Fisch verwendet. Vorzüglich schmeckt Estragonessig: Dafür junge Triebe in mildem Weißweinessig ziehen lassen.

Minze *(Mentha sp.)*

Man braucht das duftende Kraut das ganze Jahr, vor allem für Lamm und zu neuen Kartoffeln. Minze kommt ohne Sonne aus und mag viel Feuchtigkeit. Sie nimmt leicht überhand, weshalb man sie oft in großen Gefäßen zieht. Den besten Geschmack hat angeblich die berühmte Bowles-Apfelminze. Man kann Minze das ganze Jahr über frisch genießen. Dazu gräbt man einfach ein, zwei Wurzeln aus, topft sie ein und bringt sie nach drinnen. In der Wärme treiben sie neu aus. Man verwendet Minze gern frisch für Kräutertees, doch kann man aus ihr auch vorzügliche Liköre bereiten – und, wie gesagt, Saucen für Lamm und neue Kartoffeln.

Minzsauce

Weit vor Einsetzen der Blüte und am besten in den Morgenstunden die oberen Blätter und Triebspitzen abzwicken. In feine Streifen schneiden, abwechselnd mit Lagen von extrafeinem Zucker in ein Glas füllen und mit Malzessig aufgießen. Im Kühlschrank aufbewahren. Alternativ etwas Minze pflücken, in Streifen schneiden und in eine frische Mischung aus Apfel- oder Weißem Johannisbeergelee und Apfelessig geben. Verschlossen aufbewahren.

EINJÄHRIGE KRÄUTER UND SALATE

Sie gedeihen vornehmlich in nährstoffreicher, feuchter Erde. Durch Folgeaussaaten im Freiland sowie in Töpfen kann man die Erntesaison erheblich ausdehnen. An Trocknen oder Einfrieren braucht man deshalb kaum zu denken.

Basilikum *(Ocimum basilicum)*
In vielen Zubereitungen mit Tomaten ist es ein absolutes Muss, und das Sortenspektrum mit unterschiedlichen Geschmacksrichtungen wird immer größer. Man sät das sehr empfindliche Kraut in Töpfe aus und zieht es an einem warmen Platz unter Glas heran. Später kann es ausgepflanzt werden, braucht aber dann einen sehr warmen, sonnigen Standort. In Topfkultur geht Basilikum, wenn der Winter naht, ein, selbst wenn man es zurückschneidet oder ihm weiterhin Wärme gönnt. Man kann die Stängel und Blätter in einem dicht schließenden Behälter einfrieren. Alternativ lässt sich Basilikum in Form von Kräuterwürfeln konservieren (siehe unten). Vom Trocknen ist abzuraten, da das Aroma dabei leider verfliegt.

Gefrorene Kräuterwürfel
Frische Kräuter waschen, sehr fein hacken und mit Brühe, Öl, Butter oder Wasser mischen. In gefettete Eiswürfelschalen füllen, gefrieren lassen und die Würfel schließlich in aromadichten Beuteln in der Gefriertruhe verstauen. Die Beschriftung nicht vergessen.

LINKS: **Thymian und Schnittlauch gedeihen üppig und sind immer einsatzbereit.**

Flowerdews Supersalat

Auch ohne – oder jedenfalls fast ohne – Blattsalate lassen sich fabelhafte Salate kreieren. Je mehr verschiedene Kräuter ich kombiniere, desto interessanter schmeckt das Ganze.

Die Kräuter je nach Art nur klein rupfen oder fein hacken und nach Belieben gründlich mit Essig und Öl vermischen (ich selbst lasse das Dressing meist weg). Nehmen Sie je nach Verfügbarkeit: ein wenig Rosmarin, Thymian, Salbei, Majoran, Süßdolde, Bohnenkraut, Koriander- und Fenchelgrün; etwas mehr an Petersilie, Kerbel, Dill, Estragon und Basilikum; reichlich Schnittlauch und Rucola; je nach Geschmack Minze, Kapuzinerkresseblätter, Portulak, Guter Heinrich, Barbarakraut, Zitronenmelisse, Radicchio und Walderdbeeren. Wieder durchmischen und, gewissermaßen für die „Hintergrundmusik", aus Folgendem eine Auswahl dazugeben: geraspelte Karotten und Kohlrabi, gehobelten Rot- und Weißkohl, gehackte rote und grüne Paprikaschoten, feine Scheiben von Stangensellerie, klein geschnittene Gurken, zarte Grünkohlblätter, Feldsalat und auch Kopfsalat, Chicorée, Endivie und im Grunde alles, was der Garten sonst noch an essbarem Grün hergibt, bis hin zu jungen, zarten Erbsen. Größere Anteile an Salatgemüse mildern die Kräuternoten und sorgen für knackigen Biss. Hübsche Farbtupfer und geschmackliche Akzente setzen schließlich Blütenblätter von Ringelblumen und Taglilien *(Hemerocallis)*, Pelargonien, ganze Blüten von Kapuzinerkresse, Borretsch und Rosmarin sowie Blütenblätter von Veilchen, Stiefmütterchen, Bergamotte und Rosen.

Den Salat immer wieder durchmischen, probieren und die Mengenverhältnisse gegebenenfalls korrigieren. Zuletzt noch mit halbierten Cocktailtomaten garnieren und mit Kürbiskernen, Mohn und Sonnenblumenkernen bestreuen. Diesen würzigen Salat mag ich lieber ohne Dressing und serviere, um seine eher trockene Beschaffenheit auszugleichen, etwas Cremiges wie Tarama, Hummus oder Eiersalat mit Mayonnaise dazu.

Rucola, Kerbel, Dill, Petersilie, Frühlingszwiebeln, Grüner Salat, Endivie *(Eruca vesicaria, Anthriscus cerefolium, Anethum graveolens, Petroselinum, Allium, Lactuca sativa, Cichorium endivia)*

Sie gehören zu den wertvollsten Nutzpflanzen in unseren Gärten, und wenn man in Töpfen, unter Glas, im Freiland und im Winter in einer warmen Umgebung immer wieder Folgeaussaaten vornimmt, kann man sie rund ums Jahr frisch genießen: Säen Sie Rucola im Zweiwochenrhythmus und die übrigen monatlich neu aus; beim Grünen Salat rate ich Ihnen zu Pflücksalaten, da man sie ganz nach Bedarf schneiden kann. Im Frühjahr und Sommer sollten Sie für die Essiggurkenproduktion selbstverständlich große Dillbestände anlegen.

Winterportulak *(Claytonia)*, Feldsalat *(Valerianella)*

Während die winterliche Kälte regiert, zieht man diese beiden erfreulich produktiven Salatsorten unter Glas, im nur kühlen Spätherbst und zeitigen Frühjahr kommen sie auch im Freiland zurecht. Winterportulak kann wie Spinat gedünstet, gehackt oder passiert und eingefroren werden.

Spinat *(Spinacia oleracea)*

Genau wie Grüner Salat wird Spinat mit wiederholten Folgeaussaaten in nährstoffreichem, feuchtem Boden kultiviert und gepflückt, solange er zart und saftig ist. Für die Bevorratung kann man die gewaschenen Blätter in kochendem Wasser garen, fein hacken und in Beuteln oder Plastikbechern einfrieren. Sauberen Spinat können Sie ernten, indem Sie ihn durch eine Auflage wachsen lassen: Den Spinat in Multitöpfe säen; vor dem Auspflanzen auf dem Beet Folie, Zeitungspapier oder Kartons ausbreiten, die in gleichmäßigen Abständen mit Löchern versehen sind, und in diese den Nachwuchs hineinsetzen.

Pak-Choi und Chinakohl *(Brassica rapa)*

Diese Gemüse werden wie Salat in sehr nährstoffreichem und feuchtem Grund gezogen. Die besseren Ergebnisse erbringen sie bei Sommer- und Herbstaussaat; die meisten Sorten neigen im Frühjahr ausgesät zum Schossen. Das saftige Gemüse schmeckt herrlich in Wokgerichten, und nach der Ernte gibt es noch einen Nachschlag, denn die Stümpfe treiben erneut aus. Vermutlich könnte man Pak-Choi und Chinakohl auch zu „chinesischem Sauerkraut" verarbeiten, doch damit würden sie ihre köstlich knackige und frische Art einbüßen.

LINKS: In Multitopfplatten unter Glas gezogen und erst dann ins Freie gesetzt entwickeln sich Salatpflanzen am kräftigsten.

Gemüse: Wurzelgemüse, Lauchgewächse, Hülsenfrüchte, Kohl-, Kürbis- und Nachtschattengewächse, Samen liefernde Arten, Mehrjährige

Man kann die Erntesaison vieler Gemüsearten ausdehnen, indem man frühe und späte Sorten sät. Viele bleiben außerdem lange im Erdreich oder eingelagert im Keller frisch und müssen nicht auf andere Art und Weise haltbar gemacht werden – außer, man will kurze Durststrecken überbrücken. In der Regel ist die Konservierung von Gemüse etwas problematischer als die von Obst, weil Gemüse wenig Säure oder Zucker enthält und anfälliger ist für Fäulniserreger, die auch uns Menschen schaden können. Deshalb muss man beim Konservieren wesentlich vorsichtiger sein. Ich verarbeite Gemüse gerne zu Pickles und Chutneys, denn dabei wird es durch Essig und Zucker haltbar gemacht. Trocknen lässt sich Gemüse ohne größeres Risiko, und anschließend in luftdichte Dosen verpackt oder auch eingefroren, bleibt es zur Not jahrzehntelang genießbar.

WURZELGEMÜSE

Die meisten Wurzelgemüsesorten sind zweijährig. Sie speichern im ersten Jahr Energie, um im zweiten Jahr Blüten zu bilden. Unter widrigen Bedingungen blühen sie verfrüht und werden damit für uns unbrauchbar. Damit sie lange gelagert werden können, brauchen sie einen hohen Anteil an Trockensubstanz. Man gibt ihnen also anfangs reichlich Wasser, drosselt aber später, wenn sie bereits drei Viertel ihrer endgültigen Größe erreicht haben, die Flüssigkeitszufuhr. Nie dürfen sie mit unreinem, beispielsweise mit Gülle vermischtem Wasser gegossen werden.

Karotten *(Daucus carota subsp. sativus)*

Die ausgesprochen gesunden, süßen Wurzeln können das ganze Jahr über auf dem Speiseplan stehen. Wenn man bestimmte Sorten pflanzt und sie mit einigen einfachen Mitteln schützt, lassen sie sich sogar im Winter ziehen. Es gibt Unmengen von Sorten in allen möglichen Farben und Formen. Sogar kurze Karotten für flachgründigen Boden oder Töpfe hat man gezüchtet. An die Fruchtbarkeit des Erdreichs stellen Karotten keine Ansprüche und auch der pH-Wert ist ihnen einerlei. Lediglich frischen Dünger und Stallmist vertragen sie nicht: Er verursacht Krüppelwuchs oder eine Teilung der Wurzeln in viele kleine Zweige. Kultivieren Sie Karotten nicht nach Erbsen oder Bohnen. Ich säe sie gern nach Zwiebeln in nicht umgebrochene Erde, die lediglich fein geharkt wurde. Selbst in tiefen Töpfen gedeihen Karotten bestens, sofern sie genug Platz haben. Die kleineren, vorgetriebenen Exemplare brauchen zunächst reichlich Wasser, um süß und saftig zu geraten, später kommen sie sogar mit leichter Trockenheit zurecht. Spritzungen mit Algendünger tun ihnen sehr gut. Ihr häufigster Schädling, die Möhrenfliege, lässt sich durch ein über die Kulturen gespanntes und rundum am Boden befestigtes Netz problemlos fernhalten.

Sorten

Sehr beliebt sind Karotten vom Typ Nantaise und solche wie die klassische 'Amsterdam Forcing', die rasch wachsen und in nährstoffreichem, feuchtem Boden recht eng gesät werden können. Mit Folgesaaten kommt man über den ganzen Sommer. Es gibt auch sehr frühe und späte Formen für die Unterglaskultur im Frühjahr, Herbst und Winter. Daneben existieren alle möglichen nach Aussehen und weiteren genetischen Merkmalen gegliederten Sortengruppen. Wirtschaftlich am wichtigsten aber sind die größeren, langsam wachsenden Züchtungen, die sich im Allgemeinen gut lagern lassen.

UNTEN: **Auch in tiefen Töpfen wachsen Karotten tadellos.**

Karotten-kuchen

Je 200 Gramm Butter und braunen Zucker hellschaumig schlagen. Nach und nach 3 leicht verquirlte Eier sowie etwa ½ Teelöffel gemahlenen Zimt und einige Tropfen Vanilleextrakt einrühren. 400 Gramm fein geraspelte Karotten, 1 Handvoll Rosinen und 200 Gramm Mehl sowie 1–2 Teelöffel Backpulver untermengen. Den Teig, der ziemlich fest sein sollte, in eine gefettete und mit Backpapier ausgelegte Kastenform füllen. Im vorgeheizten Ofen bei 180 °C etwa 50 Minuten backen, bis er durchgegart ist. Den Kuchen auf einem Drahtgitter auskühlen lassen.

Mit Butter und Konfitüre bestrichen schmeckt dieser saftige Kuchen noch besser.

Ernte

Karotten sollten nicht mit Gewalt aus dem Erdreich gezerrt werden, da dann das Grün abreißt. Stechen Sie zuerst eine Grabgabel eine Handbreit daneben in den Boden und lockern Sie die Wurzeln damit leicht. Aber Vorsicht: Echte Prachtexemplare können durch die Zacken beschädigt werden. Ich habe eine Grabgabel mit zwei Zacken (sie hatte einmal vier), mit der ich Karotten von zwei Seiten behutsam lockern kann.

Abgedeckt mit Kunststofffolie und Mulchmaterial, lassen sich Karotten auch im Boden lagern. Alternativ kellert man sie in leicht feuchtem Sand ein. Drehen Sie das Laub beim Einlagern ab, denn wenn man es abschneidet, bluten die Karotten angeblich stärker. Sollten sie doch verletzt werden, hilft Versiegeln der Schnittstelle mit Holzasche. Auch von einer noch im Boden steckenden Karottenreihe, die zu schossen droht, kann das obere Ende gekappt, mit Holzasche und anschließend mit Sand bedeckt werden, um die Wurzeln noch weitere Wochen über die Runden zu bringen.

Verwertung und Verwendung

Man könnte Karotten in Scheiben schneiden und trocken, in Scheiben oder Würfeln blanchieren und dann nach dem Auskühlen einfrieren oder theoretisch auch einwecken. Doch warum sollte man sich all die Mühe machen? Schließlich sind Karotten ganzjährig frisch verfügbar. Sie lassen sich gut auspressen, und den Saft kann man einfrieren. Die Fruchtmasse, die dabei übrig bleibt, lässt sich in einem Karottenkuchen verwerten. Karotten passen, in Stücke gschnitten, gut in Pickles und Chutneys. Sie lassen sich in recht leckere kleine Chips verwandeln, verbrennen aber schnell, wenn das Öl zu heiß ist. Sogar ein kräftiger Wein lässt sich aus Karotten bereiten, der aber erst dann zu einem wirklichen Genuss wird, wenn man ihn mit Rosinen und Orangen, Roter Bete oder Holunder anreichert.

Speise- und Steckrüben *(Brassica rapa/napus)*

Speiserüben reifen rasch und können in Folgesaaten durch Unterglaskultur fast das ganze Jahr geerntet werden. Auch ihre jungen Triebe und Blätter sind essbar – eine echte Delikatesse. Steckrüben dagegen wachsen langsamer und reifen im Herbst. Sie können bis zu den ersten schweren Frösten im Boden bleiben, sicherer aber ist es, sie im Wurzelgemüsekeller einzulagern. Dazu dreht man die Blätter ab und packt die Rüben in feuchten Sand. Kleine Speise- und Steckrübenwürfel sind häufig Bestandteil von Mixed Pickles und Chutneys. Steckrübenpüree, mit Butter verfeinert, verfärbt sich zwar beim Einfrieren, doch hat das auf die Qualität keinen Einfluss. Speiserüben lassen sich auch trocknen oder einmachen.

RECHTS: Karotten kann man ganzjährig nach Bedarf frisch ernten.

Pastinaken *(Pastinaca sativa)*

Ausgesät werden Pastinaken im zeitigen Frühjahr. Manche Sorten wie 'Dagger' können mehrmals in Folge dicht gesät und eher wie Karotten kultiviert werden. Am besten schmecken diese Wurzeln, wenn sie Frost abbekommen haben. Man kann sie also in der Erde lassen, bis sie gebraucht werden. Bei starkem Frost brauchen sie nur Schutz, damit man sie aus dem Boden bekommt. Ein Tipp, falls Sie schon vorzeitig der Appetit auf Pastinaken mit Frostnote überkommt: Die Wurzeln ausgraben, waschen und, in mehrere Lagen Zeitungspapier eingewickelt, über Nacht in die Gefriertruhe legen. Vor der Zubereitung einen Tag lang auftauen lassen.

Pastinaken ergeben nicht nur gute Chips, sondern auch exzellente „Fritten". Dafür die Wurzeln halb gar kochen, in Stifte schneiden, teilfrittieren und einfrieren, um sie später bei der eigentlichen Zubereitung in Fett schön knusprig auszubacken. Pastinaken sind ebenso süß wie Karotten, liefern aber – vor allem in Kombination mit Aprikosen, Pfirsichen oder Feigen – einen besseren Wein. Probieren Sie es aus!

Rote Bete und Mangold *(Beta vulgaris)*

Rote Bete gibt es in verschiedenen Formen und Farben – meine Favoriten sind die weißen und mehr noch die gelben Varianten wie 'Burpee's Golden'. Mangold ist im Grunde nur eine Spielart der Roten Bete, die allerdings eben größere Blätter ausbildet. Nicht von ungefähr lässt sich das Grün von Roter Bete genau wie Mangold oder Spinat zubereiten. Um zarte, süß-aromatische Knollen zu erhalten, nimmt man regelmäßig kleinere Aussaaten auf nährstoffreicher, feuchter Erde vor, die man aber wachsam gegen Vögel verteidigen muss.

Für Pickles lassen sich gut noch die kleinsten Exemplare verwenden, deren Haut sich nach dem Kochen mühelos abziehen lässt. Traditionell wird Rote Bete in süß abgeschmecktem Malzessig eingelegt, doch auch in Form von Chips schmeckt sie hervorragend. Die teilfrittierten „Fritten" lassen sich nicht so gut einfrieren wie die von Kartoffeln. Es gibt Rezepte für Konfitüre von Roter Bete, doch häufiger wird sie in Pickles und Chutneys verwendet, und mit ihrer Farbe belebt sie zahlreiche Gerichte. In Kombination mit Holunder-, Logan- oder Schwarzen Johannisbeeren ergibt Rote Bete sogar einen schmackhaften Wein.

RECHTE SEITE: **Klein bis mittelgroß ist Rote Bete am delikatesten, während Riesen holzig sein können.**

Eingelegte Rote Beten

Frisch gepflückte Rote Beten waschen und die Blattstiele abdrehen. Die Knollen in kochendem Wasser garen, bis sie sich mit einem stumpfen Messer mühelos einstechen lassen. Abseihen, abkühlen lassen und dann die Schale abziehen. In Scheiben schneiden, in ein Glas füllen und mit Malz- oder Apfelessig bedecken (siehe auch Seite 62).

Rote Beten mit intensivem Eigenaroma kommen ohne Salz und weitere Gewürze aus.

Chips von Wurzelgemüse

Am besten gelingen die Chips mit ganz frischem, knackigem Gemüse. Einige Pastinaken, Karotten, Kartoffeln (am besten die Sorte 'Record') und Rote Beten schälen und in hauchdünne, möglichst gleichförmige Scheiben schneiden. Etwa ½ Liter Sonnenblumenöl erhitzen – die richtige Temperatur ist erreicht, wenn ein kleiner Brotwürfel in 1 Minute darin kräftig bräunt. Eine Platte mit Küchenpapier auslegen und ein Drahtgitter daraufsetzen. Die einzelnen Gemüsesorten separat nacheinander in kleinen Portionen frittieren. Die Stücke mit einem Schaumlöffel durchmischen, damit sie nicht zusammenkleben. Sobald sie knusprig und gebräunt sind, herausheben und auf dem Gitter abtropfen lassen.

Etwas Salz mit ein wenig Knoblauch und einem Stückchen Zwiebel zerstoßen. Mehr Salz und frisch gemahlenen Pfeffer untermischen. Die völlig ausgekühlten Chips mit der Salzmischung in eine große Tüte füllen und schütteln, sodass sie einen gleichmäßigen würzigen Überzug erhalten. Sofern sie nicht gleich gegessen werden, in einer dicht schließenden Dose aufbewahren.

Stangen- und Knollensellerie *(Apium graveolens)*, Fenchel *(Foeniculum vulgare)*

Stangensellerie verlangt außerordentlich feuchten und extrem nährstoffreichen Boden. Ansonsten ist seine Kultur, abgesehen von der Bedrohung durch Schnecken, recht unproblematisch. Er wird Anfang März im Warmen ausgesät und im Mai für die Ernte im Spätsommer und Herbst ausgepflanzt. Wer ihn beinahe das gesamte Jahr über frisch verfügbar haben möchte, sät ihn dicht aus und gibt sich mit kleineren Stielen mit höherem Laubanteil zufrieden. Die Stiele selbstbleichender Sorten werden ab Anfang August nach und nach mit Erde angehäufelt. Deckt man sie außerdem mit einem isolierenden Material ab, können sie im Winter noch einige Zeit im Freien aushalten. Die Samen verfeinern viele herzhafte Gerichte.

Knollensellerie hat ähnliche Kulturansprüche, ist aber insgesamt pflegeleichter. Nur die unteren Blätter werden, sobald sie vergilben, abgezogen, um das Knollenwachstum zu fördern. Gelagert werden die Knollen genauso wie Kohl oder Wurzelgemüse. Für die Zubereitung werden sie geschält und dann in Scheiben geschnitten oder geraspelt.

Der dem Knollensellerie im Prinzip recht ähnliche Fenchel wächst in feuchtem, nährstoffreichem Boden rasch heran. Für die Herbsternte wird er von April bis in den Sommer in Folge ausgesät. Am besten isst man ihn frisch, man kann ihn aber auch als Anislikör ansetzen.

Topinambur und Knollenziest *(Helianthus tuberosus, Stachys affinis)*

Gemeinsam ist ihnen beiden die unregelmäßige Knollenform, die sich schwer schälen lässt. Doch wächst Topinambur überall, ist hart im Nehmen und stellt ausgewachsen Sonnenblumen in den Schatten. Dagegen ist Knollenziest (auch als Chinesische Artischocke bekannt) eher platt, erinnert im Habitus auf den ersten Blick an Zitronenmelisse und ist etwas empfindlicher. Beide gräbt man erst aus, wenn sie benötigt werden – so erklärt es sich, dass sie in vielen Gärten einen festen Stammplatz haben. Damit Sie auch in frostigen Zeiten an die Knollen herankommen, decken Sie die Fläche mit Mulch und einer Plastikplane ab. Ich könnte mir vorstellen, dass Topinambur und Knollenziest sich trocknen oder sauer einlegen lassen, und kann Ihnen versichern, dass sich aus ihnen Wein bereiten lässt, so verrückt das klingt. Am besten aber scheint es mir, sie in kochendem Wasser vorzugaren, die Schale abzuziehen und die Knollen zu braten.

Selleriesuppe

2 junge, zarte Stauden Stangensellerie, 1 große Zwiebel und einige Kartoffeln grob hacken. Kurz in etwas Öl oder Butter schwenken und mit Brühe bedecken. Einmal aufkochen und dann weiterköcheln lassen, bis das gesamte Gemüse weich ist. Mit einem Pürierstab gründlich durchmixen (oder aber durchpassieren und in diesem Fall mit Maisstärke, in etwas Milch verrührt, andicken). Mit Salz und weißem Pfeffer abschmecken.

Dampfend heiß mit knusprigem Brot und Käse servieren.

LAUCHGEWÄCHSE

Kaum ein herzhaftes Gericht kommt ohne Lauchgewächse aus. Sie sind gesund und enthalten viele Mineralstoffe, lassen sich relativ leicht kultivieren und lagern. Die schwefelreichen Köstlichkeiten mögen kompakte Böden und sollten im Wechsel mit Kohl und Zuckermais angebaut werden. Graben Sie den Boden nicht um, aber drücken Sie ihn gut fest. Und sparen Sie weder mit Algendünger noch mit Holzasche, um die Lagerfähigkeit zu verbessern.

Zwiebeln *(Allium cepa)*

Zwiebeln gibt es in unterschiedlichen Größen und Farben, von scharf bis mild. Hierzulande werden am häufigsten die braunen Küchenzwiebeln und die kleinen, sehr fein und mild schmeckenden Schalotten kultiviert. Beide brauchen volle Sonne. Küchenzwiebeln können gesät oder als Steckzwiebeln gepflanzt werden. In rauem Klima und bei Gefahr von Staunässe empfehlen sich Steckzwiebeln. Als Faustregel gilt dabei: großer Abstand – große Zwiebeln, kleiner Abstand – kleine Zwiebeln. Wer sie einlegen möchte und feste, kleine, lagerfähige Exemplare wünscht, sät fünf Samen pro Modul im Multitopf und pflanzt sie ins Freiland, ohne sie auszudünnen. Beginnt man damit im Spätwinter, erntet man im Frühsommer bereits kleine und im Hochsommer dann große Zwiebeln. Ins Freiland kann ab Anfang März gesät werden. Sät man erst im späten Frühjahr, bleiben die Zwiebeln zu klein. Diese Winzlinge verwendet man dann am besten für das nächste Jahr als Steckzwiebeln.

Schalotten werden grundsätzlich als Steckzwiebeln gepflanzt. Sie bilden Brutzwiebeln und brauchen daher mehr Platz. Ideal sind 18 Zentimeter Abstand beim Pflanzen.

Sämlinge oder Steckzwiebeln sollten nicht tief ins Erdreich, sondern möglichst nur auf Bodenniveau gepflanzt werden, denn wenn sie zu tief wachsen, entwickeln sie einen dicken Hals und lassen sich nicht gut lagern. Man setzt sie daher auf kleine Wälle und räumt diese weg, sobald die Pflänzchen etabliert sind, sodass die Zwiebeln herausragen. Drücken Sie Steckzwiebeln nicht zu fest in den Boden, denn das beschädigt die Basalplatte und verhindert möglicherweise ein weiteres Wachstum. Lässt man während der Reifephase und beim Absterben der Blätter Unkräuter ungehindert wachsen, verbessert sich die Lagerfähigkeit der Zwiebeln. Davor muss jedoch gründlich gejätet werden.

Ernte

Zwiebeln können nach Bedarf geerntet und dabei sukzessive ausgedünnt werden. Das Gros aber lässt man wachsen, bis die Blätter im Sommer absterben, und erntet die Lagerzwiebeln im September. Früher knickte man sie um, um den Prozess zu beschleunigen, doch heute weiß man, dass ihnen das schadet. Man nimmt sie sorgfältig heraus und trocknet sie an einem warmen, luftigen Ort, etwa auf den Stellagen eines Gewächshauses in voller Sonne. Je besser sie trocknen, desto länger halten sie. Große Exemplare sind nicht so lange lagerfähig wie kleine. Gehen Sie vorsichtig mit ihnen um: Wenn die Basalplatte verletzt wird oder die Zwiebeln Druckstellen bekommen, müssen sie umgehend verbraucht werden.

OBEN: **Schalotten und Zwiebeln brauchen zum Lagern eine trockene, luftige Atmosphäre.**

Verwertung und Verwendung

Im Lager vertragen Zwiebeln nicht nur gemäßigte Kälte, sondern sogar kurze frostige Momente. Der kleinste Hauch von Feuchtigkeit aber, und sie faulen. Frische Luft ist also das A und O. Daher breitet man die Zwiebeln auf Drahtgittern, hängt sie in Netzen auf. oder befestigt sie mit Wäscheklammern an Drähten, die man auf einem trockenen Dachboden spannt. Wenn im Frühjahr spät gereifte Lagerzwiebeln zu keimen beginnen, werfen Sie diese nicht weg, sondern pflanzen Sie sie zusammen in eine Ecke des Gartens oder einen großen Topf. Denn das frisch sprießende Grün lässt sich gehackt wie Frühlingszwiebeln verwenden.

Zum Trocknen sind Zwiebeln ideal: Die äußeren Ringe von

Zwiebel-konfitüre

Zwiebeln in feine Scheiben schneiden, dann grob hacken. In etwas Sonnenblumenöl zugedeckt sanft braten, bis sie braun anlaufen. Die Hälfte ihres Gewichts an konzentriertem Apfelsaft hinzufügen – alternativ eine Mischung aus Saft von Roten oder Weißen Johannisbeeren und Zucker zu gleichen Teilen verwenden. Etwa 45 Minuten leise köcheln lassen, bis die Zwiebeln so weich werden, dass sie schon leicht zerfallen. Mit etwas Salz und Pfeffer würzen, erhitzen, bis sie beinahe aufkochen, und in Gläser füllen. Sogleich verschließen.

Ersetzen Sie den Apfelsaft durch Granatapfelsaft – eine probierenswerte Variante.

Lauch-Kartoffel-Suppe

Einige große Lauchstangen gründlich waschen und putzen. Das Weiße grob hacken (die grünen Abschnitte verwerten Sie für eine Brühe) und in einem Topf in Butter weich schwitzen. Einige geschälte Kartoffeln reiben oder fein hacken, zum Lauch geben und das Ganze mit heißer Brühe bedecken. Köcheln lassen, bis das gesamte Gemüse zerfallen ist. Die Suppe abschmecken und heiß genießen. Alternativ im Mixer glatt pürieren, nach Geschmack mit Sahne verfeinern, kalt stellen und vor dem Servieren mit etwas gehacktem Schnittlauch garnieren.

Lauch-vorspeise

Die hellen Abschnitte geputzter Lauchstangen im Ganzen in kochender Brühe (ideal ist Hühnerbrühe) garen und im Topf auskühlen lassen. Abgießen und in Weißweinessig mit gehackter Petersilie marinieren. Mit Mohnbrötchen und Butter gleich genießen oder auch einfrieren.

waagerecht geschnittenen Scheiben bieten sich geradezu an, um sie auf Schnüre zu ziehen. Die kleineren Innenteile sollte man hingegen frisch verwerten oder zu Pickles verarbeiten. Ich habe schon getrocknete Zwiebelringe geräuchert, und sie erwiesen sich als äußerst brauchbare Suppenzutat. Zum Einfrieren eignen sich Zwiebeln nur in gebratenem Zustand oder in fertigen Zubereitungen wie Ratatouille oder Currys. Gut lassen sich auch mit Backteig überzogene, vorfrittierte Zwiebelringe einfrieren.

Zwiebeln eignen sich gut zu einer herzhaften Konfitüre (Rezept siehe Seite 139), und wer Experimentierfreude besitzt, kann sich an kandierten Zwiebelringen versuchen. Darüber hinaus ergeben Zwiebeln exquisite Chutneys und Saucen. Wenn Sie Ihren Fleischgerichten eine betont herzhafte Note geben wollen, vermengen Sie die Gewürze, die Sie üblicherweise dafür nehmen, mit Zwiebeln, die Sie durch eine Knoblauchpresse getrieben haben. Ob Sie es glauben ober nicht: Es gibt Rezepte für Zwiebelwein, aber bei dieser Vorstellung trete ich in Streik. Zwiebeln würzig einzulegen ist für mich die perfekte Konservierungsmethode.

Eingelegte Zwiebeln, Schalotten oder Knoblauchzehen

Zwiebeln, Schalotten oder Knoblauchzehen mit Salzlake bedecken (Zwiebeln zuvor waschen und von der papierartigen Außenhaut befreien). Knoblauch oder Schalotten 1 Tag, größere Zwiebeln 2 Tage ziehen lassen. Danach abseihen, abspülen und die äußerste, harte Schale abziehen. Mit einem Lorbeerblatt, einigen ganzen Pfefferkörnern und nach Belieben einer Chilischote in ein Glas füllen und mit Essig bedecken. Für zarte Perlzwiebeln eignet sich am besten Weinessig, für Knoblauch Apfelessig und für Schalotten sowie die meisten anderen Zwiebeln Malzessig. Falls eine süßsaure Note gewünscht ist, einige Löffel Zucker im Essig auflösen.

Knoblauch *(Allium sativum)*

Knoblauchzehen steckt man im Oktober oder November fingertief ins Erdreich. Im folgenden Juli werden die Knollen ausgegraben, bevor das Laub einzieht und man sie eventuell nicht mehr findet. Jeder offene, sonnige Platz ist für die Kultur geeignet; größere Abstände und eine frühe Pflanzung garantieren die beste Ernte. Die Knollen müssen sorgfältig getrocknet werden, bevor sie ins Lager kommen, und auch dort ist Trockenheit, mehr noch als bei Zwiebeln, eine Grundvoraussetzung für Haltbarkeit. Sollten die eingelagerten Knollen austreiben, topft man sie einfach ein und verwendet ihre Blätter frisch.

Man kann die Zehen im Ganzen oder in Scheiben geschnitten trocknen und dann, solange sie sich noch ein wenig weich anfühlen, in kleinen Gläsern in Salz konservieren. Das Einfrieren von Knoblauch setzt wegen seines intensiven Geruchs hermetisch dichte Behältnisse voraus. Ich verarbeite ihn lieber zu Pickles, kleinen, pikanten Leckerbissen.

Lauch *(Allium porrum)*

Er dankt im Gegensatz zu den anderen Lauchgewächsen sehr nährstoffreichen, nassen Grund mit üppigem Wuchs und liebt volle Sonne. Als Herbst- und Wintergemüse toleriert Lauch auch Frost. Sät man von Ende Februar bis Anfang April in Folge aus, kann man den Lauch ab Ende August bis April nächsten Jahres ernten. Die Aussaat erfolgt zunächst unter Glas, später im Freien. Am besten wird das Beet schon im Herbst mit Gartenkompost vorbereitet. Die kugeligen Blütenstände kann man stehen lassen, denn sie werden gern von Insekten besucht, ergeben getrocknet interessante Blumenarrangements und werden, mit Silber- oder Goldspray eingesprüht, zu hübschen Christbaumkugeln. Eine andere Möglichkeit besteht darin, die Blütensprosse abzuschneiden, um die Bildung von Brutzwiebelchen anzuregen, die dann für eine neue Kultur verwendet werden können.

Ernte

Es empfiehlt sich, mit einem Spaten beidseits der Pflanzen senkrecht einzustechen und zunächst die Wurzeln zu lockern und erst dann den Lauch aus der Erde zu holen. Wenn Sie vorsichtig ringsum die Erde lockern und die Lauchstangen dicht über der Basis durchtrennen, treiben unter Umständen eine Vielzahl zierlicher Sprosse aus, die man separat einpflanzen kann.

Verwertung und Verwendung

Ich lasse den reifen Lauch einfach an seinem Standort stehen. Einen Teil der Pflanzen setze ich auch in Töpfe und halte sie dann unter Glas für Zeiten, in denen der Grund hart gefroren und die Freilandernte folglich nicht möglich ist. Man kann geernteten Lauch auch, von Wurzelenden und derben Blattspitzen befreit, in flachen Kisten einige Wochen im Gemüsekeller lagern. Halten Sie die Stangen beim Waschen nicht kopfüber, sonst werden Erdreste in die Blattachseln geschwemmt.

Längs aufgeschlitzt, lassen sich die Stangen in breite Blätter teilen, die man mühelos trocknen und anschließend für die Verwendung als Zutat in Suppen oder Eintöpfen mit einer Schere in Streifen schneiden kann. Wie Zwiebeln und Knoblauch lässt sich Lauch besser gekocht in Gerichten wie einer Lauch-Kartoffel-Suppe einfrieren als roh. In Pickles, Chutneys oder Saucen spielt er keine Rolle, aber er ergibt eine fantastische kalte Vorspeise (siehe linke Seite).

HÜLSENFRÜCHTE

Sie tun der Fruchtbarkeit des Gartens genauso gut wie unserer Gesundheit. Ihr Anbau bereitet keine Schwierigkeiten und es ist ein Kinderspiel, sie zu Trockenvorräten zu verarbeiten: einfach aussäen, wachsen lassen und, wenn die Hülsen reif sind, die Pflanze im Ganzen abschneiden. Die im Boden verbleibenden Wurzeln fungieren als Dünger – praktisch!

Dicke Bohnen *(Vicia faba)*

Da oft mit ihrer Ernte gewartet wird, bis sie bereits zu groß und zu alt sind, erfahren sie leider nicht die gebührende Wertschätzung.

Man sät sie von Anfang März bis Anfang Juni direkt ins Freiland – da sie Frost vertragen, je früher, desto besser – und kann sie dann von Ende Mai bis Ende September ernten. Nach dem Erscheinen der Früchte knipst man die Triebspitzen aus, auf denen sich gerne die schwarze Bohnenlaus breitmacht. Die zarten jungen Kerne werden frisch gekocht oder blanchiert und eingefroren. Die mitunter schon dicke Haut lässt sich leicht entfernen, indem man die Samen nach dem Blanchieren behutsam zwischen zwei Fingern drückt, bis sie herausflutschen. Ausgereifte Samen lassen sich trocknen, um winterliche Suppen und Eintöpfe zu bereichern.

Busch- und Stangenbohnen *(Phaseolus vulgaris)*

Sobald der Boden ein wenig aufgewärmt ist, gedeihen Buschbohnen problemlos. Daher nimmt man die Anzucht am besten in Töpfen vor und setzt die Pflanzen erst später ins Freie. Ihr Abstand zu den Nachbarn sollte mindestens 30 Zentimeter in jeder Richtung betragen. Mehr Freiraum brauchen Stangenbohnen, die an Kletterhilfen in die Höhe wachsen und beträchtliche Erträge abwerfen. Jeder gute, kalkhaltige Boden ist für die Kultur geeignet, zudem begrüßen grüne Bohnen, wie sie zusammenfassend genannt werden, reichliche Wassergaben und volle Sonne. Sie lassen sich sehr früh unter Glas ziehen, extrem späte Unterglaskulturen werden dagegen häufig von Grauschimmel befallen.

Sät man mehrmals in Folge, kann man ab Spätfrühjahr und bis in den späten Herbst frische grüne Bohnen ernten. Häufiges Pflücken, bevor die Samen stark anschwellen, erhöht den Ertrag. Blanchiert und eingefroren bewahren die Bohnen ihr Aroma, sie können aber

RECHTE SEITE OBEN: **Bei grünen Bohnen entfernt man die Enden, bevor man sie einige Minuten in kochendem Wasser gart. Danach werden sie sofort kalt abgeschreckt.**
RECHTE SEITE UNTEN: **Vor dem Einfrieren lässt man sie in einem Sieb und dann auf einem Küchentuch gründlich abtropfen.**

Dicke-Bohnen-Auflauf

Etwa 750 Gramm ausgehülste Dicke Bohnen in kochendem Wasser in 5–6 Minuten weich garen, abkühlen lassen und aus den Häuten drücken. 1 fein gehackte Zwiebel mit je 1 roten und grünen fein gehackten Paprikaschote in etwas Olivenöl weich schwitzen. Die Bohnen, 1 Esslöffel Tomatenmark, 1 Schuss Wasser, 1 Lorbeerblatt und etwas Bohnenkraut hinzufügen. Salzen und pfeffern und noch einige Minuten weitergaren. Lorbeerblatt und Kräuterstängel entfernen und die Mischung glatt pürieren. In einer Schüssel mit 75 Gramm Semmelbröseln und 2 leicht verquirlten Eiern vermengen und in eine Auflaufform füllen. Mit Butterflöckchen belegen, mit Alufolie abdecken und für 40 Minuten in den auf 180 °C vorgeheizten Ofen schieben. Mit Röstbrot und/oder Salat servieren.

auch getrocknet, eingemacht oder eingesalzen (siehe Seite 64) werden. Um getrocknete Bohnenkerne zu erhalten, lässt man die Pflanzen reifen, bis sie welken. Speziell zum Trocknen geeignete Sorten – altbewährt sind etwa 'Horsehead' und 'Brown Dutch' – bilden dicke Kerne und dünne Schalen. Man schlägt die abgeschnittenen ganzen Pflanzen lose in Netzvorhänge ein, hängt sie an einen luftigen Platz unter einem Dach auf, bis sie vollends getrocknet sind, und verstaut die ausgelösten Samen schließlich in Dosen.

Feuerbohnen *(Phaseolus coccineus)*

Sie verlangen mehr Feuchtigkeit und sind auf Fremdbestäubung angewiesen, was ihren Anbau eventuell etwas erschwert. Man kann sie ab Frühjahr in Töpfen vorziehen, um sie dann nach Abklingen der Fröste auszupflanzen. Sehr früh könnten Sie ernten, indem Sie die Wurzeln am Ende des Sommers ausgraben, wie Dahlienknollen überwintern und ab dem zeitigen Frühjahr unter Glas vortreiben. Um Feuerbohnen dann zu erwischen, wenn sie noch ganz zart sind, werden sie regelmäßig durchgepflückt. Je nach Sorte müssen sie abgefädelt werden. Anschließend werden sie in feine Scheiben geschnitten, blanchiert und eingefroren. Außerdem zählen Feuerbohnen zu den wenigen Gemüsearten, die bis heute gern durch Einlegen in Salz konserviert werden. Die Sorte 'Csar' bildet weiße Samen, die getrocknet und dann so wie weiße Bohnen verwendet werden können.

Andere Bohnenarten

Bohnen wachsen rund um den Globus in immenser Vielfalt. Die meisten bilden giftiges Laub. Bei fast allen aber lassen sich die Samen trocknen, um sie später wieder einzuweichen. Manche Arten müssen dann ausgiebig gekocht werden, um das in den Samen enthaltene Phasin unschädlich zu machen. Der Genuss der Hülsen ist indes in den meisten Fällen tabu. Sojabohnen erobern aufgrund des wachsenden Bewusstseins für eine gesunde, weniger fleischlastige Ernährung auch in Mitteleuropa immer weiteres Terrain, werden allerdings hauptsächlich kommerziell angebaut.

Erbsen *(Pisum sativum)*

Erntefrisch und je nach Art in ihren Hülsen oder ausgepalt gedämpft, schmecken diese kleinen, grünen Perlen geradezu himmlisch. Man unterscheidet drei Erbsenarten: Markerbsen sind süß und ihre Samen bleiben lange zart (die zähen Hülsen werden nicht verwendet). Sie werden frisch gegessen oder blanchiert und eingefroren – ein ideales Tiefkühlgemüse, das im Kälteschlaf Geschmack und

LINKS: **Buschbohnen gedeihen auch in einem großen Topf unter Glas. So kann man sich schon früh über eine kleine Ernte freuen.**

Nährwert behält. Schalerbsen werden schnell mehlig, eignen sich aber gut zum Trocknen. Man sollte sie an der Pflanze belassen und, nachdem sie getrocknet sind, als Wintervorrat in gut schließenden Dosen einlagern. Über Nacht eingeweicht sind sie eine wunderbare Zutat für Suppen und Eintöpfe. Die zarten süßen Zuckerschoten genießt man im Ganzen (daher auch der Name „Mangetout"). Alle Erbsenarten müssen zeitig im Frühjahr und am besten in wöchentlicher Folge angebaut werden. Mark- und Zuckererbsen sind jedoch kälteempfindlich und sollten unter Glas vorgezogen werden. Lassen Sie die Pflanzen, während sie reifen, nicht aus den Augen, denn Erbsen haben schnell ihren Zenit überschritten und werden dann hart.

KOHLGEWÄCHSE

Alle Vertreter dieser Pflanzenfamilie haben ähnliche Kulturansprüche: ein nährstoffreicher, feuchter und kalkhaltiger Boden sowie möglichst volle Sonne. Sie werden gewöhnlich im Frühjahr, Spätsorten bis Ende Juni ausgesät. Als „Kinderstube" eignen sich Einzelabteile in Multitopfplatten oder individuelle Töpfe. Vliesauflagen zum Schutz gegen Witterung und Schädlinge sind dringend zu empfehlen. Ein übermäßiger Einsatz von Dünger, insbesondere Stallmist, führt zur Entwicklung eines penetranten Aromas und mindert die Lagerfähigkeit des Gemüses. Gaben von Holzasche und Kalk tun Kohlgewächsen ausgesprochen gut, genau wie eine Spritzung mit einem Algenpräparat und ausgiebiges Wässern.

Kopfkohl, Kohlrabi und Grünkohl *(Brassica oleracea)*

Ob als Frisch- oder Lagergemüse, man kann diese Kohlarten das ganze Jahr über genießen. Das Frühjahr beschert uns bereits den Spitzkohl, im Sommer und Herbst gibt es kompakte, pralle Weißkohlköpfe zu ernten, im Spätherbst den krausblättrigen Wirsing und im Winter den robusten Grünkohl. Das große Sortenspektrum ermöglicht frühe wie späte Aussaat und Ernte und bietet sogar Resistenz gegen die Kohlhernie. Durch den Einsatz von feinen Netzen und Gärtnervlies lassen sich die meisten Schädlinge abhalten – nur Schnecken nicht. Stellen Sie also Bierfallen auf oder bestreichen Sie zur Verteidigung der Köpfe die Strunkbasis mit Vaseline, auf die Sie dann Ruß oder Salz aufstreuen. Voll ausgewachsene Köpfe müssen Sie nicht unbedingt im Ganzen ernten, Sie können nach Bedarf schräg eine Scheibe abschneiden und anschließend die Wunde mit Frischhaltefolie bedecken. Der übrige Kopf hält sich so besser als im Kühlschrank. Schneiden Sie, nachdem Sie einen ganzen Kopf abgenommen haben, das verbliebene Strunkende kreuzweise ein und entfernen das meiste Laub, wachsen oft noch neue Köpfe nach, die jedoch kleiner und weicher ausfallen.

RECHTS: **Kopfkohl bereitet Gärtnern keine größeren Probleme.**

Überbackener Blumenkohl

Um „ungebetene Gäste" aus dem Blumenkohl zu vertreiben, diesen vor der Zubereitung ein Weilchen in Salzwasser einlegen, danach gut abbrausen. In einen Topf setzen und so viel Wasser einfüllen, dass der Boden gut bedeckt ist. Zugedeckt zum Kochen bringen und den Blumenkohl – die untere Hälfte im Wasser, die obere im Dampf – in etwa 15 Minuten garen. In eine vorgewärmte ofenfeste Kasserolle setzen. Inzwischen eine Käsesauce zubereiten: Milch aufkochen und dann Maisstärke – pro 600 Milliliter etwa 2–3 Esslöffel, in ein wenig Wasser aufgelöst – hinzufügen. Unter ständigem Rühren eindicken lassen. Mit weißem Pfeffer würzen und eine großzügige Portion geriebenen Käse unterziehen. Die Sauce über den Blumenkohl gießen. Mit weiterem Käse und etwas geräuchertem Paprikapulver bestreuen und im vorgeheizten Ofen goldbraun überbacken.

Indem man die Pflanzen samt Wurzeln aus der Erde nimmt, anschließend am besten kopfüber, zwischen zwei Holzstützen fixiert, in einen Graben hängt und dann mit einer Plastikplane und Mulchmaterial bedeckt, halten sie sich monatelang. Alternativ lagert man die säuberlich abgetrennten Köpfe in Kisten geschichtet oder in Netzbeuteln in einem Keller für Wurzelgemüse. Da Kopfkohl eigentlich das ganze Jahr über verfügbar ist, bildet Sauerkraut (siehe Seite 64) die einzige übliche Konserve.

Bei Kohlrabi handelt es sich um den verdickten Spross, der eine oberirdische Knolle bildet. Die weißen oder blauen Sorten isst man roh oder gegart. Sie werden wie Kopfkohl angebaut und wie Wurzelgemüse gelagert. Grünkohl, der lockere Blattrosetten bildet, bleibt, da er extrem kälteresistent ist, gewöhnlich den ganzen Winter über im Beet und wird nach Bedarf frisch geerntet.

Krautsalat-Variationen

Ein Viertel eines festen Weißkohls grob raspeln. In einer Schüssel mit 1 großen Möhre, geschält und fein gerieben, 1 Tafelapfel, vom Kerngehäuse befreit und fein gerieben, sowie 1 kleinen Zwiebel, sehr fein gewürfelt, vermengen. Mayonnaise oder Salatcreme unterziehen, den Salat mit Salz und Pfeffer abschmecken und mit Schnittlauchröllchen garnieren. Ersetzen Sie zur Abwechslung den Weißkohl durch Kohlrabi. Ebenso könnte man zusätzlich geraspelten Stangensellerie, fein gewürfelte rote oder grüne Paprika, Erbsen, ja sogar Sultaninen hinzufügen.

Blumenkohl und Brokkoli (*Brassica oleracea var. botrytis* und *var. italica*)

Blumenkohl ist von Frühsommer bis Herbst, Brokkoli von Spätsommer bis in den Spätherbst erntereif. Wie bei Kopfkohl werden gegen die gängigen Probleme Vlies oder feine Netze eingesetzt. Um Schnecken, Blattläuse und Raupen, die sich zwischen den Röschen verbergen, loszuwerden, legt man das noch unzerteilte Gemüse in kräftig gesalzenes Wasser. Nachdem die „Mitesser" ihr Leben ausgehaucht haben, das Gemüse gründlich abbrausen und wie geplant verarbeiten.

Während abgetrennter Blumenkohl oder Brokkoli rasch welk wird, bleiben die ganzen Pflanzen an einem kühlen, dunklen Ort wochenlang frisch. Damit sich Blumenkohl unter dem Einfluss des Sonnenlichts nicht gelblich verfärbt, knickt man die Blätter auf halber Höhe um und legt sie als Schutz über den Kopf. Blumenkohlröschen können blanchiert und eingefroren werden. Außerdem lassen sie sich in Salzlake oder in Essig einlegen und machen sich auch gut in Mixed Pickles.

Kartoffel-Gemüse-Küchlein

Alle möglichen Gemüsereste vom Vortag lassen sich in dieser Zubereitung, die sich an den britischen Klassiker Bubble and Squeak anlehnt, verwerten. Bei mir gehört neben Kartoffeln immer unbedingt Rosenkohl dazu. Das Gemüse zusammen mit sehr fein geschnittenen Zwiebelringen zerstampfen. Die Masse mit Salz und Pfeffer abschmecken, zu kleinen Küchlein formen und bei mittlerer Temperatur in reichlich Schmalz oder Sonnenblumenöl knusprig und goldbraun braten. Am besten schmeckt dazu ein knackig frischer grüner Salat.

Rosenkohl (Brassica oleracea var. gemmifera)
Dieses klassische Wintergemüse liebt nährstoffreichen und sehr festen Grund. An windigen Standorten bindet man jeweils drei Pflanzen zusammen, sodass sie sich nach dem Prinzip eines Dreifußes gegenseitig Halt geben. Damit die Röschen schneller anschwellen, kann man die Triebspitzen der Pflanzen abzwicken (sie lassen sich wie anderes grünes Gemüse in Wasser garen). Erntet man den kompletten Strunk, lässt sich Rosenkohl mehrere Wochen lagern. Da das Gemüse am besten schmeckt, nachdem es Frost abbekommen hat, gibt man früh gepflückte Röschen vor der Zubereitung über Nacht in die Gefriertruhe. Zum Einfrieren eignen sich am besten fertig gekochte Zubereitungen wie zum Beispiel Kartoffel-Gemüse-Küchlein (siehe oben).

KÜRBISGEWÄCHSE

Die zahlreichen Kürbisarten in unterschiedlichsten Größen und Formen lieben allesamt Wärme und nährstoffreichen, feuchten Boden. Man pflanzt sie erst bei milder Witterung ins Freie. Ihrer Verwendung nach werden sie – unabhängig von ihrer botanischen Einteilung – in Sommer- und Winterkürbisse gegliedert. Die wichtigsten Vertreter der weichschaligen Sommerkürbisse sind Gartenkürbisse wie Patisson, Spaghettikürbis, Rondini und auch Zucchini, während Riesenkürbis und Moschuskürbis die hartschaligen lagerfähigen Wintersorten repräsentieren.

Sommerkürbisse und Zucchini (Cucurbita pepo)
In puncto Beliebtheit haben Zucchini den weichschaligen Gartenkürbissen inzwischen den Rang abgelaufen. Pflückt man die Früchte regelmäßig im jungen Stadium, setzt die Pflanze kontinuierlich neue an, sodass man beachtliche Ernteerfolge erzielen kann. Zum Einfrieren taugen sie am besten in Scheiben geschnitten, vorfrittiert und dann in ihrem Öl konserviert. Wunderbar schmecken sie in Ratatouille und anderen Gemüseeintöpfen, die sich ebenfalls zum Tiefgefrieren eignen. Die Blüten lassen sich herzhaft wie süß köstlich füllen. Einem großen Sommerkürbis lässt sich ein schmackhafter Wein abgewinnen: Dafür von dem Kürbis oben einen Deckel abschneiden, Apfelsaft, angereichert mit Weinhefe und Ingwer, hineingießen und den Deckel wieder auflegen; den Kürbis in einem Netz an einem warmen Platz aufhängen und den Inhalt einen Monat gären lassen; anschließend unten in die Frucht ein dünnes Loch stechen und die herauslaufende Flüssigkeit auffangen; die Menge abmessen und pro 5 Liter Flüssigkeit 1 Kilogramm Zucker zufügen; die Mischung in eine Ballonflasche füllen und den Wein nach abgeschlossener Gärung auf Weinflaschen ziehen.

GANZ LINKS: **Kürbisse, die für den Winter eingelagert werden sollen, muss man, damit sie sich auch wirklich gut halten, mit einem längeren Stängelabschnitt von der Pflanze trennen.**
LINKS: **Ausbrechen der Triebspitzen fördert bei Rosenkohl das Wachstum der Knospen.**

Gefüllte Zucchiniblüten in Tomatensugo

Wählen Sie 6–8 Blüten aus, die erst ganz leicht geöffnet sind. Die Staubgefäße vorsichtig entfernen, ohne die umgebenden Blütenblätter zu beschädigen. Für die würzige Füllung 1 kleine gehackte Zwiebel anschwitzen. 350 Gramm Hackfleisch vom Schwein zufügen und, wenn es herzhaft gebräunt ist, mit 1 Schuss Weißwein ablöschen. 1 Esslöffel Tomatenmark, 1 geriebenen Apfel und etwas gehackten Salbei untermischen und so viel Brühe dazugießen, dass das Ganze so eben bedeckt ist. Etwa ½ Stunde schmoren, bis die Flüssigkeit weitgehend verdampft ist und die Mischung herzhaft duftet. Leicht abkühlen lassen und dann 1 Handvoll Semmelbrösel untermengen. Die Blüten behutsam mit der Mischung füllen und in eine ofenfeste Form legen.

Für den Sugo in einem Topf 1 kleine gehackte Zwiebel mit 1 Knoblauchzehe in Olivenöl glasig schwitzen. Enthäutete Tomaten hinzufügen und zu einer dicken, verlockend schimmernden Sauce einkochen lassen. Mit etwas Origano, Salz und Pfeffer und 1 Prise Zucker abschmecken. Die Sauce um die gefüllten Blüten und teils auch darüber verteilen. Für ½ Stunde in den auf mittlerer Stufe vorgeheizten Backofen schieben.

Zucchiniblüten lassen sich wie Wein- oder Algenblätter (Nori) auch mit Reis oder anderen Mischungen füllen.

Gebackene Kürbisse

Für dieses Rezept brauchen Sie kleine standfeste Kürbisse. Einen Deckel abschneiden und das faserige Innere mitsamt den Kernen herausschaben. Die Kürbisse in eine ofenfeste Form setzen, mit Salz und Pfeffer würzen und mit Olivenöl beträufeln. Etwa 20 Minuten im vorgeheizten Ofen bei mittlerer Temperatur vorgaren und inzwischen die Füllung zubereiten.

Dafür etwa 450 Gramm Hackfleisch nach Wahl oder gutes frisches Wurstbrät mit 1 gehackten Zwiebel und etwas Thymian oder gehacktem Salbei vermengen und in Olivenöl hellbraun anbraten. Mit 1 Schuss Wein ablöschen, kräftig salzen und pfeffern und dann 1 Handvoll Semmelbrösel untermengen, die einen Teil der Flüssigkeit aufsaugen sollen. Die Mischung in die Kürbisse füllen und die Deckel wieder auflegen. Die Kürbisse weitere 20–30 Minuten im Ofen garen, bis das Fruchtfleisch weich ist und an den Rändern leicht bräunt.

Kleine Moschuskürbisse mit flacher Unterseite eignen sich für dieses Rezept am besten.

Winterkürbisse ***(Cucurbita maxima, C. moschata)***
Dank ihrer dicken, festen Schale, die sie von den Sommerkürbissen unterscheidet, sind sie ein wertvolles Lagergemüse. Einige kann man länger als ein Jahr aufbewahren. Am besten halten sie sich in weichen Netzen an einem gut belüfteten, frostfreien Platz aufgehängt oder auf geschreddertes Zeitungspapier gepackt. Zwei wichtige Regeln für die Ernte: Man lässt die Früchte an der Pflanze voll ausreifen und nimmt sie dann zusammen mit einem längeren Stängelabschnitt ab.

Das Fruchtfleisch ist äußerst vielseitig verwendbar: für eine Suppe oder als Püree, im Backofen gegart, süßsauer eingemacht, als Chutney und sogar als Konfitüre, oft aromatisiert mit Ingwer und Zitrone oder mit Zimt. Ein leckeres Extra sind die Samen. Ihre zumeist harten Schalen lassen sich recht einfach entfernen, nachdem man die Kerne getrocknet und geröstet hat. Es stehen jedoch ebenso Sorten zur Wahl, deren Samen eine ganz dünne Schale aufweisen, die sich quasi abwaschen lässt. Gründlich getrocknet halten sich Kürbiskerne mehrere Jahre.

Salat- und Einlegegurken ***(Cucumis sativus)***
Freilandgurken benötigen wie andere Kürbisgewächse einen warmen, feuchten, nährstoffreichen Boden. Die kleinen Einlegegurken werden jung geerntet und in Salzlake oder Essig mit Dill und Gewürzen konserviert. Im Freiland gedeihen auch die robusten Schäl- oder Schmorgurken. Die langen, schlanken Schlangengurken hingegen können nur im Treibhaus gezogen werden. Sät man sie zu Beginn des Jahres unter Glas aus, kann man sie bereits ab Ostern ernten. Kräftig gedüngt erbringen die Pflanzen außerordentlich reiche Erträge, doch ist, was man nicht frisch verzehrt, außer für Sauerkonserven oder vielleicht für Gesichtspackungen zu kaum etwas nutze. Aus Kopfstecklingen von gesunden Pflanzen kann man Nachwuchs für die ältere, ausgelaugte Generation heranziehen.

Zucker- und Wassermelonen ***(Cucumis melo, Citrullus lanatus var. vulgaris)***
Während Zuckermelonen auch in unseren Breiten im Freiland an einem geschützten Platz gut gedeihen, fühlen sich die empfindlicheren Wassermelonen im Gewächshaus am wohlsten. Bei beiden muss die Anzucht unter Glas vorgenommen werden. Ich breite an ihrem vorgesehenen Standort Plastikplanen aus und errichte darüber ein transparentes Plastikzelt, und erst wenn der Boden infolge dieser Maßnahmen selbst nachts warm bleibt, setze ich die Jungpflanzen ins Freie.

Um weniger, aber größere Früchte zu erhalten, sollte man die Zahl der Früchte im Frühstadium reduzieren. Nach meiner Erfahrung müssen nur die ersten Blüten eventuell von Hand bestäubt werden, später sind die Insekten bereits hinreichend aktiv. Damit sie bei Erreichen der Reife nicht herunterplumpsen, müssen Melonen rechtzeitig durch Netze gestützt werden oder eine Unterlage aus einem weichen, warmen Material wie Styropor oder Stroh erhalten. Zuckermelonen sind genussreif, wenn sich am Stielansatz Risse zeigen, reife Wassermelonen erzeugen, wenn man gegen sie klopft, einen hohlen Klang.

OBEN: **Gurken lassen sich unter Glas sehr erfolgreich ziehen.**

Für die Lagerung sind Melonen nicht unbedingt geschaffen. Deshalb pflückt man sie am besten vollreif und verzehrt sie gleich: Raumtemperiert bringen Zuckermelonen ihr Aroma besonders zur Geltung, während Wassermelonen eisgekühlt den größten Genuss bieten. Weder das Einfrieren noch das Trocknen liefert zufriedenstellende Ergebnisse, daher sollte man sie grob zerteilen, zuckern und über Nacht Saft ziehen lassen – dabei schrumpfen die Stücke und gewinnen eine festere Konsistenz.

Man kann Zuckermelonen kandieren und ebenso in Sirup oder Birnenkonzentrat einkochen. Wassermelonen gewinnt man am besten ihren reichlich vorhandenen Saft ab und friert ihn auf Vorrat ein. Ihn beispielsweise mit Ingwer, Zitrone oder Aprikose aufzupeppen würde nicht schaden.

Piccalilli

Diese umwerfende britische Spezialität basiert auf einer von Fall zu Fall milden oder auch pikanten Senfsauce, in der kleine Stückchen von Zucchini, Gurken, Blumenkohlröschen und Perlzwiebeln schwimmen, manchmal ergänzt durch winzige grüne Tomaten, Rosinen, in Stücke geschnittene grüne Bohnen, ja sogar fein gewürfelte Speise- und Steckrüben. Selbst bei größtem gärtnerischem Geschick sind nicht alle diese Zutaten zeitgleich emtereif. Also legt man das jeweilige Gemüse, sobald es verfügbar ist, über Nacht in eine Salzlake (angesetzt aus 500 Gramm Salz pro 5 Liter Wasser). Am nächsten Tage wird es abgegossen, abgespült und in Essig (etwa 1 Liter auf 2 Kilogramm Gemüse) eingelegt, in dem es auf die weiteren Bestandteile der Komposition wartet, bis schließlich alles komplett ist und zusammen eingemacht werden kann.

Dafür die Gemüsestückchen im Essig erhitzen und danach abseihen. Den Essigsud mit jeweils etwa 15 Gramm fein gehacktem frischem Ingwer, gemahlener Kurkuma und gelbem Senfpulver würzen und – je nachdem, welcher Süßegrad gewünscht ist – bis zu 225 Gramm Zucker hinzufügen. Den Sud erneut zum Kochen bringen und mit etwa 30 Gramm Maisstärke, in etwas von dem Essig aufgelöst, andicken. Die Gemüsestückchen wieder hineingeben, erneut aufkochen lassen und dann sogleich in sterilisierte Gläser füllen.

Nach Belieben die Zuckermenge reduzieren und stattdessen Chilischoten sowie mehr Ingwer hinzufügen.

Eingelegte Gurken

Frisch gepflückte Einlege- oder kleine Salatgurken waschen und über Nacht in Salzlake einlegen. Abseihen, abspülen, mit heißem Apfelessig bedecken und abkühlen lassen. Am nächsten Tag wieder abseihen, den Essig erneut aufkochen und über die Gurken gießen. Auf diese Weise fortfahren, bis die Gurken eine leuchtendere Farbe annehmen. In Gläser füllen, mit Apfelessig aufgießen und Dill (anstelle von Gewürzen) hinzufügen. Kleine bis mittelgroße Salatgurken können auch in Salzlake und anschließend in gesüßten Branntweinessig eingelegt werden. Aromatisiert mit Chilischoten und anderen Gewürzen, sind sie besonders schmackhaft.

NACHTSCHATTENGEWÄCHSE

Bei allen Vertretern dieser Pflanzenfamilie sind die Blätter oder auch andere Teile giftig. Obwohl es sich fast ausnahmslos um Früchte handelt, sind sie im Gemüsegarten angesiedelt. In milden Lagen liefern die meisten auch im Freiland erfreuliche Erträge, bei einigen ist eher zur Kultur im Gewächshaus oder zumindest unter Folie zu raten. Ausgesät wird generell früh im Jahr, und zwar idealerweise unter Glas in einzelne Töpfe. Sobald der Boden ausreichend aufgewärmt ist, werden die Sämlinge ausgepflanzt, erhalten aber nach Möglichkeit zusätzlichen Schutz.

Tomaten *(Lycopersicon esculentum, L. lycopersicum)*

Man kann frische Tomaten ab Spätfrühjahr und bis in den späten Herbst ernten. Die ersten Früchte liefern rasch reifende Sorten, die um die Wintermitte ausgesät und, geschützt vor Frösten, in Töpfen auf Stellagen im Gewächshaus gezogen werden. Um noch früher ernten zu können, kürze ich den Endtrieb bis auf ein Blatt über der letzten Blütentraube ein. Als Nächstes kann ich die weniger brachial behandelten Pflanzen beernten, dann jene, die ich in der Gewächshausrabatte ziehe, und zu guter Letzt sind die Freilandtomaten reif. Sie werden unter Glas nicht vor dem zeitigen Frühjahr ausgesät.

Wenn der Geschmack wichtiger ist als das Gewicht der Früchte, dann versorgen Sie Topfpflanzen häufig, aber maßvoll mit Wasser und regelmäßig mit nur geringen Düngergaben. Die Töpfe sollten groß dimensioniert und am besten mit einem automatischen Bewässerungssystem versehen sein, da man sonst eine Vielzahl von Früchten erhält, die unterseits korkartig verhärtete Stellen aufweisen. (Ein harter, korkartiger Stielansatz ist hingegen ein Indiz für übermäßige Hitze.) Im Freiland wachsende Tomaten erhalten gerade so viel Wasser, dass sie nicht welken. Oft werden Tomaten zu stark gewässert und gedüngt, dabei kommen dann Wuchtbrummen ohne Geschmack heraus.

Entfernen Sie unbedingt Seitentriebe (wenn man sie in Töpfe pflanzt, gehen aus ihnen weitere, kompakt wachsende Pflanzen hervor). Für den ersten Blütenansatz nehmen Sie einen Pinsel zu Hilfe, und um schneller an die ersten reifen Tomaten heranzukommen, legen Sie Bananenschalen oder Löwenzahnblätter in die Nähe der Pflanzen. Ausgereifte Früchte sollte man auf jeden Fall abnehmen, da sie sonst den weiteren Fruchtansatz bremsen würden. Sollten Sie im Freiland Anzeichen von Kraut- und Braunfäule entdecken, ernten Sie unverzüglich, bevor alle Früchte unbrauchbar werden. Die größte Resistenz gegen diese Krankheit zeigen bislang die Sorten 'Ferline', 'Legend', 'San Marzano' und 'Histon Cropper'.

RECHTE SEITE: **Es ist nicht schwer, selbst Tomaten zu ziehen.**
UNTEN: **'Brandywine' ist besonders aromatisch.**

Sorten

Allgemeiner Beliebtheit erfreuen sich Cocktailtomaten und hier insbesondere 'Gardener's Delight', 'Sungold' und 'Sakura'. Ob drinnen oder im Freiland, sie gelangen erfreulich rasch zur Reife, allerdings hat man es, wenn man sie zu Konserven verarbeitet, mit einer Menge Schalen und Samen zu tun. Ich genieße sie lieber frisch, und falls es einen Überschuss zu verwerten gibt, friere ich sie im Ganzen ein (das Enthäuten funktioniert dann ganz einfach während des Auftauens).

Die gängigen, normal großen Tomaten sind inzwischen in verschiedenen interessanten Farben und Geschmacksrichtungen erhältlich. 'Marmande' und andere Fleischtomaten imponieren mit wahren Prachtfrüchten, sofern man jede Traube auf ein Exemplar reduziert und jeweils höchstens zwei Trauben pro Pflanze heranreifen lässt. Geradezu fantastisch schmecken die fleischigen Früchte der Sorte 'Brandywine', deren Kultur unter Glas sich daher unbedingt lohnt. Eiertomaten geben ihr Aroma erst unter Hitzeeinwirkung so richtig preis und sind daher die Klassiker zum Kochen. Aufgrund ihres höheren Trockenmassegehalts eignen sie sich für die meisten Konservierungsmethoden am besten.

3.50

Ernte

Tomaten werden gepflückt, sobald sie sich rot färben. Würde man sie länger an der Pflanze belassen, ginge dies zu Lasten des weiteren Ertrags. Grüne Tomaten kann man essen, sobald sie ihre volle Größe erreicht haben, und oft werden sie für Konfitüren, Chutneys und Pickles sogar bevorzugt. Wenn die Pflanzen ab Sommerende infolge vermehrter Niederschläge zu kümmern beginnen, zieht man sie mitsamt den Wurzeln aus der Erde und hängt sie kopfüber an einem trockenen Platz auf. Im Verlauf der nächsten Wochen oder Monate reifen die noch verbliebenen Früchte dann aus. Sie müssen vor Frost geschützt werden, und je wärmer ihre Umgebungstemperatur, desto schneller vollzieht sich die Rotfärbung. Auch auf einer sonnigen, warmen Fensterbank können grüne Tomaten nachreifen.

Verwertung und Verwendung

Getrocknete Tomaten sind eine begehrte Delikatesse. Es gibt speziell dafür gezüchtete Sorten, doch lassen sich im Prinzip alle trocknen. Vor dem Trocknen müssen sie halbiert werden, und danach packt man sie am besten in Kräuter- und Knoblauchöl. Da Tomaten schnell schimmeln und die Sonne in unseren Breiten nicht genügend Kraft besitzt, ist das Trocknen auf Blechen im Ofen die einzige empfehlenswerte Methode. Auf diese Weise vorgetrocknete Tomaten kann man anschließend, bevor man sie einlagert, zum Schutz gegen Schimmelbefall noch räuchern.

Tomaten einzufrieren ist denkbar einfach: abreiben, in Gefrierbeutel füllen und ab ins Eis damit. Vor der späteren Verwendung taucht man sie einzeln in heißes Wasser und kann dann mühelos die Haut abziehen. Zu Saft oder Püree verarbeitet, nehmen sie natürlich weniger Platz weg. Es gibt sogar italienische Kurbelmaschinen, die buchstäblich im Handumdrehen die Samen, die Schalen und einen Teil des Safts vom Fruchtfleisch trennen, das man danach einfrieren oder verarbeiten kann.

Gut lassen sich Tomaten auch in Form von vorgekochten Zubereitungen wie Ratatouille oder Pastasaucen einfrieren. Es gibt Rezepte für Tomatenkonfitüre, und von den gelben Sorten wie 'Golden Sunrise' erhält man ein Gelee, das herrlich aussieht und schmeckt, vor allem, wenn man ihm mit Saft von Zitronen oder anderen Zitrusfrüchten oder auch Weißen Johannisbeeren eine herb-säuerliche Note verpasst.

Besonders gut aber machen sich Tomaten in Pickles, Chutneys und Saucen. Zusammen mit Äpfeln und Zwiebeln bilden sie ein Trio, das mit fast jedem anderen Geschmack harmoniert.

Chutney von grünen Tomaten

Grüne Tomaten fein hacken. Jeweils ein Viertel ihres Gewichts an geschälten, entkernten und fein gehackten Äpfeln sowie sehr fein gehackten Zwiebeln untermengen. Mit Apfelessig bedecken und zum Köcheln bringen. Nun je nach Geschmack würzen: Ich bevorzuge eine Mischung aus gemahlenem Ingwer, Senfpulver, frisch gemahlenem weißem Pfeffer und zerdrücktem Knoblauch. Currypulver oder Chilischoten wären ebenso denkbar. Wenn die Stücke so weich sind, dass sie beinahe schon zerfallen, nach Geschmack salzen und die Hälfte des Tomatengewichts an Zucker – weißen für ein hellgrünes, Demerara oder anderen braunen Zucker für ein dunkleres Chutney – untermischen. Köchelnd eindicken lassen, in Gläser füllen und verschließen. Vor dem Genuss einige Monate ruhen lassen.

Spaghetti „pollognese“

Ich hatte Spaghetti bolognese für einen Freund kochen wollen, der aber kein rotes Fleisch aß. Also wich ich stattdessen auf Huhn aus. Um den, wie ich fand, etwas lahmen Geschmack aufzupeppen erhöhte ich die Kräuterdosis und gab außerdem selbst getrocknete Tomaten an die Sauce.

In einem Schmortopf 1 Esslöffel Öl erhitzen und 1 fein gehackte Zwiebel mit etwas Knoblauch darin weich schwitzen. Die Zutaten herausnehmen und auf einem Teller beiseitelegen. Etwas mehr Öl in dem Topf erhitzen und etwa 450 Gramm gehacktes Hähnchenfleisch darin kräftig anbräunen. Die Zwiebel mit ein wenig Oregano, Paprikapulver, gemahlenem Ingwer, 1 Lorbeerblatt und etwas gehacktem Basilikum wieder hineingeben. Nun noch 1 Glas Rotwein, 450 Gramm enthäutete und grob gehackte Tomaten, 150 Gramm fein gehackte sonnengetrocknete und in Öl eingelegte Tomaten sowie 300 Milliliter Brühe zufügen. 45–60 Minuten sanft köcheln lassen und dabei, falls das Ganze zu trocken wird, weitere Brühe dazugießen. Spaghetti al dente garen, mit der Sauce vermischen und servieren.

Paprikaschoten *(Capsicum annuum)*

Sie sind schmackhaft, knackig und voller Vitamine, zeigen sich in vielen Farben und Formen. Beginnt man im zeitigen Frühjahr mit der Anzucht, kann man die ersten Früchte im Juli ernten. Ihre Saison erstreckt sich bis in den Herbst. Sie lassen sich leichter kultivieren als Tomaten, brauchen aber, um im Freien zu gedeihen, ein noch besseres Sommerklima als diese. Großfrüchtige Sorten muss man unter Umständen stützen. Die Pflanzen akzeptieren auch große Töpfe, entwickeln sich im Boden jedoch besser.

Ernte und Verarbeitung

Mit zunehmender Reife verändert sich ihre Farbe von Grün in ein intensives Rot, manchmal auch Orange, Sonnengelb oder Schwarzviolett. Frisch geerntet halten sich die Schoten 1–2 Wochen im Kühlschrank. Ich schneide sie in Ringe, die ich zum Trocknen auf Schnüre ziehe, und friere alle Stücke, die sonst dabei abfallen, ein. Man kann die Haut unter dem Grill oder mit einem Bunsenbrenner rösten, bis sie angekohlt ist, und nun ganz leicht abziehen. Das Fruchtfleisch gewinnt dabei eine ansprechende Räuchernote. In Eintöpfen und Schmorgerichten schmecken solche geräucherten Paprikaschoten vorzüglich. Gern werden sie auch sauer eingelegt.

Chilischoten

Die mitunter äußerst produktiven Pflanzen werden ähnlich wie Paprika und Tomaten angebaut. Chilischoten kommen in verschiedensten Farben, Formen und Größen vor, auch ihr Schärfegrad und ihr Aroma variieren beträchtlich. Sie lassen sich ohne Weiteres trocknen und können auch gut zu Pickles oder höllisch scharfen Saucen verarbeitet werden. Ich konserviere Habaneros, indem ich sie mehrmals einsteche und dann in Branntweinessig einlege.

Auberginen *(Solanum melongena)*

Sogar gegrillt haben Auberginen kaum einen nennenswerten Eigengeschmack zu bieten, dafür nehmen sie bereitwillig den von Ölen und anderen Zutaten, mit denen sie in Kontakt kommen, auf. Sie werden ganz ähnlich wie Tomaten kultiviert, nur kommen sie im Freiland selten, unter Glas dagegen bestens zurecht. Um sie zu konservieren, werden sie meist geschält, dann zum Entwässern gesalzen, abgetrocknet, in Öl gebraten und schließlich eingefroren. Man könnte sie im Prinzip wohl trocknen oder sauer einlegen, doch verspreche ich mir nicht viel davon.

LINKE SEITE: **Chilischoten zu ziehen ist keine große Kunst.**

Gefüllte Paprika

Nach der Anleitung auf Seite 150 eine herzhafte Hackfleischfüllung zubereiten. (Ob Sie Rind, Schwein, Lamm oder Hähnchenfleisch verwenden, bleibt Ihrem persönlichen Geschmack überlassen, und genauso könnten Sie auch aus verschiedenen Gemüsen eine Mischung für die Füllung komponieren und ebenfalls mit 1 Handvoll Semmelbröseln binden.) Große Paprikaschoten (alternativ große, reife Tomaten) damit füllen, mit Olivenöl beträufeln und in den auf mittlerer Stufe vorgeheizten Backofen schieben. Paprikaschoten, die zuletzt an den Rändern kräftig gebräunt sein sollten, brauchen 45–60 Minuten (Tomaten nicht länger als etwa ½ Stunde, sonst zerfallen sie). Ungefähr 15 Minuten vor Ende der Garzeit in Scheiben geschnittenen Hartkäse auf die Füllung legen, sodass er in der Ofenhitze zerläuft und leicht bräunt.

Ratatouille

2 Auberginen in größere Stücke schneiden, in einem Durchschlag mit Salz bestreuen und Saft ziehen lassen. Anschließend abspülen und mit Küchenpapier trocken tupfen. Je 2 Zwiebeln und Zucchini in Scheiben schneiden, je 1 rote und grüne Paprikaschote von den Samen befreien und in Streifen schneiden. In einer großen Pfanne die einzelnen Gemüsesorten nacheinander in Olivenöl weich und goldbraun braten, danach in eine Schüssel geben, bis alle Partien verarbeitet sind. Einige zerdrückte Knoblauchzehen in die Pfanne geben und 1–2 Minuten anschwitzen. Das gesamte Gemüse zusammen mit je 1 Zweig Thymian, Rosmarin und Bohnenkraut zurück in die Pfanne geben. In einem Topf 1 kleine gehackte Zwiebel mit 1–2 Knoblauchzehen in etwas Olivenöl anschwitzen. 700 Gramm enthäutete reife Tomaten hinzufügen und garen, bis sie zerfallen. Zusammen mit 1 Lorbeerblatt sowie 1 gehäuften Esslöffel Tomatenmark zum Gemüse in der Pfanne geben und die Ratatouille bei sehr niedriger Temperatur etwa 45 Minuten schmoren, bis das Gemüse butterzart ist. Kräftig mit Salz und Pfeffer würzen und mit Röstbrot oder Croûtons servieren.

Physalis

Drei frostempfindliche Vertreter der mit der Tomate verwandten Gattung *Physalis* bescheren uns sehr leckere Früchte. Am bekanntesten ist *P. peruviana*, die Kapstachelbeere. In den Obstabteilungen der Supermärkte sind die lampionförmigen, papierartigen Gebilde, in denen sich jeweils eine goldgelbe Beere verbirgt, inzwischen ein vertrauter Anblick. Bei Aussaat im Frühjahr kann man die leicht zitronig und zugleich süß schmeckenden Früchte, die bei Erreichen der Reife abfallen, im Herbst und Winter aufsammeln. Getrocknet halten sie viele Monate. Am besten schmecken die vitaminreichen Früchte jedoch frisch, und sie lassen sich zu einer leckeren Konfitüre verarbeiten. Eine Pflanze also, die zu kultivieren sich absolut lohnt, zumal sie durch Wuchsfreude und große Widerstandsfähigkeit gegen Schädlinge und Krankheiten überzeugt. Einen Schattenplatz im Gewächshaus würde sie verübeln.

Mehr Licht und Wärme verlangt die Tomatillo *(P. ixocarpa)*, die größere, grüne oder purpurne, ebenfalls eingehüllte Früchte bildet. Diese werden wie Tomaten verwendet und bilden eine Grundzutat für mexikanische Salsas. Die Ananaskirsche *(P. pruinosa)* ist kleiner, toleriert niedrigere Temperaturen und kann im Freien gezogen werden, trotzdem kommt sie unter Glas besser zurecht. Sie bildet eine Vielzahl recht zierlicher, grünlicher, wiederum umhüllter Beeren aus, die leicht nach Ananas schmecken, sich monatelang halten und ebenfalls eine vorzügliche Konfitüre ergeben.

Kartoffeln (Solanum tuberosum)

Für viele Gärtner sind sie das Gemüse schlechthin. Es gibt eine enorme Vielzahl an Sorten, die man in frühe, mittelfrühe und mittelspäte bis späte gliedert. Im Grunde hat man die Wahl zwischen schneller Reife und kleinen Erträgen, langsamer Reife mit passablen Erträgen oder sehr langsamer Reife mit den besten Erträgen. Werden alle zur gleichen Zeit, also im Spätwinter oder zeitigen Frühjahr gesät oder als Saatkartoffeln gepflanzt, kann man die frühesten Sorten im Juni, die mittelfrühen im Juli und die mittelspäten im August ernten. Die späten Sorten müssen bis September wachsen, um ihr gesamtes Potenzial auszuschöpfen. Jede Sorte ist lagerfähig, aber natürlich sollten die zuerst geernteten auch als Erste verbraucht werden. Die späten Sorten lassen sich allerdings am besten einkellern, gut aber halten sie allesamt, sofern ihnen nicht die Braunfäule zusetzt. Die späten haben damit mehr Probleme, weshalb man auch auf ertragreichere frühe Sorten setzen kann.

Wenn man schnell und reichlich Frühkartoffeln haben möchte, lässt man alle Sprosse an den Saatkartoffeln stehen und pflanzt sie in geringem Abstand zueinander. Auch lohnt es sich, die Saatkartoffeln an einem frostfreien, hellen Standort vorzukeimen, bevor sie ins Freiland kommen. Stecken Sie sie dazu mit dem Ende, an dem die meisten Augen sind, nach oben in Eierkartons. In dieser Position kommen sie später auch ins Beet.

Mittelspäte und späte Sorten liefern weniger und größere Knollen. Man pflanzt sie so früh wie die frühen Sorten, aber reduziert die Wurzeln oder Augen auf drei und setzt sie tiefer und in weiterem Abstand. Die Saatkartoffeln werden mit den Augen nach oben in den Boden gesteckt und mit feinkrümeliger Erde bedeckt.

Man kann Frühkartoffeln schon im Spätwinter in Böden pflanzen, die unter Glocken oder Kunststofffolie vorgewärmt werden. Sie sind dann bereits im Mai erntereif. Wenn Sie sie ab Weihnachten in große Gefäße setzen und die Pflanzen an einen kühlen, hellen, frostfreien Platz stellen, haben Sie sogar schon Ostern frische Knollen auf dem Tisch. Für dieses Vortreiben eignet sich derzeit am besten die Sorte 'Rocket'. Man kann frühe Kartoffeln aber auch spät pflanzen; sie sind ja in rund drei Monaten erntereif. Wenn man sie also ab März und von da an jeden Monat bis Juli setzt, erntet man unter günstigen Bedingungen bis Oktober.

Mit zu viel Stallmist oder Düngern traktierte Kartoffeln werden beim Kochen schwarz und platzen; zudem lassen sich diese Dopingopfer nicht gut lagern. Ähnliches gilt für zu stark gewässer-

OBEN: **Knusprig gebraten lassen sich Auberginen gut einfrieren.**

te Kulturen. Man verabreicht ihnen am besten viel Holzasche, Beinwelljauche oder Blatt- und Seetangdünger und gießt sie nur anfangs reichlich. Durch eine einzige, riesige Wassergabe bei der Blüte erhöht man den Ertrag beträchtlich. Zwicken Sie alle Blüten und Samenstände ab und bekämpfen Sie Schnecken, denn angefressene Knollen halten im Kartoffelkeller nicht lange.

Sorten

Eine Empfehlung zu geben fällt mir nicht leicht, denn die Auswahl ist riesig. Zudem schmecken Sorten je nach Bodentyp anders. Die meisten Frühkartoffeln sind festkochend und für Salate geeignet. Viele mittelspäte und späte Sorten dagegen sind mehlig und ergeben ein gutes Püree. Ich kultiviere am häufigsten 'Epicure', 'Sutton's Foremost' und 'Rocket', drei gute Frühkartoffeln. 'Charlotte', 'Ratte' und 'Sieglinde' sind fein für Salate. Die bewährte, festkochende 'Pink Fir Apple' hat eine merkwürdige Form und lässt sich lange lagern. 'Arran Victory', eine ertragreiche späte Sorte, wird bevorzugt zu Püree verarbeitet. Das gilt auch für 'King Edward'. 'Record' taugt besonders für Chips, 'Majestic', 'Cosmo', 'Fianna' und 'Valor' dagegen eher für Pommes frites. 'Russet Burbank' und 'Golden Wonder' sind ideal für Bratkartoffeln, 'Rooster' und 'Lady Balfour' hingegen für Ofenkartoffeln. 'Sarpo' empfiehlt sich überall, wo Fäule droht.

Ernte, Lagern und Verarbeitung

Zum Aufnehmen der Kartoffeln wählen Sie einen trockenen, im Idealfall sonnigen und windigen Tag. Die rings um die Sprossbasis in der Erde verteilten Knollen aufspüren, vorsichtig ausgraben und behutsam die Erde abreiben. Die Kartoffeln, auf Tüchern oder

LINKE SEITE: **Ich fühle mich manchmal wie ein Schatzgräber.**

Pommes frites

Dünn und kross oder doch lieber dick und saftig? An Pommes frites scheiden sich die Geister. Ich finde sie perfekt, wenn sie außen zart knusprig gebräunt, in der Mitte aber cremig weich sind. Nicht unerheblich ist die Wahl der Kartoffelsorte. Zu meinen Favoriten gehören 'Cosmos', 'Lady Balfour' sowie 'King Edward', die sich erfreulich wenig mit Öl vollsaugen. Auch dessen Wahl spielt eine entscheidende Rolle: Am besten schmeckt Olivenöl, aber nicht jedes darf stark erhitzt werden, als Nächstes folgen Sonnenblumen- oder Maiskeimöl. Unbedingt vermeiden sollte man billige, zusammengepanschte Produkte oder altes Bratöl. Mit Schmalz geraten Pommes zwar ordentlich, aber recht fettig. In jedem Fall sollte man die Kartoffeln rechtzeitig Raumtemperatur annehmen lassen. Dann werden sie geschält, in Stifte geschnitten und auf einem Tuch getrocknet, damit es nicht spritzt, wenn sie ins Öl kommen. Das Öl bis kurz vor dem Rauchpunkt erhitzen. Um die Temperatur zu prüfen, ein aufgespießtes Kartoffelstück ins Öl halten: Es muss leise zischen und am Rand des Stücks müssen sich Bläschen bilden. Die Kartoffeln in einem Siebeinsatz ins Öl hängen und vorsichtig durchmischen, damit sie nicht zusammenbacken. Sogleich die Temperatur verringern und die Kartoffeln frittieren, bis die Bläschenbildung nachlässt und die Stücke an die Oberfläche steigen. Die Kartoffeln herausheben und das Öl wieder heiß werden lassen (ideal sind 180 °C). Dann die Kartoffeln kurz frittieren, bis sie bräunen. Aus dem Fettbad heben und im Sieb abtropfen lassen. Salzen und pfeffern und nach Geschmack mit Malzessig beträufeln. Für ein knuspriges Ergebnis eher schlanke Stifte schneiden und diese bei höherer Temperatur kürzer frittieren, für die innen weiche Variante dickere Stifte bei geringerer Hitze und länger garen.

Kartoffelgratin dauphinois

Etwa 900 Gramm festkochende Kartoffeln schälen und in feine Scheiben schneiden. In einem Topf mit 600 Millilitern Milch oder Sahne bedecken, salzen und pfeffern. Einmal aufkochen lassen und dann 3–4 Minuten köchelnd garen. Eine Gratinform buttern und mit einer halbierten Knoblauchzehe ausreiben. Die Kartoffeln so einfüllen, dass sich eine möglichst gleichmäßige Oberfläche ergibt. Mit einer Mischung aus Semmelbröseln und einer reichlichen Portion geriebenem Käse bestreuen – für meinen Geschmack passt gut eine Kombination aus Emmentaler, Gruyère und Parmesan. Die Form mit Alufolie verschließen. Für etwa 1¼ Stunden in den auf 180 °C vorgeheizten Backofen schieben, dabei nach ½ Stunde die Folie abnehmen, sodass die Kartoffeln am Ende ganz weich sind und das Gratin eine herzhafte Kruste hat.

Eine würzige Käsemischung aus Emmentaler, Gruyère und Parmesan eignet sich am besten zum Überbacken.

dergleichen ausgebreitet 1–2 Stunden abtrocknen lassen. Nachdem Sie Ihren gesamten Schatz gehoben haben, die makellosen, für eine langfristige Lagerung am besten geeigneten Knollen heraussuchen und in Papiersäcken oder in flachen Kisten an einem kühlen, dunklen und trockenen Platz etwa eine Woche nachreifen lassen. Als Nächstes grün angelaufene oder nur leicht schadhafte, aber im Grunde noch gute Exemplare als Saatkartoffeln für die kommende Saison aussortieren. Schließlich den Rest möglichst schnell verwerten, dabei gammelige Exemplare konsequent entsorgen.

Sachgemäß eingelagert, wie auf Seite 28–31 beschrieben, halten sich die meisten Kartoffeln bis in den Spätwinter. Ab da jedoch beginnen sie infolge mangelnder Luftfeuchtigkeit zu schrumpeln und treiben zudem aus. Letzteres lässt sich dadurch hinauszögern, dass man bereits die kleinsten Ansätze von Keimen ausreibt und für eine kühlere Temperatur im Lager sorgt (beispielsweise kann man Flaschen mit gefrorenem Wasser in dem Raum auftauen lassen). In die Küche beziehungsweise ans Tageslicht befördert man sie erst, wenn sie tatsächlich gebraucht werden. Denn schon ein paar Tage in der Küche reichen aus, dass sie Fremdgerüche aufnehmen, schrumpeln oder auch grün und mithin giftig werden.

Kartoffeln lassen sich in dünne Scheiben geschnitten zwar trocknen, laufen aber, selbst wenn man sie in Salzwasser taucht, meist dunkel an. Zum Einfrieren eignen sie sich weder roh noch in Form von Püree, doch lassen sich neue Kartoffeln bis in den Winter tiefgefroren konservieren, wenn man sie mit Minze zu drei Vierteln gar kocht, dann in reichlich Butter schwenkt und schließlich in Gefrierbeutel füllt. Ein echter Glücklichmacher sind teilfrittierte Pommes, die man, nachdem sie abgekühlt sind, locker auf einem Blech verteilt gefrieren lässt, um sie dann in Beuteln auf Halde zu legen. Nach dem Auftauen werden sie entweder in Öl fertig frittiert oder auch im Ofen knusprig gebacken.

Süßkartoffeln *(Ipomoea batatas)*

Im Unterschied zu Kartoffeln werden Süßkartoffeln – oder Bataten – aus bewurzelten Trieben gezogen, die man gewinnt, indem man im Spätwinter eine gewöhnliche Süßkartoffel aus dem Bioladen in einer warmen Umgebung antreibt. Man steckt die Sprosse in Töpfe mit feuchtem Substrat und stellt sie an einen geschützten Platz unter Glas, bis sie Wurzeln gebildet und sich kräftig entwickelt haben. In Weinbaugebieten gedeihen sie auch im Freien, sonst sind sie in großen Kübeln oder Erdsäcken im Gewächshaus besser aufgehoben. Die Triebe müssen aufgebunden werden, denn kaum kommen sie mit der Erde in Kontakt, bilden sie Wurzeln, was der Pflanze unnötige Energie raubt. Wenn sie sich grün färben, bilden sie zwar keine Giftstoffe, trotzdem sollte man sie möglichst gegen Lichteinfluss schützen. Großzügiges Wässern und wöchentliches Düngen belohnen die Pflanzen mit einer reichen Ernte. Die geernteten Knollen müssen binnen einer oder höchstens zwei Wochen verwertet werden, da sie rasch faulen. Durch eine mehrstündige Wärmebehandlung im sanft aufgeheizten und nicht ganz geschlossenen Backofen lässt sich ihre Haltbarkeit verbessern. Sie verlangen eine wärmere und trockenere Lagerumgebung als Kartoffeln. Ich lasse die Pflanzen in ihren Töpfen oder Erdsäcken unter Glas eintrocknen und die Knollen ungestört in der warmen, trockenen Erde liegen. So bleiben sie bis nach Neujahr genießbar.

Süßkartoffeln können in Scheiben geschnitten und getrocknet oder teilfrittiert und eingefroren werden. Sie schmecken köstlich in Apfel- oder Birnenkonzentrat gegart und lassen sich so auch gut einfrieren. Auch als Pickles oder in Currys machen sie sich gut. Die Blätter lassen sich wie Spinatgemüse zubereiten und einfrieren.

UNTEN: **In Erdsäcken oder Töpfen unter Glas gezogen, erweisen sich Süßkartoffeln als unkompliziert und erfreulich fruchtbar.**

OBEN: Man kann Maiskolben an der Pflanze trocknen lassen, aber besser bringt man sie an einem trockenen Platz in Sicherheit.

SAMEN LIEFERNDE ARTEN

Nicht nur, wie schon erwähnt, Hülsenfrüchte und Kürbisse, sondern eine Reihe weiterer Pflanzen liefern uns leckere Samen – ein Geschenk der Natur, das wir nur einsammeln müssen.

Mohn *(Papaver)*

Mohn lässt sich ganz leicht ziehen: Streuen Sie einfach einige der Samen aus, die Sie als Backzutat vorrätig haben. Um möglichst große Kapseln zu gewinnen, die Sämlinge auf 30 Zentimeter Abstand vereinzeln. Wenn die Pflanzen welken und absterben, die getrockneten Kapseln abschneiden und bis zur Verwendung an einem trockenen Platz aufbewahren. Einfacher geht es wirklich nicht! Ganz ähnlich lassen sich Schwarz- und Kreuzkümmel, Senf und Kümmel kultivieren und trocknen. Nur muss man die Samenstände früher abnehmen und die Samen in Papiertüten füllen.

Sonnenblumen *(Helianthus)*

Kinder lieben Sonnenblumen, weil sie ohne großes Zutun so schön wachsen und ihre Samen einerseits die Vögel anlocken, sich andererseits aber auch in köstliche geröstete Kerne verwandeln lassen. Eine kleine Plantage sollte man dennoch nicht anlegen, weil Sonnenblumen den Boden stark auszehren. Möchte man die Kerne bewahren, breitet man Netze über die Blütenstände, reibt dann die welken Blüten ab und lässt, sobald alle Samen voll aussehen, die Blütenstandsböden in einem warmen Raum reifen. Danach werden sie am besten abgebrochen, gesäubert, weiter getrocknet und schließlich in Papiertüten in Dosen oder Gläsern eingelagert.

Mais *(Zea mays)*

Mais wird für die Gewinnung von Stärke und Sirup sowie als Futterpflanze intensiv angebaut, und Zuckermais ist wegen der knackigen, süßen Samen sehr geschätzt. Er giert nach praller Sonne und verlangt nährstoffreichen, feuchten Grund. Ich ziehe die erste Generation ab Spätwinter unter Glas heran. Dafür säe ich Frühsorten in Kübel und dünne die Sämlinge auf ein Exemplar pro Gefäß aus. Ernten kann ich dann ab Früh- oder Hochsommer. Einen früheren Beginn der Freilandernte kann man herbeiführen, indem man unter Glas gezogene Sämlinge ab Frühjahrsmitte auspflanzt und vorerst mit einem Folienschutz versieht. Ab Spätfrühjahr und bis zum Frühsommer sät man direkt aus und erntet dann mit etwas Glück und viel Sonne im Spätherbst die herrlichsten Früchte. Maiskolben

Pizza-Pfannkuchen

Nach dem Rezept auf Seite 92 einen Pfannkuchenteig zubereiten, dabei jedoch den Vanilleextrakt durch 1 Prise Salz ersetzen. In eine mit Öl ausgestrichene und kräftig erhitzte Pfanne so viel Teig gießen, dass der Boden großzügig bedeckt ist. Sobald der Teig oben fest wird, vom Herd nehmen. Rasch mit dem Rücken eines Löffels etwas Tomatenmark oder -sauce auf dem Pfannkuchen verstreichen, ein wenig Oregano und dann eine dicke Schicht Käse (eine Mischung aus würzigem Hartkäse und Mozzarella) daraufstreuen, gefolgt von feinen Zwiebelringen, gehackten roten und grünen Paprikaschoten, eingelegten Kapuzinerkressesamen und schwarzen Oliven. Nun noch kräftig schwarzen Pfeffer darübermahlen und nach Belieben etwas getrockneten Thymian aufstreuen. Die Pfannkuchen-Pizza zuletzt unter dem vorgeheizten Grill überbräunen.

Eingelegte Kapuzinerkressesamen

Frisch gesammelte grüne Samen von Kapuzinerkresse waschen und einige Tage in Salzlake einlegen. Abseihen, abspülen und mit einigen Pfefferkörnern sowie 1–2 Lorbeerblättern in Konservengläser füllen. Mit Branntwein- oder Apfelessig auffüllen und verschließen.

schmecken jung und zart und ganz frisch gepflückt am besten. Reichlich Wasser, Fischabfälle und Algenpräparate fördern die Produktivität. Handbestäubung ist im Gewächshaus und zu Beginn der Saison ebenso im Freien zu empfehlen.

Ernte

Prüfen Sie den Reifezustand täglich, indem sie die Hülle ein wenig herunterstreifen und einen Samen zusammendrücken. Tritt wässriger Saft aus, müssen Sie sich noch etwas gedulden; ist er dagegen milchig, können Sie den Kolben abdrehen; eine zähflüssige Konsistenz schließlich zeigt an, dass die optimale Reife überschritten ist. Überreife Maiskörner sind unerfreulich hart, verfüttern Sie sie also lieber an die Vögel. Um ganze Maiskolben zu trocknen, zieht man die Hüllblätter herunter, bindet die Kolben damit an eine Schnur und hängt sie an einem trockenen, luftigen Platz auf.

Verwertung und Verwendung

Maiskolben werden nach dem Pflücken in kochendem Wasser gegart, bis die Körner weich sind. Die schönsten Exemplare sollte man sich gleich gönnen, der Rest wird unverzüglich verarbeitet. Man kann die Körner herunterstreifen und portionsweise in Plastikbechern einfrieren oder auch lose auf einem Blech vorgefrieren und dann endgültig in Plastikbeuteln abpacken. Mais passt als Zutat in verschiedene Gerichte und schmeckt gut in Pickles.

Die gegarten Körner lassen sich auch trocknen: Dafür breitet man sie auf Blechen aus und schiebt sie in den vorgewärmten, nicht ganz geschlossenen Ofen, bis sie nach mehreren Tagen völlig ausgedörrt und verschrumpelt sind. Anschließend lassen sie sich wie Bohnen über Nacht einweichen, um sie zum Beispiel in Wintergerichte zu mischen. Um Popcorn zu bereiten, müssen die Körner eine besondere Konsistenz aufweisen. Sie stammen von einer bestimmten Varietät, die nur in wirklich warmen Sommern gut gedeiht. Mehrfarbige Sorten sind nicht schwieriger zu ziehen als andere, aber am besten gedeiht der altbewährte 'Golden Bantam'.

Kapuzinerkresse *(Tropaeolum majus)*

Ob in Saucen, in Pickles oder auf Pizzas, die Samen dieser Pflanze bilden einen ausgezeichneten Ersatz für Kapern. Ätherische Öle geben ihnen einen pikanten Geschmack und tun angeblich auch der Lunge gut. Die Blätter und Blüten eignen sich als Zutat für Salate.

MEHRJÄHRIGE GEMÜSEARTEN

Diese Gemüse werden vornehmlich frisch genossen. Kaufen Sie Jungpflanzen bester Qualität – schließlich geht es um eine Anschaffung für mehrere Jahre.

Grünspargel *(Asparagus officinalis)*

Legen Sie ein großes Beet an und bestücken Sie es mit den besten Setzlingen, die Sie finden können, oder säen Sie und lichten Sie die Sämlinge später aus. Ich habe bei der Direktaussaat mit der Sorte 'Gijnlim' bisher die allerbesten Erfahrungen gemacht. Die Pflanzen müssen gut gedüngt und mit mindestens etwa einem Schritt Abstand zueinander gesetzt werden, denn im Lauf von einigen Jahren können gute Wurzelstöcke imposante Ausmaße annehmen. Man kann jedoch auch in doppelter Dichte pflanzen und dann in den ersten Jahren jede zweite Pflanze bis zu ihrer Erschöpfung beernten, während man die anderen erst einmal zu Kräften kommen lässt. Indem man an Stützen schwarze Folie über die Spargelkultur spannt, lässt sich ein extrem früher Erntebeginn erwirken. Traditionell endet die Ernte zwar Mitte Juni, dennoch ist es bei kräftigen Wurzelstöcken und sofern man nicht für die nächste Saison vorplant, möglich, sie rigoros zurückzuschneiden und so zur Bildung kräftiger Neutriebe anzuregen. Ganz frischer Spargel ist wundervoll süß, und ich esse ihn manchmal gleich roh, denn schon nach ein, zwei Stunden lässt er deutlich nach. Die Stangen in Wasser frisch halten zu wollen wäre dem Aroma nicht zuträglich.

Ernte

Ich sichere mir von diesem köstlichen Gemüse, so viel eben geht. Daher lasse ich von den Stangen nur einen kurzen Stummel stehen, an dem ich ablesen kann, wie es der Pflanze geht. Gegen Ende der Saison darf jeder Wurzelstock fünf kräftige Sprosse behalten.

Verwertung und Verwendung

Blanchiert und am besten noch mit Butter verfeinert oder aber in Lake eingelegt, lässt sich Spargel recht gut einfrieren. Gefriert man die Stangen hingegen trocken auf Blechen vor und packt sie so in Beutel, erhält man ziemlich viel Bruch. Das Kochwasser von Spargel sollte man nicht weggießen, sondern zusammen mit den Abfällen, die sich beim Vorbereiten des Gemüses ergeben haben, nochmals kochen, anschließend durchseihen und als Grundlage für eine Suppe einfrieren.

LINKE SEITE: **Wahrlich eine schöne Bescherung! Die hohen Sprosse sind schon jenseits von Gut und Böse, die unteren drei gerade erntereif. In einem hohen, schlanken Topf garen die zarten Köpfe im Dampf statt im Wasser.**

Artischockenpaste

Große, kugelige Artischocken in kochendem Salzwasser garen, bis sich der Stielansatz mühelos mit einem Messer einstechen lässt, danach abkühlen lassen. Die Hüllblätter und das „Heu" entfernen, um die Artischockenböden freizulegen, und diese durch ein Sieb streichen. Inzwischen fein gehackte Zwiebeln in Butter mit etwas Salz und Pfeffer, 1 Lorbeerblatt und je 1 Prise Oregano, Thymian und Bohnenkraut karamellisieren, anschließend ebenfalls durch das Sieb streichen. Die Zwiebel- mit der Artischockenpaste vermengen, abwiegen und etwa ein Drittel des Gesamtgewichts an feinen Semmelbröseln unterziehen. Die Masse in eine ofenfeste Form drücken und ein großes Stück Butter daraufsetzen. Die Form mit einem Deckel oder Alufolie verschließen und für 1 Stunde auf der unteren Schiene in den auf 180 °C vorgeheizten Backofen schieben. Abkühlen lassen und mit Röstbrot und/oder einem Salat servieren.

Artischocken *(Cynara scolymus)*

Sie gehören zu den wenigen Gemüsesorten, die sich auch für Schmuckrabatten eignen. Wenn man sie gut mit Wasser und Dünger versorgt, erfreuen sie mit stattlichen, saftigen Blütenköpfen. Nehmen Sie zur Vermehrung möglichst Ableger von Elternpflanzen, die sich bewährt haben. Der Pflanzabstand beträgt zwei Schritte in jede Richtung. Mulchen Sie gut und entfernen Sie regelmäßig die noch ungeöffneten Blüten, um die weitere Produktion in Gang zu halten.

Ernte und Verwertung

Man erntet die Blütenköpfe, solange die Schuppen noch grün und geschlossen sind – je nach Sorte von Juli bis September. Je jünger, desto besser schmecken Artischocken. Mit einer Gartenschere trennt man die Blüten einschließlich eines kurzen Stielabschnitts von den Pflanzen, legt sie, um unerwünschte Bewohner zu vertreiben, für etwa 1 Stunde in Salzwasser und gart sie dann in sprudelndem Wasser, bis das Herz weich ist. Durch Entfernen der Außenblätter und des Heus legt man das Herz frei, das man dann mit Butter, Mayonnaise oder einer anderen Sauce genießt. Die Herzen werden auch, oft zusammen mit herzhaften Zutaten wie Paprika, Zwiebeln und Knoblauch, eingelegt – eine herrliche Vorspeise.

Meerkohl *(Crambe maritima)*

Dieses alte, kohlähnliche Gemüse wird heute nur noch selten angebaut. Es reift mitten im Winter, wenn kaum etwas anderes frisch verfügbar ist. Man pflanzt Wurzelschnittlinge in mindestens schrittgroßen Abständen und lässt sie mehrere Jahre Kräfte sammeln, bevor man sie wie Rhabarber an Ort und Stelle antreibt. Alternativ packt man die Wurzeln in Töpfe und stellt sie an einen warmen, dunklen Platz. Die saftigen, gebleichten Triebe werden frisch zubereitet gegessen. Bei entsprechend großen Beständen kann man ab Frühwinter kontinuierlich bis ins Frühjahr ernten.

Rhabarber *(Rheum sp.)*

Oft in die hinterste Ecke verbannt, schafft er es mitunter trotzdem, mehr zu produzieren, als man bewältigen kann. Einen guten, virusfreien Klon und fetten, feuchten Boden vorausgesetzt, treibt Rhabarber ganze Büschel dicker Stiele, die je nach Sorte eher grünlich oder rötlich ausfallen. Behandeln Sie die Pflanzen gut, treiben Sie sie unter einem alten Papierkorb (nicht unter einem Eimer) an und

VON LINKS NACH RECHTS: **Birnen- oder Apfelkonzentrat verleiht Rhabarberkompott mehr Geschmack. Die faserigen Schalen wandern zunächst als Farbgeber mit in den Topf – und werden zum Schluss wieder herausgefischt.**

Süße Meerrettich-sauce

Eine kleine Schüssel zu einem Drittel mit Apfel- oder Branntweinessig füllen und die frische Meerrettichwurzel hineinreiben, bis die Schüssel beinahe zu zwei Dritteln gefüllt ist – dabei soll der Meerrettich stets von Flüssigkeit bedeckt sein. Dann, als letztes Drittel, Sahne, vermischt mit 1 Löffel Honig dazugießen. Je 1 Prise Salz und Pfeffer sowie 1 kleinen Löffel gelbes Senfpulver einrühren. Die Sauce vor dem Servieren etwa 1 Stunde durchziehen lassen.

machen Sie sich auf eine exzellente Ernte gefasst. Nach Bedarf geschält und dann in grobe Stücke geschnitten, wird Rhabarber gern zu Kompott verarbeitet, und wenn man als Kochflüssigkeit Zuckersirup oder Apfel- bzw. Birnenkonzentrat verwendet, lässt er sich hervorragend einfrieren. Junge, zarte Stiele können eingemacht oder sogar kandiert werden.

Rhabarber wird, oft mit Ingwer und Äpfeln ergänzt, zu Konfitüren und Gelees verarbeitet, und er ergibt sogar einen Wein (von seiner ätzenden Säure will ich jetzt nicht sprechen). Ein wichtiger Hinweis zum Schluss: Rhabarber wirkt abführend, konsumieren Sie also nicht zu viel davon.

Meerrettich

In meinen Augen dürfte Meerrettich mehr Beachtung verdienen. Ich ziehe ihn stets an derselben Stelle, indem ich einfach jedes zweite Jahr einen Kübel Rindenkompost über den Wurzeln entleere. In dem Kompost sprießen dann neue Wurzeln. Aus diesen bereite ich eine feine Sauce (siehe oben), die am besten im Herbst und Winter gelingt. Bis zum Frühjahr und Frühsommer hat sich die Aromakraft der Wurzeln stark erschöpft. Fein gerieben, lässt sich Meerrettich gut in Essig oder weißem Rum konservieren.

WILDGEMÜSE: BRENNNESSELN *(Urtica dioica)*, GUTER HEINRICH *(Chenopodium bonus-henricus)*, SAUERAMPFER *(Rumex sp.)*

Es lohnt sich, Wildgemüse in freier Natur zu sammeln. Es bietet mitunter mehr Geschmack und Nährstoffe als die Kulturformen. Im Mittelalter galten etwa Vogelmiere, Kreuzkraut, Gänsefuß und Labkraut als wertvolle Küchenpflanzen. Wir sehen sie heute als Unkräuter an, und so mancher an moderne Kost gewöhnte Magen dürfte auch gegen sie revoltieren. Doch wo ich aufgewachsen bin, werden im Frühling noch immer Brennnesselspitzen aufgetischt. Mit Speck und Schalotten gedünstet, schmecken sie köstlich. Oder man gart sie wie Spinat und streicht sie durch ein Sieb. Das Püree friert man ein, um es später als Suppengrundlage zu verwenden.

Ein weiteres Beispiel ist Guter Heinrich, der an feuchten Stellen gedeiht und im Frühjahr Unmengen von Trieben hervorbringt, die sich wie Spargel zubereiten lassen, während man die Blätter wiederum wie Spinat verwenden kann. Oder nehmen wir Brunnenkresse: roh zwar gesundheitsbedenklich, doch wie Spinat gegart, keinesfalls zu verachten und ebenfalls gefriertauglich. Nur bei Hopfensprossen und Nachtkerzenwurzeln winke ich dankend ab. Aber vielleicht empfinden Sie das ja ganz anders.

Honig und Eier

Diese beiden hochwertigen Nahrungsmittel ergänzen perfekt Ihre köstlichen Vorräte aus dem Garten.

Die Bienenhaltung ist im Grunde nicht schwierig, aber doch knifflig und an Witterung und regelmäßige Zeiten gebunden. So gesehen, wären Rentner und Selbstständige, die zu Hause arbeiten, wohl die idealen Kandidaten. Immerhin braucht man keinen Garten, denn Bienen lassen sich fast überall unterbringen: in einem Schuppen etwa, auf dem Dachboden oder – geradezu perfekt – auf einem Flachdach. Schon ein Bienenstock erbringt oft Dutzende Gläser Honig pro Jahr, wobei man den emsigen Tierchen natürlich etwas Zucker zurückgeben muss. Insgesamt ist die Imkerei ein weites Feld, und besser lesen Sie zunächst ein, zwei Bücher darüber.

Ein Klacks ist es dagegen, ein paar Hühner bei Laune zu halten. Man füttert sie, gibt ihnen Wasser und stellt ihnen eine überdachte Sitzstange für die Nacht, ein Nest und ein Sandbad zur Verfügung. Sie zeigen sich dafür zehn Monate im Jahr mit einem frischen Ei erkenntlich – jedenfalls, solange sie jung sind. Im fortgeschrittenen Alter legen sie weniger, aber dafür größere Eier. Das Wunderbare an Hühnern ist, dass sie Garten- und Küchenabfälle in hochwertige Nahrung umwandeln. Und dies geht keineswegs zulasten des Komposthaufens. Ganz im Gegenteil wird dieser, wenn ihn die Hennen in die Mangel nehmen und dabei auch noch ihren Dreck und Federn hinterlassen, sogar noch besser.

Frisch und sauber eingelagert, lassen sich Eier an einem kühlen Platz bedenkenlos mehrere Wochen aufbewahren. Im Ganzen lassen sie sich nicht einfrieren, wohl aber, indem man das Eigelb und das Eiweiß voneinander trennt, jeweils mit Zucker oder Salz vermischt und dann – praktisch portioniert zum Kochen – in Eiswürfelschalen füllt. Schließlich lassen sich Eier viele Monate lagern, wenn man sie, wie früher üblich, in Wasserglas einlegt, ein wasserlösliches Alkalisilikat. Enten bescheren Ihnen noch mehr Eier als Hühner. Ein penibel gepflegtes Wasserspiel können Sie mit diesen Tieren vergessen, dafür gehen sie mit dem restlichen Garten pfleglicher um als Hühner. Gänse betätigen sich als effiziente Rasenmäher und legen gigantische Eier, die allerdings nicht jedermanns Sache sind.

Und vergessen Sie Eier von allem, was vier Beine hat!

OBEN RECHTS: **Mit einer sogenannten Entdecklungsgabel werden die Waben geöffnet.**
UNTEN RECHTS: **Wabenstücke im Honig tun dem Genuss keinen Abbruch!**